How to
Think about Global
Digital
Capitalism

如何思考全球
数字资本主义？

当代社会批判理论下的
哲学反思

蓝江 _著

上海人民出版社

目　录

前　言

这本书，实际上是我最近五六年来关于数字资本主义思考的文集。在我出版了《一般数据、虚体与数字资本：历史唯物主义视域下的数字资本主义批判》之后，国内的数字资本主义研究也逐渐火热起来，许多哲学、政治学、传播学、社会学、文艺学、艺术理论，甚至教育学的学者都参与到对数字资本主义的研究和批判当中。在这些研究和讨论数字资本主义的学者中，八九十年代出生的中国年轻学者成为了主力军，有时候读到他们的研究，我自己也感到受益良多。在数字资本主义方面，我自己的感觉是，中国学者，尤其是年轻学者，不再是简单地跟随着西方马克思主义和社会批判理论亦步亦趋地前进，而是大胆地提出自己的观点和看法，虽然与国外的研究还有一定的距离，但我最感到欣慰的是，中国的数字资本主义研究，应该是与西方学者并驾齐驱，通过我们自己对当下时代和世界局势的反思，借用社会批判理论的工具，提出了自己独到的见解，这在以往的研究中并不多见。

不过，在我自己目前的研究中，仅仅从一般概论性质来探索数字资本主义，或者进行抽象的数字资本主义的批判已经略显不足。因此，为了研究数字资本主义，我们需要做两个基本工作。

首先，我们要回到马克思的政治经济学批判的原点。回到政治经济学批判的原点，并不是重复马克思的政治经济学批判，也不是为今天的资本主义重写一部数字时代的《资本论》，我们需要弄明白的是，马克思为什么要从政治经济学的角度，而不是从自我意识、感性直观等批判角度来审视资本主义的现象。因为用词语的革命或观念的批判无法真正触及资本主义运行的内在机制，只有从资本主义本身的运行机制出发，才能理解它如何利用生产、交换、商品、货币、资本等概念构成了一整套市民社会的装置，并将所有的个人都转化为曼德维尔《蜜蜂的寓言》中的理性的经济人的模型，以便保障资本主义的机器永恒地运转下去。这不仅是资本主义经济规律，也是支撑着资本主义意识形态运行的规律。所以，在19世纪五六十年代，马克思不得不大量阅读古典政治经济学的著作，找到资本主义运作的内在奥秘。这对于今天的我们也是有启示的，对于数字资本主义的批判，当然我们可以从人本主义、监控和侵犯隐私、将生命数据化和档案化等角度进行理论批判，例如，对于那些将人们困在算法里，我们可以借用传统社会批判理论的做法，从一个简单的价值角度，对其批判，就像韩炳哲的一系列的小册子所做的那样。其实，韩炳哲也好，还是写过《监控资本主义时代》的祖博夫也好，他们都在重复着马克思曾批判过的青年黑格尔派和费尔巴哈的工作，这种工作是一种生命批判，而不是仔细研读数字资本主义内在运行机制的批判。对数字资本主义的批判，只有在数字政治经济学批判基础上才有效。这就是为什么我将本书的序篇命名为"数字的神话、资本的魔法"的原因。任何一种批判和研究，必须找到准确的立足点和出发点，如果我们对数字资本主义的批判，只是为了回到一个前数字社会，或者找到一种不受大数据、云计算、智能算法控制的生命，这种批判实际上又一次回到了青年黑格尔派的自我意识的乡愁，并不能有太多的革命意义。曾经我也试图求助于加速主义来克服数字资本主义的现象，但是加速主义本身太过便宜和浪漫，试图通过让普通人来掌握高深的算法和平台，来超越资本主义对平台和数据的控制，其实与乌托邦没有什么差别。那么，只有脚踏实地地分析数字政治经济学，从被数据化的用户身份和虚体交往中来寻找其构成的奥秘，才是当代数字资本主义研究和批判应有的出发点。因此，我将这个部分的内容作为本书的序篇，希望以此为起点，为我们昭示出如何思考数字资本主义的路径，如何找到数字政治经济学中的规律，并探索在哪个具体点上可以超越数字资本主义。

其次，我们不仅需要找到正确的思考数字资本主义的出发点，找到数字政治经济学批判的路径，也需要创造一系列新的概念工具。在《什么是哲学？》中，德勒兹和加塔利就十分明确地指出，哲学就是发明概念的艺术。我想，这个说法对于思考数字资本主义也是有价值的。在《资本论》中，马克思并没有完全恪守英国古典政治经济学的经典概念，尽管他也沿用了价值、货币、资本、劳动等概念，但他在仔细分析资本主义的内在机制时，也发明了劳动力、活劳动和死劳动、劳动一般、一般智力等一系列独创性的概念。在面对数字资本主义这个独特对象时，一些前数字社会的理论概念仍然会很好用，如监控、规训、控制、生命政治、赤裸生命等等，在今天数字资本主义批判中，这些概念仍然是很重要的概念。但是，仅仅有这些概念是不够的，尽管这些概念能够比较准确地描绘出数字资本主义的外在轮廓，但它们不够具有数字化的特性。因此，如果我们要思考数字资本主义，那么，我们可以从诸如虚体、一般数据、数字资本等相关概念出发来思考。不过在我出版了《一般数据、虚体与数字资本：历史唯物主义视域下的数字资本主义批判》之后，我觉得还需要采用一些新的概念来思考数字资本主义，这些概念包括：外—主体、物体间性、剩余数据、数字生态、数字劳动等等，这些概念成为本书思考数字资本主义最重要的概念，本书收录的一系列文章也是围绕着这些概念来展开的。为了达到以上的目的，本书试图从四个方面来构建数字时代的资本主义批判理论：

（1）首先是数字资本主义的主体问题，随着数字技术在日常生活中的应用，人类主体的身体和自我意识都发生了改变，第一章主要讨论数字化的身体，第二章主要讨论数字技术对自我意识的改变，在此基础上，我认为数字时代诞生的数字主体不是一种化身，也不是一个可有可无的角色，而是外—主体，因此第三章和第四章分别讨论了数字时代外—主体的诞生和存在论。

（2）其次是客体问题，这里的客体也可以理解为对象，在物理世界里，对象或客体被视为物的构成，但进入数字时代，这种客体或对象的概念显得略微不足。例如，我认为形成了与哈贝马斯的主体间性相对的物体间性，即物与物之间形成了不依赖于主体的关联和建构模式，因此从第五章到第七章主要谈物体间性力量的可能性，第五章重点是形而上学，第六章转向新唯物主义，最后第七章探讨物体间性的伦理秩序。

（3）外—主体概念和物体间性概念，共同构成了数字空间中的生态，即数字生态的秩序，第三部分主要分析的就是由数据—流量构成的数字化的生态系统，也就是意大利信息学家弗洛里迪的"信息圈"。由于信息圈或数字生态排斥了大量的剩余数据以构成数字世界连贯的系统，因此这个部分也涉及剩余数据的概念。从第八章到第十一章分别介绍了数据流量和数字生态的形成及其关系，以及数字生态如何排斥了剩余数据而形成了对应的数字资本主义下的数字焦土。

（4）为了解决数字资本主义的焦土问题，就必须回到马克思主义的政治经济学批判，第四部分就是基于数字劳动和数字生产方式的构成来分析当代数字资本主义的运作机制。第十二章到第十四章首先解释了什么是数字劳动，然后分析数字劳动和奈格里等人提出的非物质劳动的区别，最后提出在数字生产方式的条件下如何来思考数字资本主义。

最后，必须要说明的是，本书更多的是从哲学和政治经济学一般理论的角度来思考抽象概念上的数字资本主义的问题，因此，本书聚焦的不是哪个具体国家和社会中的数字资本主义，而是对全球范围内出现的数字资本主义现象，给出一般性的描述和理论性的概括。这里必须强调的是，尽管中国社会内部也出现了部分的数字资本的现象，但这种现象在总体上与西方发达资本主义社会中日益呈现出来的数字资本主义的样态有着本质性的区别。当代中国推动科技发展，实现数字赋能，在数字技术和智能算法领域不断进步的同时，不可避免地出现带有数字资本主义性质的某些现象，但这并不代表中国社会就是与西方世界无差别的数字资本主义社会。总体而言，中国社会中呈现出来的某些数字资本的现象，我们只能视为在我们建设中国特色社会主义社会，实现中国式现代化的过程中，必然会出现的某种伴生性的现象。随着我们社会主义建设的日益完善，随着人类命运共同体的逐渐成形，这些带有数字资本主义痕迹的现象也会逐渐蜕变为服务于社会主义发展的力量。与之相反，西方国家的数字资本主义本身建立在之前的产业资本主义和金融资本主义的腐烂的地基上，而催生出来的数字资本主义只会让这种现象加速溃疡，最终腐蚀了资本主义赖以生存的根基，让社会矛盾在金融控制和数字监控的背景下，愈加明显地暴露出来，最终加速了资本主义的灭亡。我们不仅需要看清在中国式现代化背景下出现的数字资本主义现象，以及西方数字资本主义之间的本质区别，也要明白，两种社会趋势，在当代数字技术和智能技术的推动下，更是判若云泥，一个走向更加繁荣的人类命运共同体，而另一个会伴随着社会矛盾的加剧，从而日趋没落和灭亡。

　　当然，本书的完成，无论在形式上，还是在思想上受惠于诸多老师好友，张异宾老师一直是我求学和研究路径上的恩师，也正是追随着张老师设定的路径，我才能在其后亦步亦趋地寻找自己的路径。唐正东老师、胡大平老师、刘怀玉老师、张亮老师等都是我的前辈学人，他们不仅在国外马克思主义的学养上，而且在研究的为人上，都对我有许多提携和帮助。南京大学哲学系的同事周嘉昕教授、孙乐强教授、张传平教授、尚庆飞教授、姜迎春教授、康加恩副教授、杨乔喻副教授、黄玮杰副教授、刘鹏教授、韩玉胜副教授，以及社会学院的郑作或教授，政府与管理学院的李里峰教授，文学院的汪正龙教授、李昌舒教授，外国语学院的但汉松教授、徐蕾教授，艺术学院的周计武教授、高薪副教授都是我平时的良师益友。特别要指出的是我与北京大学的李洋教授、清华大学的夏莹教授、华东师范大学的吴冠军教授、姜宇辉教授、王嘉军教授、中国人民大学的李科林教授、北方工业大学的董树宝教授组成了一个小圈子，经常在一起讨论问题，互相帮助，彼此磨砺，在思想上形成了一个共同体，我们甚至开玩笑地称之为"羊村"共同体。尽管有些玩笑，但我们之间的讨论每每都能让我们最快地接触到最前沿的问题，读到最新的材料，即便有些时候为一些问题争得面红耳赤，也彼此相互体谅，互相尊敬，也正是在这个"羊村"共同体的互相砥砺的情况下，我们能够迅速地将最前沿的思想变成写作，这也是为什么我最近十年来不断大量写作的原因，正是这些最好的朋友们给我动力和刺激，我才能不断地去思考新的问题，写出新的论著。此外，也要感谢其他学校的一些前辈和学人，复旦大学的陈学明教授、吴晓明教授、王凤才教授、张双利教授、吴猛教授，中国社会科学院的崔唯航研究员，中国人民大学的段忠桥教授、龚群教授、臧峰宇教授、张文喜教授、张秀琴教授，吉林大学的孙正聿教授、孙利天教授、王庆丰教授、王福生教授、李龙教授、袁立国教授、田冠浩教授，南开大学的王南湜教授、孔明安教授、王时中教授，武汉大学的李佃来教授，华中科技大学的欧阳康教授和吴兰丽教授，兰州大学的谢亚洲教授、王大桥教授，华东师范大学的孙亮教授，西南大学的黄其洪教授，西北师范大学的马俊峰教授，四川师范大学的路强副教授等等。

本书中的主要文章，已经在近五年里先后在《当代世界与社会主义》《南开学报》《道德与文明》《江海学刊》《中国人民大学学报》《人文杂志》《探索与争鸣》《华中师范大学学报》《人民论坛·学术前沿》《南京社会科学》《西北师范大学学报》《马克思主义理论学科研究》《求索》等杂志发表，在发表文章的过程中，各个杂志的编辑也先后对一些文章的内容和结构提出了很好的修改意见。因此，借此机会也向赵涛、叶祝弟、陈菊、冯潇、唐兵、曾巍、周文升、宋阳旨、张贝、虞淑娟等老师表示感谢。最后我要感谢的是上海人民出版社的于力平编辑和陈依婷编辑，如果没有他们的帮助和努力，本书是无法呈现在大家面前的。

当然，最应该感谢的还有我的夫人董金平副教授和我的儿子蓝浩天。十年来，由于我选择从武汉辗转到南京，她们也不得不选择跟我来到这个陌生的城市，其中往来颠簸多次，让这十年的头几年里颇为不安定。尤其是一两年里，夫人还不得不被迫一周内辗转武汉和南京两次，我一直没有能好好照顾她们，让她们为自己的理想做出了牺牲，这是尤其要感谢的。不过，在当下的时光里，我们家人都能幸福地团聚在南京，一起生活，一起奋斗，一起度过人生中最美妙的时光。

蓝江

2023 年 2 月 23 日于南京仙林

序篇　数字的神话、资本的魔法：数字资本主义批判如何可能？

　　本雅明曾在《历史哲学论纲》的开头提到了一个驼背侏儒："有一则故事讲一个机械装置。这机械装置制作得十分精巧，它能和人对弈，且棋艺高超，对手走一步，它就应对一步。对弈时，棋盘放在一张大桌子上，棋盘一端坐着一个身着土耳其服装，口叼水烟壶的木偶。一组镜子让人产生幻觉，误以为桌子每一面都是透明的。实际上，一个驼背侏儒藏在里面。这侏儒精通棋艺，用线牵动木偶的手，指挥它走棋。"[①] 尽管本雅明用这个侏儒的形象隐喻马克思的历史唯物主义，但它何尝不是已经被神话化的数字平台背后的形象呢？当我们打开手机和电脑，点开 Uber、TikTok、Bilibili、Instagram、Twitter 等应用时，呈现给我们的是一个玄妙莫测的世界，仿佛一个不知名的手牵引着我们走向我们想看、想玩、想购买、想消费的东西，我们将这种神秘的力量归为人工智能、大数据和算法。于是，一种新的拜物教在数字时代里产生了，数字技术和算法成为了一种无所不能的存在，是一个不

---

① ［德］本雅明：《本雅明文选》，陈永国、马海良编译，北京：中国社会科学出版社 1999 年版，第 403 页。

具有神的光环的新神，无论这个新神是以救世主的形象出现在我们面前，或者像诸如《西部世界》《黑客帝国》中刻画的那样掌控着所有人类的令人恐怖的孟菲斯托的形象，都无外乎共享着一种观点：算法和人工智能已经开始掌控着一切，在这种话语模式下，仿佛以人类为中心的人类世已经走向终结，取而代之的是奇点时代的来临。无论是人工智能，还是大数据与元宇宙，不过是在当下数字技术时代下的浮士德式的神话，将我们的灵魂交付孟菲斯托，最终缔造一个被数字操纵的傀儡，而那个驼背侏儒，那个被掩藏在绚丽的数字外表下的资本主义的内核，却在人们的视野之外。因此，如果要揭示当下数字平台、数字资本主义等技术神话的奥秘，就必须回到那些被今天的神话话语纹理所遮蔽的东西。正如吴冠军教授在其新书《陷入奇点》中指出："人类世政治哲学（亦即，以话语政治为形态的规范性政治哲学）的各种智慧，实际上都是以话语构型（大他者）去填补深渊，以便掩盖黑洞性的奇点。"[1] 也就是说，我们今天看到的是一个二元性的世界，吴冠军教授所谓的话语构型就是那个数字外衣构成的神话世界，而在这个神话世界下面，有一个平台的侏儒，真正操控华丽的数字棋手的就是那个被现实的资本力量掌控的平台，于是，我们的问题变成了，如何穿透数字的神话，破除平台资本的魔法。

解开数字神话的奥秘，揭露那个平台下的驼背侏儒的魔法的关键，并不在于将一切原因都归咎于一个抽象和无形的资本，否则这就变成了川剧变脸的情节，我们揭开一张假面具时，下面还

---

[1] 吴冠军：《陷入奇点：人类世政治哲学研究》，北京：商务印书馆2022年版，第254页。

掩盖着新的假面具。为了真正理解数字资本主义或平台资本主义的实质，我们需要回到马克思的经典著作，尤其是他在《〈政治经济学批判〉导言》中提到的政治经济学方法，只有这样，我们才能在历史唯物主义基础上重新看到数字资本主义神话下被掩藏的具体的历史实在性。

一、什么是数字政治经济学批判的起点？

研究数字资本主义或平台资本主义，摆在我们面前的第一个问题是，我们究竟是从直接表现出来的结果，例如从本雅明笔下的那个棋艺高超的傀儡入手，还是找到那个傀儡背后的线索。显然，在当下的许多数字资本主义的研究中，很多研究更喜欢的是那个作为结果的傀儡。例如，一些研究者很喜欢使用托夫勒在《第三次浪潮》中的概念：产消者（prosumer）。这本诞生于四十多年前的未来学著作，的确在一定程度上描绘了今天数字技术高度发达状态下的场景，按照托夫勒的描述："现在我们要考虑到另一个可能性，很多人可能很快就会在明日的电子住宅中工作，因此消费者所使用的工具也会有重大的改变。我们在家中工作所使用的电子仪器也可以生产自用的货物和服务。在这种情况下，第一次浪潮社会的产消合一者又将重新成为经济活动的中心，不过却是在以高新科技为基础的第三次浪潮时代。"[①] 托夫勒

---

① ［美］阿尔文·托夫勒：《第三次浪潮》，黄明坚译，北京：中信出版集团 2018 年版，第 284 页。

希望未来的生产活动并不会成为普通人的沉重负担，而是在不断进步的技术的加持下，消费的同时，也完成了生产。的确，我们今天刷手机、看视频、玩游戏的过程被一些研究者称为"玩—工作"（play-work），我们在浏览网页的同时，也生产着有利于大数据联结的数据，于是消费成为生产，而生产进一步促进了消费，这就让诸多普通的数字时代的用户成为了理想的产消者。在今天，不少从事数字资本主义研究和数字劳动研究的人，就是沿用着托夫勒的逻辑，简单地认为今天坐在电脑前或刷着手机屏幕的人就是这样的产消者。而个体似乎可以不依赖于整个大社会的生产、分配、交换、消费的政治经济学结构。那些互联网和智能平台的用户可以在孤独的刷屏和聊天中，完成一次又一次的社会交往。整个世界都变成他们手指和鼠标点击触碰的世界，一切实践活动都在他们轻松的点击之下完成了，就仿佛在电子游戏《我的世界》（Minecraft）那样的开放世界的沙盒游戏中一样，可以任由那个产消者的主体生产一个独立的世界。

　　数字世界的事情真的如此简单吗？正如马克思在《〈政治经济学批判〉导言》开头就对亚当·斯密和大卫·李嘉图的政治经济学预设的原始模型提出了批驳："被斯密和李嘉图当作出发点的单个地方孤立的猎人和渔夫，属于18世纪的缺乏想象力的虚构。这是鲁滨逊一类的故事，这类故事决不像文化史家想象的那样，仅仅表示对过渡文明的反动和要回到被误解了的自然生活中去。"① 马克思对斯密和李嘉图的批评，并不是说在历史上没有存在过猎人和渔夫，而是他们设想的猎人和渔夫是脱离社会发展史

---

① 《马克思恩格斯选集》第二卷，北京：人民出版社2012年版，第683页。

的猎人和渔夫，换言之，当斯密和李嘉图以及其他政治经济学家开始思考经济学的起源时，他们会抽象地想象出一个可以独立生存，并仅仅依赖于个体自足而理性的方式，在一个荒野中和海滩上谋得生存的人。马克思洞悉斯密和李嘉图的政治经济学的起源的奥秘在于，他们将一种仅仅只在现代市民社会中诞生的独立而理性的个体，直接带入原始自然的想象之中，这样导致的结果是，猎人和渔夫成为了像现代工业资本主义下的自足而理性的个体那样独立生活，而忽略了在原始自然的条件下，猎人和渔夫生存的最基本的条件是那个让他们可以群居在一起的血缘家族和共同体。也就是说，当现代的政治经济学家们在假设一个在原始自然生活的个体的猎人和渔夫时，他们已经将历史发展的结果偷偷地移植到原始社会之中，因为在原始社会里，个体的猎人和渔夫是生活不下去的，那个时代没有交换，也没有足以让个体生存下去的物质储备，更没有让他们自足的理性自律，换言之，所谓个体的猎人和渔夫不过是现代市民社会向原始自然环境的投影，就像笛福小说中的鲁滨逊是现代市民社会的投影一样。而卢梭的《社会契约论》无非也是这样的现实中的鲁滨逊在所谓的"自然状态"下的投影，因此，马克思说道："卢梭的通过契约来建立的天生独立的主体之间的关系和联系的'社会契约'，也不是以这种自然主义为基础的。这是假象，只是大大小小的鲁滨逊一类的故事所造成的美学上的假象。其实，这是对于16世纪以来就作了准备、而在18世纪大踏步走向成熟'市民社会'的预感。"① 换言之，斯密和李嘉图的独立自主的猎人和渔夫，以及卢

---

① 《马克思恩格斯选集》第二卷，北京：人民出版社2012年版，第683页。

梭笔下订立"社会契约"的鲁滨逊式的个体，都没有在所谓的自然状态下存在过，连同那个自然状态也是他们在当下的市民社会对过去的投影，他们需要这个投影，恰恰是为了论证当下市民社会的合法性，从而找到可以让现实的资本主义可以持续下去的理论根基，但是一旦这种诞生于现代市民社会的理性个体的模型，投影成为手持弓箭或拿着鱼叉的猎人或渔夫，并被他们作为政治经济学研究的起点，那这一切便成了本雅明反讽的对象——我们将那个傀儡当成了社会实在，并在傀儡的基础上论证社会实在的合理性，然而，真正的历史过程却在这些政治经济学家和政治哲学家的视野之外。

那么，对于今天的数字政治经济学研究来说，我们应该从什么样的起点出发呢？可以设想这样的场景，在京东、淘宝或者抖音直播上，我可以轻易地点击一个购买链接。很快，快递就会将货物送到我家门口。整个购物过程非常迅捷，仿佛这个商品出现在我的门口，是我鼠标点击链接，用支付宝或微信支付之后的结果。中间除了接触到快递员之外，我仿佛没有任何社会性的接触，随之可以判断整个交流流程是由我这个主体完成的，而之前还在网页上或屏幕上的商品，就是我作为主体购买实践的结果。这样，无论我通过饿了么或者美团购买外卖，还是通过12306或者飞猪购买机票、火车票，用大众点评网、携程网来预订酒店，用滴滴来打车出行，这些数字化的实践为我们塑造了一个数字时代的幻觉，即我们可以在一个人的情况下，独自生存很久，即便在荒郊野外，只要有高德地图和百度地图的导航，也可以轻易地走出迷航的区域。于是，我们看到的是一个更具有主体性的鲁滨逊，一个甚至不需要驯服星期五的鲁滨逊，因为只要拥有网络、智能手机、笔记本以及足够的在线支付货币，便能够继续生存下去——甚至假设我们没有足够的货币，若我们个人信用良好，也可以使用支付宝的随身贷以及京东的白条来支付相应的款项。个体获得了独立自主的感觉，我们唯一所需要做的就是滑动屏幕，点击相应的链接，然后所有我们需要的一切都会以最便捷的方式出现在我们面前。在抽象层面上，这是一个更为纯粹的主体，一个更不依赖于外在的帮佣和公共关系的主体，我们今天的课程可以通过网课来进行，朋友可以在打网络游戏的时候相互认识。主体变成了小房间里的闪烁着亮光的屏幕前的主体，只有在这个屏幕前，这个主体的幻象才是真实的，也只有在敲击键盘、点击鼠标、滑动屏幕的时候，主体才表现出他那个康德式的羽翼，他们用最公正的眼光审视着世界上的最不公平，对美国枪击案、烧烤摊上的治安案件，都能够以主体的方式激昂慷慨地指点江山，那种最美好的道德感和最理性的判断全部在他们的指尖运动中。这是比斯密和李嘉图的猎人和渔夫更为纯粹的政治经济学的表象，在这个表象面前，那具在房间里吃着外卖、闲散地半卧在床榻之上的身体，并非最重要的事情，最重要的是透过屏幕，人们感受到了前所未有的主体感。

然而，一旦我们将这种小房间里、抽离了身体，仅仅依赖于指尖运动的主体作为数字政治经济学的起点就大错特错了。因为在我们看来最简单的事实恰恰是最复杂的结果，正如马克思在对黑格尔的法哲学进行批判时，指出黑格尔的法哲学中的辩证法是一个颠倒的辩证法："正确的方法被颠倒了。最简单的东西被描绘成最复杂的东西，而最复杂的东西又被描绘成简单的东西。应当成为出发点的东西变成了神秘的结果，而应当成为合乎理性的结果的东西却成了神秘的出发点。"① 当然，对于马克思来说，最简单的东西是市民社会中的生产关系，而黑格尔对之视而不见，反而将市民社会的生产的现实性看成是作为绝对观念的国家在世俗世界的体现，而与这个有限的体现相反的是抽象的绝对精神的运动。马克思颠倒了黑格尔的被颠倒过来的辩证法，让抽象的人回到了其市民社会的唯物主义基础，现实的人的生产关系和交往关系才是真实的社会存在。当马克思让德国哲学从天国重新降回到人间的时候，我们也需要避免将数字资本主义的研究重新颠倒为黑格尔式的辩证法。

那么，在数字政治经济学研究中，什么是最简单的东西，什么又是最复杂的东西呢？首先，最简单的东西仍然是生产，比如说，我在网络上购买的蛋糕，一定是某个真实的蛋糕店生产出来的，这个蛋糕不可能是从虚空中变出来的，即便我为此支付了货币。我购买的商品，仍然属于一种现实的生产活动的一部分，制造蛋糕的店家依然需要采购鸡蛋、面粉、蜂蜜，他需要在真实的市场上购买原料，购买机器，这些并没有真正离开传统的政治经济学分析的视野，正如马克思在《资本论》中指出："商品世界的这种拜物教性质，像以上分析已经表明的，是来源于生产商品

----

① 《马克思恩格斯全集》（中文第二版）第 3 卷，北京：人民出版社 2002 年版，第 52 页。

的劳动所特有的社会性质。"① 生产的一般规律仍然是适用于当代的数字政治经济学分析的，这便是我们最简单的东西。然而，真正的问题在于，这些最简单的事实却在我们的视野之外，因为在数字界面上极为便利的操作，以及迅捷的快递业务，让背后的生产和物流过程变得似乎不值一提，让点击屏幕的我们以为和那个出现在我们面前的商品有着最"直接"的关系。这种被当成"直接"关系的过程，恰恰是马克思所说的最复杂的东西，一方面，它不仅需要平台向背后的厂家发出订货的指令，厂家进行生产，将生产出来的货物交给物流，物流在传感器的监控之下（让买家时时刻刻可以看到他购买的货物到了哪个地点），最后才出现在买家的面前。其中支付宝和微信支付等交易手段，也不是真正的货币，这些只是一种由于信用而产生的同等货币的数字等价物而已。在一定的程度上，支付宝和微信，以及更神秘的比特币，实际上就是"密码保障＋信用＋数据记录"的数据形式而已，但是它们之所以能够应用，恰恰与数字技术和密码技术的发展密切相关，与 5G 通讯技术、物流技术、遥感技术等等一系列新技术的发展密切相关，这种手指点击运动和出现在我们面前的商品之间的"直接关系"是一系列生产关系、社会关系、技术发展的结果。简言之，这个看起来十分简单的东西是社会历史发展到一定阶段上的产物，它拥有非常复杂的社会条件和技术条件，但在抽象的人和手指点击面前，这些复杂的社会条件和技术条件全部被遮蔽了，我们只看到了抽象主体存在的事实，而忽略

---

① 《马克思恩格斯全集》（中文第二版）第 44 卷，北京：人民出版社 2001 年版，第 90 页。

了让其成为简单事实的历史条件。这就像庸俗的政治经济学家永远无法理解他们那些鲁滨逊式的抽象的人的出现一定与马克思提出的高度发展的技术条件和复杂的社会交往关系的条件密切相关。**我们的起点不应该是这种依赖于高度发展的技术条件和社会前提的抽象的人，而是现实的可能的物质生产条件，我们不能只看到数字的神话，更需要在神话背后找寻到那个被遮蔽的历史线索。**只有这样，我们才能进入到真正的数字政治经济学批判之中。

二、一般数据：数字条件下的生产一般

在马克思的《德意志意识形态》中，马克思强调了德国古典哲学中从天国到人间的人的解放在方向上根本是错误的，而正确的历史唯物主义的方式在于从此岸世界的现实生活方式出发，去找到通向未来社会的现实道路。在这个意义上，马克思对于青年黑格尔派和费尔巴哈的唯物主义都进行了批判，他毫不留情地指出："那么'人'的'解放'也并没有前进一步；只有在现实的世界中并使用现实手段才能实现真正的解放；没有蒸汽机和走锭精纺机就不能消灭奴隶制；没有改良的农业就不能消灭农奴制；当人们还不能使自己吃喝住穿在质和量方面得到充分保证的时候，人们就根本不能获得解放。'解放'是一种历史活动，不是思想活动，'解放'是由历史的关系，是由工业状况、商业状况、

农业状况、交往状况促成的。"① 马克思的意思十分明确，人的解放，包括今天在数字时代的解放，从来不是什么内在的自我意识和观念的问题，正如马克思指出没有蒸汽机和珍妮走锭精纺机的发明，就不可能消灭依附于农场主的奴隶制。当然，今天当现代化的自动化技术、数控技术、物流技术，将人们从繁重的工厂里和闷热的车间里解放出来的时候，当人们可以在家办公，更具有随意性的时候，其实背后隐藏的是历史发展的动力学，即通过数字技术和人类生产关系的变化，产生了数字资本主义的历史一般条件，而这个历史一般条件，塑造了在小房间里或者在格子间里刷单、拼命敲击键盘的我们，也就是那个可以在赛博空间遨游的我们，无论我们显得如何失去实在世界的重量，但仍然有一根历史现实性的线索在拖拽着我们，这个线索就是**生产一般**。

什么是生产一般？如果顺着马克思的《〈政治经济学批判〉导言》继续读下去，我们会读到这样一段话：

> 因此，说到生产，总是指在一定社会发展阶段上的生产——社会个人的生产。因而，好像只要一说到生产，我们或者就要把历史发展过程在它的各个阶段上——加以研究，或者一开始就要声明，我们指的是某个一定的历史时代，例如，是现代资产阶级生产——一种生产事实上是我们研究的本题。可是，生产的一切时代有某些共同标志，共同规定。**生产一般**是一个抽象，但是只要它真正把共同点提出来，定

① 《马克思恩格斯选集》第一卷，北京：人民出版社 2012 年版，第154 页。

下来，免得我们重复，它就是一个合理的抽象。不过，这个一般，或者说，经过比较而抽出来的共同点，本身就是有许多组成部分的、分为不同规定的东西。其中有些属于一切时代，另一些是几个时代共有的。［有些］规定是最新时代和最古时代共有的。没有它们，任何生产都无从设想；但是，如果说最发达的语言和最不发达的语言共同具有一些规律和规定，那么，构成语言发展的恰恰是有别于这个一般和共同点的差别。对生产一般适用的种种规定所以要抽出来，也正是为了不致因为有了统一（主体是人，客体是自然，这总是一样的，这里已经出现了统一）而忘记本质的差别。①

生产一般是马克思在《资本论》及其手稿中常常会用到的一个概念，这种概念的使用也体现在他的其他概念中，如劳动一般、资本一般。不过，马克思在这里将历史唯物主义的性质赋予了生产一般概念，正如马克思所说："生产的一切世代有某些共同标志，共同规定"，而生产一般只是对共同标志、共同规定的抽象。那么最重要的并不是从唯名论角度来说明"生产一般"的语义学含义，而是需要将它放在一定的历史空间，从某个具体的历史时代来审视马克思的"生产一般"概念，以及在该历史时代中，"生产一般"究竟创造出何种社会关系、个体存在样态，以及有哪些伦理学、政治学、社会学、哲学、政治经济学的观念与之相对应。也正是在这个意义上，马克思强调说："如

① 《马克思恩格斯选集》第二卷，北京：人民出版社 2012 年版，第 685 页。

果没有生产一般，也就没有一般的生产。"[①] 而马克思对黑格尔的批判也正是基于这一点，黑格尔虽然在《法哲学原理》也曾引述过亚当·斯密等英国政治经济学家的著作，但是黑格尔的问题是，他仅仅将斯密的政治经济学看成一种有限性的知性原理，而不是通向绝对观念的途径，这种途径，黑格尔只留给了哲学和逻辑学。黑格尔没有理解新兴的政治经济学与当时西欧尤其是英国的工商业市民社会和大机器制造之间的关系，所以，美国马克思主义思想家弗里德里克·詹姆逊（Fredric Jameson）也曾指出黑格尔哲学中的这个缺憾："尽管黑格尔熟悉亚当·斯密和新兴的政治经济学，但他对工作和劳动的概念——我特别将其描述为一种手工业意识形态——并没有预见到资本主义工业生产或工厂制度的历史开创性。"[②] 换言之，在詹姆逊看来，黑格尔关心斯密和英国古典政治经济学，关心劳动概念，只是将其看成一种观念的体现，他只希望透过观念的力量去影响工业劳动，而看不到真正作用于劳动的恰恰是马克思提到的现代工业制度下的生产一般。在这个意义上，所谓的现代人实际上是被现代工业制度的生产一般生产出来的，自由、平等、博爱不过是为了妆点仍然在工厂中扭曲着身体、适应着工业生产节奏的工人阶级的观念性外衣，人类命运是在生产一般的历史过程中书写的，正如齐泽克指出："工人个人事实上沦为为机器服务的器官或工厂系统的

---

① 《马克思恩格斯选集》第二卷，北京：人民出版社 2012 年版，第685 页。

② Fredric Jameson, *The Hegel Variations*, London: Verso, 2010, p.68.

附属品。" ①

因此，在分析了现代数字化条件下抽象个体的形成离不开现实的历史条件，即数字政治经济学批判下的生产一般之后，我们就需要回答一个问题，什么是数字资本主义时代的生产一般？如果沿着马克思的历史唯物主义的逻辑，所谓的生产一般，是一种共同标志和共同规定的抽象。在马克思的时代，19 世纪的工业生产当然是将不同的人还原成同样的劳动力，无论之前是从事放羊的羊倌、在制陶作坊的学徒还是在烘焙作坊的面包师，一旦他们被抛入自由出卖劳动力的工业都市之中，他们身体上就拥有了一个共同的标志——劳动力，而这种劳动力又被一种共同的量来衡量，这个共同的量就是工资。

换到今天的情境，我们在 TikTok、Instagram、Facebook 上上传视频和照片，在 Uber、滴滴等应用上打车，在 Bilibili、YouTube 等视频网站上刷视频，在 Steam、Ubisoft 等游戏平台上下载游戏。那么，这些数字时代的活动中有什么共性？什么是这个时代的共同标志和共同规定？在所有这些行为中，有一个共同的行为是我们可以首先想到的，即进入这些界面时，无论我们只是作为普通用户进行浏览和消费，还是作为专业的司机、做外卖的饭店，或直播、短视频的 UP 主，都需要注册一个用户名，而且这个用户名需要绑定一个实体可查的链接，例如在注册用户名的时候，有时候需要一个手机号码、银行卡号、社保号码、电子邮箱、身份证号等等。也就是说，通过这些号码，能够在一个数

---

① Slavoj Žižek, *Absolute Recoil: Towards a New Foundation of Dialectial Materialism*, London: Verso, 2014, p.30.

字世界的用户和现实的使用者之间建立一个实在关联，而在这个实在关联的背后，我们现实使用者变成了数字化的用户，我们不再以实在身体介入和生产，而是在数字化的用户背后参与数字空间生活的每一个环节。无论是点外卖还是购物，玩游戏还是看视频，聊天还是刷朋友圈，进行这些活动的第一个前提是，我们必须有个数字化的用户名，将我们变成数字世界之中的合法存在，这就像在《德意志意识形态》中马克思提到的"全部人类历史的第一个前提无疑是有生命的个人的存在"①一样，**今天数字化世界的全部历史的第一个前提无疑是经过注册、有密码保护的数字化用户的存在**。尽管用户的存在仍然在一定程度上以有生命的个人存在为前提。

经过注册、有密码保护的数字用户仅仅只是问题的第一步。马克思继续为我们指出，在工业资本主义的生产一般的条件下，"人和人之间的社会关系可以说是颠倒地表现出来的，就是说，表现为物和物之间的社会关系"②。马克思的这句话影响到后来西方马克思主义的奠基者卢卡奇，成为他在《历史与阶级意识》中关于"物化问题"讨论的一个重要的切入点。马克思的这句话对于今天的数字世界也是非常有启发意义的。马克思批判地指出，一个英国人（大卫·李嘉图）将现实的身体变成帽子的时候，就是通过物的关系替代了人与人之间的现实关系，我们只看

① 《马克思恩格斯选集》第一卷，北京：人民出版社 2012 年版，第146 页。
② 《马克思恩格斯全集》（中文第二版）第 31 卷，北京：人民出版社 1998 年版，第 426 页。

到了被货币标价的商品，而看不到商品背后的资本主义的生产一般和生产关系的逻辑。当然，马克思还说有一个德国人（黑格尔）又把李嘉图的帽子变成了观念，这当然是对德国古典哲学的反讽，马克思其实表明德国人引以为傲的观念论哲学，并不是站在德国的地基上，而是在西欧发达的资本主义工业生产基础上。不过，对于今天来说，我们已经不再担心德国唯心主义的观念的魔咒，但我们却在经历另一个魔法，即李嘉图的帽子正在变成数据和流量，在数字空间中完成了浏览和交换。我们在淘宝、京东、亚马逊等网络平台上看到的不是商品直接在商店里的现实展示，而是一张图片或一段视频，即便如新东方的董宇辉那样的带货高手，他也不能将最具有实体形态的货物展现给我们看，也就是说，任何实际商品，即李嘉图笔下的帽子，只有经过数字化，变成数据和流量才能在数字空间和数字平台下存在，我们点击的是图片和链接，收获的是需要支付的二维码和支付密码的链接，最后等待着物流公司在几天之后将货物呈现在我们面前。我惊奇地发现，那个最实体的物，恰恰是最后出现的，而之前在数字交易和关联中，我们不知道它在何方，甚至它可能都没有生产出来，只是作为图片和视频存在于网络连接的页面上。换言之，实体的商品在数字空间中一开始是缺席的，只有在整个交易流程最后，它才以填补这个实体空缺的真实物出现。一切都表现得如此流畅，以至于我们把整个过程当成了实体过程，而在此前，无论是我们浏览网络、点击打开页面、看介绍，甚至通过淘宝旺旺与卖家沟通，一切都是数字的，我们指向的是一个缺席的实在物的数字交换。在这个过程之中，最后出现的实在的商品物是非常重要的，但更重要的是，取代实体商品出场的数字链接和数字交换，在这个背景下，我们今天的人与人的关系不仅是被物与物的关系取代，"物质性的外衣已经被剥除，数字化的形式第一次以最为赤裸的方式成为架构人与人之间关系的利器，我们不仅仅被还原为物，在这个物的外壳破裂之后，我们还进一步被还原为数值关系"①。面对这种状况，我们必须发明一种新的概念来形容数字条件下的生产一般，这个概念就是：**一般数据**。

和生产一般一样，一般数据并不是在某些哲学家的头脑中生成的概念，而是对我们最一般的生活方式和生产方式的抽象，我们所说的一般数据，并不是这一个或那一个具体数据，而是构成我们生产、交换、消费、分配的最一般的状况。不仅我们的消费生活受到一般数据的支配，在现实的生产中，每一个员工也被编号，被人事工作人员按照业绩数据进行排列打分，办公室里有在岗或不在岗的监控数据；不仅所有的劳动者、消费者，连同那些曾经不被数据化的物也被纳入到巨大的数字化体系之中。一切坚固的东西都烟消云散了，一切神圣的东西都遭到了亵渎。在今天，在数字条件下的生产一般之下，一切坚固的东西都变成了数据，一切神圣的东西也都变成了数据。毫无疑问，面对一般数据，理解数字资本主义下的生产一般，成为了数字政治经济学批判的责无旁贷的使命。

---

① 蓝江：《一般数据、虚体与数字资本：历史唯物主义视域下的数字资本主义批判》，南京：江苏人民出版社 2022 年版，第 12 页。

三、作为驼背侏儒的数字生产：
数字资本主义背后的奥秘

一天，以色列宗教学者大卫·弗拉瑟（David Flusser）正在思考古希腊语的"信仰"（pistis）的含义，他低头思索，在雅典城里随意地走着，无意间他撞到了一面墙，他抬头看到，那面墙上嵌着一个牌匾，上面写着"信托银行"（trapeza tēs pisteos），在弗拉瑟看来，这是一个隐喻，在对神的信仰和对资本的信托之间似乎存在着神秘的联系。正如本雅明早年写过的一篇命名为《作为宗教的资本主义》的文章，其中他已经意识到在资本主义制度中存在的不仅仅是一种实体的货币，而是一种抽象的信仰，一种拜物教式的信仰，正当基督教将自己的希望托付于上帝的时候，资本主义的投机商和掮客，信贷用户和金融大鳄，甚至那些普通的购买股票、基金、债券、外汇的用户，正将自己的希望托付给新的信仰，信贷的信仰。在此，本雅明用一种末世论的语调提醒着金融资本主义下的人们："上帝没有死，他已经被纳入人类的命运之中。"[①] 在金融资本主义时代，上帝没有死亡，他已经化身为货币，今天的教堂被世俗王国祛魅，反而那些高耸入云的金融大厦和银行正在取代中世纪教堂的地位，它们都用一种非实体的方式构成资本主义的帝国，在表面上，它们依赖于一个抽象的货

---

① Walter Benjamin, "Capitalism as Religion", trans. Rodney Livingstone, in *Selected Writings, Volume 1: 1913—1926*, ed. Marcus Bullock and Michael W. Jennings, Cambridge, MA: The Belknap Press of Harvard University Press, 1996, p.289.

币，而在本雅明看来，它们依赖于一个更为抽象的东西，那个隐藏在货币背后的资本，已经操纵着这些资本的贪婪的目光。难怪在后来的阿甘本看来，"资本主义是一种宗教，在这种宗教中，崇拜者从任何对象中解放出来，从任何罪恶中解放出来（从而从任何救赎中解放出来），因此，从信仰的角度来看，资本主义没有对象：它相信纯粹的信仰事实，相信纯粹的信用，也就是相信金钱。因此，资本主义是一种宗教，其中信仰——信用——被取代了上帝。换句话说，由于信贷的纯粹形式是货币，它是一种宗教，其中上帝就是货币。这意味着，银行——它只不过是生产和管理货币的机器——已经取代了教会的位置；而且，通过管理信贷，它操纵和管理信仰——稀缺的、不确定的信任——而我们的时代仍然对自己有信心。"[1]

金融资本主义的出现，不仅仅意味着银行业和金融业崛起，并占据了之前产业资本所具有的中心地位，而是说，在金融和产业背后，都藏着一个驼背的侏儒，那些烟雾缭绕的曼彻斯特的工厂的烟囱，曼哈顿的鳞次栉比的摩天大楼，都是那个敞露在桌子外面的穿着土耳其服装的傀儡，我们需要理解的不是傀儡，不是夸耀资本主义创造了多么神奇的魔法，而是需要理解在这些魔法背后所隐藏的驼背侏儒。我们理解的资本主义，绝不是在它良性运行的时候来审视其运作的机制，相反我们要在它遇到障碍，无法继续施放其魔法的时候，才能揭示出它隐藏的獠牙。正如阿甘本认定，如同尼克松宣布美元与黄金脱钩是资本主义崩溃的征

---

[1]　Giorgio Agamben, *Creation and Anarchy*, trans. Adam Kotsko, Stanford: Stanford University Press, 2019, pp.66—67.

兆一样，那个操纵着傀儡的驼背小人，也只有当他在某一步没有成功地指挥傀儡走出一招好棋的时候，才能发现他的真实存在。当然，尼克松宣布脱离黄金兑换机制，在一定程度上宣布的不仅仅是与黄金脱钩，也意味着我们看到了原来在经济学中颠簸不破的原理，竟然被资本主义自己废黜了。资本主义宣布了那个在美元和黄金之间的关联性，从来都是虚假的关联，真正控制资本主义的命脉的操纵线仍然在资本的侏儒手里，也正因为如此，在所谓的美元危机之后，我们看到了美元仍然依附于石油和美债，在全世界范围内利用美元潮汐周期性地收割财富。在进入 21 世纪之后，美元的傀儡仍然健在，但那个驼背侏儒的线索也越来越明显地暴露在我们面前。

由本雅明和阿甘本引出的一个直接的问题是，一旦美元及其金融工具脱离了马克思意义上的生产一般，是否能够仍然支撑着金融帝国主义的大厦？本雅明和阿甘本错误地将这种理论归为了信仰，在这种观念的支配下，他们转向了一种神秘主义，但其实，他们仍然在资本主义施魅的魔法之中，不能自拔。真正的问题并不在于尼克松宣布美元与黄金兑换体制的脱钩，而是脱钩之后，大量的美国实体生产部分，被转移到了海外，这并不意味着美国不需要实体的生产一般，而是说，它不需要在本国的空间范围内继续运作这些实体工业的生产，将高污染、劳动力密集，以及阶级冲突带来的风险推向第三世界国家。而资本主义国家之所以敢于将这些产业生产部分转移到第三世界国家，恰恰在于他们控制了轴线，当美元在二战之后的布雷顿森林体系中成为世界货币，而任何国际贸易都不得不选择锚定美元时，那些被转移到国外的产业部分，事实上仍然受控于华尔街上的金融大鳄们，他们操纵着手里的美元和金融轴线，让世界经济的命脉也随着他们的贪婪一起运转。

尽管本雅明和阿甘本为我们讲述的是金融资本主义的拜物教的状况，但是，马克思的《〈政治经济学批判〉导言》仍然为我们提供了找到傀儡背后的驼背侏儒的线索。有趣的是，在《〈政治经济学批判〉导言》中，马克思也提到了基督教的信仰，马克思说："基督教只有在它的自我批判在一定程度上，可说是在可能范围内完成时，才有助于对早期神话作客观的理解。同样，资产阶级经济学只有在资产阶级社会的自我批判已经开始时，才能理解封建的、古代的和东方的经济。在资产阶级经济学没有用编造神话的办法把自己同过去的经济完全等同起来时，它对于以前的经济，特别是它曾经还不得不与之直接斗争的封建经济的批判，是与基督教对异教的批判或者新教对旧教的批判相似的。"①相对于本雅明和阿甘本，马克思更加直接地指出了资本主义之所以良序运行，恰恰在于其外表上的神话系统。当美元与黄金的脱钩的时候，表面上维持的是一种信用的体系，但事实上是一场投机的赌局，而这场赌局已经被染上了资本主义浪漫的玫瑰色彩，让普通人沉醉于其中。换言之，资本主义的经济学的良序运行，当然依赖于其"编造的神话"，在这种神话之下，一切外在于资本主义的力量不过是这种神话的不成熟的样态，这就是马克思所

① 《马克思恩格斯选集》第二卷，北京：人民出版社2012年版，第706页。

谓的"人体解剖对猴体解剖是一把钥匙"[①]的原因所在。资本主义不断在神话中建构了以自己为顶点的时间和空间的螺旋式金字塔结构，而外在于资本主义框架的一切他乡和过去，无非都是这种神话的装饰品，这些装饰品指向了神话的中心，但那个中心的驼背侏儒我们却看不到他的存在。

而在数字资本主义的条件下，这种神话得到了进一步延伸。数字资本主义的神话认为，数字经济代表着一种虚拟经济，是与实体经济相对立的经济形式，在这个意义上，神话的杜撰者们跟我们讲述着各个数字经济时代的概念，例如知识经济、信息经济、元宇宙经济等等，在这里面有知识共享、数字共享、人工智能、算法治理等一系列的范畴，仿佛我们一旦抛弃了实体经济，进入虚拟经济的层面上，我们将会过上前所未有的生活。但是，真正的问题在于，数字经济只是实体经济的一个外衣，而不是其取代物，就像我们前文谈到的，当我们在互联网上订蛋糕时，那个蛋糕仍然是实体企业生产的。无论数字经济为我们画下了多么大的饼，实体经济仍然支撑着数字经济和虚拟经济，任何虚拟经济中的东西都无法真正取代实体的消费，只要我们身体仍然需要吃饭、喝水、出行、住宿，那么实体经济就仍然会发挥作用。如果我们理解了这个问题，不难发现，实体经济和数字经济根本不是一个二元对立的结构，也不存在谁取代谁的问题，即便在美国那样的构架中，它的实体经济大量外移，但在全球范围内来看，美国等发达国家的服务业和金融，以及他们的消费仍然需要大量

---

① 《马克思恩格斯选集》第二卷，北京：人民出版社 2012 年版，第705 页。

的第三世界的实体经济来支撑。同理，数字经济的基础仍然是实体经济。当然，数字资本、数字经济是一个新事物，但绝对不是在取代实体经济意义上的新事物，它的新意在于，通过大数据和数字化控制、自动化流程和数字物流管理，试图将不同的全世界各地的实体生产部门统一在一个大的数字逻辑之下，谁掌握了这些核心的数字逻辑，谁就掌握了全球经济的命脉。换言之，未来世界的关于数字化和通讯技术、自动驾驶和人工智能的竞争，与其说是在某个具体产业上的竞争，不如说，谁掌握了一般数据和数字控制的轴心，谁就成为了那个驼背侏儒。而在今天，控制着这些数据中心和算法的就是平台资本，从扎克伯格到贝佐斯，从比尔·盖茨到埃隆·马斯克，当我们以为他们是数字产业的新媒体的资本家时，我们都犯下了一个错误，因为那些数字外表，无论是 Google、Twitter，还是苹果手机，不过是用来控制的外壳，而在这些外壳下面，包括在特斯拉之类的自动驾驶技术下面，掩藏的是，这些技术已经通过数字控制的轴线延伸到所有的生产部分，从第三世界的粮食生产供应到中东国家的石油，从东南亚的服装生产到韩国的半导体，实际上每一个环节都已经成为了这些大平台的数据控制的对象，这不纯粹是数字经济，而是通过数字控制工具控制一般数据，从而控制了全球性的生产一般的平台。当马斯克、库克、贝佐斯、扎克伯格等人在聚光灯下为我们讲述他们的数字帝国的奇迹的时候，实际上，支撑他们神话的是每一个具体的生产、交换、消费、分配的部门。

此时此刻，我们耳边再一次回响着马克思的教诲："人体解剖对猴体解剖是一把钥匙。"当扎克伯格、盖茨、贝佐斯、库克等人的数字资本主义的帝国在畅想未来社会的神话的时候，必然意味着他们的资本已经将吸血的血管深到了每一个国家，每一个生产部分，甚至每一笔金融产投资的内部，滋养着这个最复杂的资本主义的形态的奢华的外表，如果没有这种滋养，或许数字资本主义华丽的外表会迅速萎缩。这就不难理解，当 2022 年上半年美联储宣布连续几次加息之后，那个由中本聪宣布的去中心化的不以任何国家的货币为支撑的比特币开始一路狂泻，因为比特币和其他区块链的货币都是一种需要靠汲取工业生产一般的数字神话，它们需要一般数据和生产一般的支撑，让这个信仰可以吸纳更多的信徒，就像弗拉瑟遇到的信托银行与古希腊语中的信仰含义一样。本雅明的精妙的傀儡，如果没有隐藏在下面的驼背侏儒，它再华丽也无法下出精妙的棋招。同理，没有产业上的工业生产，没有控制生产的一般数据，数字资本的神话无论多么美妙，终归还会走向破灭。透过马克思的《1857—1858 年经济学手稿》，透过人体解剖的钥匙，我们似乎看到了资本控制的生产一般仍然是支配着资本主义生产、交换、分配、消费奥秘的侏儒，但是这个侏儒不再是以往那个侏儒，今天的生产一般已经被数字技术套上了一般数据的羁轭，让数字资本可以在更大的空间范围内控制着全球的生产。如果仍然还有人迷信于这种数字神话，我们只好模仿马克思的口气，对他们说："这里是罗陀斯，就在这里跳跃吧！"[1]

---

[1] 《马克思恩格斯选集》第二卷，北京：人民出版社 2012 年版，第163 页。

第一部分
数字时代的主体

第一章 机器感知与数字化的身体

2015 年 12 月 23 日，美国的康涅狄格州，一位名叫理查德·达巴特（Richard Dabate）的男子报警说发生了一起谋杀案；一名戴面具的入侵者进入家中并杀害了他的妻子。警方反而逮捕了达巴特。对达巴特的逮捕令申请显示，侦探们发现达巴特的证词很可疑，随后转向了达巴特和受害者的各种数据档案：短信、电话、电子邮件、Facebook、苹果 iMessage，尤其是受害者的 Fitbit 活动追踪器。数字可穿戴设备公司向警方公布，受害人的 Fitbit 身体活动记录表明，在嫌疑人声称看到她被枪杀后，受害者信息仍然活跃在 Fitbit 的云端，说明那时受害人还活着。这些数据虽然本身并不是决定性的，但却促使警方拒绝了达巴特的证词，并以涉嫌谋杀罪逮捕了达巴特。2014 年，健身追踪器 Fitbit 的数据可以当成法庭上的证据。该案件表明，在不久的将来，一个数据化的"我"可能会出现在法庭上，并建立一个可以凌驾于我自己言论和记忆之上的具有权威性的真相。

达巴特案件的关键并不在于 Fitbit 公司是否应该将云端的数据作为证据呈给法庭，或者说，这种数据是否侵犯了用户的隐私，而是在于，在人的证言和数据的客观透明性之间，法庭会做出何种抉择？随着智能设备的大量增加，随着智能家居和智能城市的出现，我们周边会出现大量的带有传感器、中继器、边缘计算的设备，这些设备会形成海量的数据，而用自己的身体来感知世界的主体，对这些发生在我们周围的数据交换和传输一无所知。关键在于，这些数据交换和传输并不是与我毫无关联的，当Fitbit的云端收集了达巴特妻子的运动数据时，实际上，这些数据分析的结果，要比达巴特的记忆和证词更能说明当时的真实状况。这已经不纯粹是一个客观事实问题，而是关乎在高度数字化和智能化的今天，处于高度智能机器网络中的我们是否有这样的信仰，人的身体对世界的感知，已经由纯粹生物性的思考和记忆逐渐转向另一种感知和记忆，这种感知和记忆就是机器感知（mechanical sensibility）。可以预见，在不远的未来，随着智能环境的进一步加强，与其说是我们的身体感知，不如说是由数据构成的机器感知正在塑造着我们对世界的理解，而在机器感知下的理解，进一步成为我们去面对这个世界的中介，在这个意义上，我和世界的关系，我和我的身体的关系，乃至我和我自己的关系，实际上已经被大量数据疏离化（Entfremdung）了。为了理解这一点，我们必须回到经典的现象学命题，即我们是如何通过我们的身体去理解和掌握我们周遭的世界的？

一、身体感知与周围世界

现代认识论哲学的一个贡献在于，作为主体的"我"与世界的关系，并不是一种直接的映射关系，即"我"的认识，并非原本对世界的复刻，也并非世界的物质在我们头脑中的直接呈现。相反，主体与世界的关系，按照康德之后的观念论的说法，是一种构造关系。不过，关于这种构造，究竟是先天性给定的超验性框架，还是在后天经验中生成的内在性结构，在不同的哲学学说那里有着不同的观点和看法。无论如何，我们面对的一个状况是，并非世界的任意物质和材料，都能直接在主体世界里呈现出来，并表达为一种观念。因此，我们所需要追问的问题不在于这个观念究竟是什么，意义如何，而是它是如何成为我们对世界的领会并为我们建构一个世界的。

德国生物学家雅各布·冯·尤克斯考尔（Jakob von Uexküll）男爵曾被视为 20 世纪最伟大的动物学家，也是现代生态学的奠基人。他的研究不是探索某种生物体的内在结构，如节肢动物或哺乳动物的区别，而是去探索动物与其周遭环境之间的关系。比如说他长期以来研究一种小型的节肢动物，即蜱虫。尤克斯考尔说道：

这种没有眼睛的小虫子，在它皮肤对光的敏感性的帮助下，找到了它的哨所。对于这个又聋又瞎的强盗来说，它捕猎的方式仅仅依赖于嗅觉。所有包含了脂肪囊的哺乳动物都散发出酪酸的味道。对于蜱来说，这种味道是一种信号，使它放弃哨所，摸黑跳向猎物。如果够幸运，它掉在温血动物身上（通过一个能感知确切温度的感觉器官来感知），成功捕获了它的猎物，随后仅仅通过触觉找到最少毛发覆盖的地方，将脑袋嵌入猎物的皮肤组织。现在它便可以慢慢吮吸温热的鲜血了。①

　　小小的节肢动物蜱，并没有哺乳动物那样的视觉和听觉，它们不能通过看与听来把握它的世界。不过，它拥有着良好的嗅觉和触觉，在绝大多数时候，蜱对周围环境中的气味没有感觉，唯一能触发（affect）它的感觉的，就是哺乳动物毛囊中的酪酸的味道，在酪酸接触到蜱的嗅觉器官的时候，蜱的感觉才能被触发，它的触觉和嗅觉才将它与哺乳动物的猎物联系起来。只有在那一刻，酪酸的触发和蜱的跳跃和吮吸哺乳动物的温暖的鲜血才成为蜱的世界。我们需要理解的是，这个世界并不是整个自然界，自然界的其他事物，如摇曳的光阳，波光粼粼的湖面，巍峨耸立的群山，对于小小的蜱虫来说没有丝毫意义，即便群山和阳光在那里，蜱虫也无法感知到它们的存在。对于蜱唯一有意义的东西，就是哺乳动物身上散发出来的酪酸的味道，它的嗅觉与酪酸的关系连接，帮助蜱建立了一个周围世界（Umwelt），而不是全部的世界。唯有在这个周围世界里，它的跳跃让它捕获了一个猎物，可以吮吸最新鲜温暖的血液，它的行为才具有了意义（sense）。这就是阿甘本所评价的："蜱就是这种关系，它只能生活于其中，并为之而

---

① Jakob von Uexküll, *Streifzüge durch die Umwelten von Tieren und Menschen. Ein Bilderbuch unsichtbarer Welten,* Hamburg: Rowohlt, 1956, pp.86—87.

生活。"①

如果说蜱的周围世界是以蜱的身体的嗅觉和触觉能力建构起来，并向它展现出某种意义，那么我们人类是否也是如此呢？我们是否也和蜱之类的节肢动物一样，依赖于身体来筑造我们的世界。这个问题，正是海德格尔开始追问存在论的地方。受尤克斯考尔启发，海德格尔挪用了他的周围世界的观念，在《存在与时间》一书中，海德格尔十分明确地指出：

> 这个把某种东西向着因缘开放的"向来了却其因缘"是一种先天的完成时，它描述着此在本身的存在方式。从存在论上加以领会的了却因缘就是：先行把存在者向其周围世界之内的上手状态开放。因缘的"何所因"是从了却因缘的"何所缘"方面开放出来的。"何所因"就作为这样上手的东西向操劳活动照面。只要向操劳活动显现出来的是某种存在者，也就是说，只要这种东西是就其存在得到揭示的，那么它向来就已经是从周围世界上到手头的东西，而恰恰不"首先"是仅只现成在手的"世界材料"。②

在这段话中，海德格尔谈到了我们面对的并不是真正的"世界材料"，而是在周围世界中的上手状态（Zuhandenheit）的东

---

① ［意］阿甘本：《敞开：人与动物》，蓝江译，南京：南京大学出版社 2019 年版，第 56 页。
② ［德］海德格尔：《存在与时间》（中文修订第二版），陈嘉映译，北京：商务印书馆 2016 年版，第 124 页。

西。对于蜱来说，哺乳动物的酪酸就是它的上手状态的东西，它只会对酪酸有反应，至于是否需要像人类一样来分析究竟什么是哺乳动物，我们如何从生物学角度对哺乳动物生成酪酸的原理之类的东西，蜱并不需要知道，这些东西当然属于自然界，但它们不属于蜱的周围世界的上手状态，真正属于上手状态的，只有那个酪酸以及蜱面对酪酸的一跃。也就是说，蜱的跳跃和酪酸之间形成了操劳活动，它就是蜱的"何所缘"。简言之，所有的哺乳动物都是以酪酸的形式向蜱呈现出来的，而其他不能散发酪酸味道的动物，对于蜱来说，是不存在的。因此，任何生物（包括人类在内），它们首先接触到的只是那些被它们的周围世界呈现为上手状态的东西，在这个上手状态中，世界的"物质材料"遭到了这个上手关系（用在性）的裁剪和阉割，变成了一个可以被存在者直接把握的关系。

不过，海德格尔在这里不仅指出了周围世界的上手状态和外在物质世界的相对于存在者的不同关系，更重要的是，他进一步提出了"到此为止我们所看到的，都是世界以某种操劳于周围世界上手事物的方式并为了这种方式亮相的，也就是说，这种亮相还是随着上手事物的上手状态进行了"[①]。在这段话中，海德格尔提到了"操劳于周围世界上手事物的方式"，只有通过这种方式，事物才向我们亮相为上手状态。也就是说，在事物和我们的上手状态之间，在我们的周围世界里，还存在着一种方式，正是这种方式让上手事物变成了我们直接可以使用的上手状态。问题在

---

① ［德］海德格尔：《存在与时间》（中文修订第二版），陈嘉映译，北京：商务印书馆 2016 年版，第 113 页。

于，这个方式是什么？在《存在与时间》时期的海德格尔，还没有提出后来在《技术的追问》中使用的集置（Ge-stell）的概念。集置的概念，的确让后来的海德格尔更容易处理在周围世界的上手状态问题，也让海德格尔可以进一步面对技术带来的存在论变革，但这是后话。在《存在与时间》里，海德格尔是从另一个角度——即身体——来理解周围世界的上手状态的："人的'空间性'是其肉体性的一种属性，它同时总是通过身体性'奠定根基'的。"[①]人虽然不是蜱，但是和蜱一样具有一个身体，蜱只有找到它的嗅觉与外在的酪酸之间的关联，才能建立起"在之中"的关系。同样，人类丰富的意义世界不能完全等于身体，也不局限于身体，但是人的周围世界的展开，却毫无疑问是通过身体建立的关联开始的，我们的身体在空间中占据了一个位置，"但这一'占据'原则上有别于处在某一个场所中一个位置上的上手存在。必须把占据位置理解为：去周围世界上到手头的东西之远而使它进入由寻视先行揭示的场所。此在从周围世界的'那里'领会自己的'这里'。"[②]换言之，《存在与时间》时期的海德格尔仍然将原初的周围世界的展开理解为从身体占据的位置出发形成的上手状态，在身体的操劳之中，与事物建立了关系，并让事物呈现为存在者周围世界中的一个样态，而这些样态的集合便成为了此在的上手状态。

或许，正是在这一点上，法国哲学家梅洛-庞蒂与早期的海

---

① ［德］海德格尔：《存在与时间》（中文修订第二版），陈嘉映译，北京：商务印书馆 2016 年版，第 84 页。

② 同上书，第 156 页。

德格尔达成了某种共鸣，在《知觉现象学》中，梅洛-庞蒂也描述了以身体为奠基的世界的展开："我的身体作为为了某个现实的或可能的任务的姿势向我呈现出来。实际上，它的空间性不像外部客体的空间性或'空间感觉'的空间性那样是一种位置的空间性，而是一种处境的空间性。……总之，之所以说我的身体能够是一个'形式'，之所以说在它面前能够有出现在一些无关紧要的背景上的一些优先图形，是因为它被自己的各种任务所吸引、因为它朝向它们而实存、因为它为了达到某种目的而汇聚于自身，而'身体图式'最终说来是表达'我的身体是在世界之中'的一种方式。"① 尽管梅洛-庞蒂没有使用尤克斯考尔的"周围世界"的概念，但他有意识地将由于身体的活动而形成的"身体图式"，以及身体在世界之中而形成的"处境的空间性"，在很大程度上区分于外在世界的客观空间性和先验的观念空间性，这种"处境的空间性"在一定程度上就是海德格尔"周围世界的上手状态"的翻版。那么，通过"身体图式"的"处境的空间性"的表达，梅洛-庞蒂看到，这种"形式"将外在事物进行了区分，分为了朝向我们身体的感知的实存，以及无关紧要（irrelevant）的存在物。无关紧要的存在物尽管在世界中存在，但它无法向我们的处境的空间性呈现出来，所以它并不实存，只有那些向我们"身体图式"呈现出来的存在物，才能被感知，才具有意义，并帮我们构造一个有意义的世界。所以，梅洛-庞蒂指出："如果没有某个在知觉它的人，我们就不可能构

---

① ［法］梅洛-庞蒂：《知觉现象学》，杨大春译，北京：商务印书馆2021年版，第147—148页。

造被知觉的事物。……事物是敌对的和外来的，它对我来说不再是一个对话者，而是一个绝对沉默的他者，是一个和一个外来意识亲密性一样逃避我们的自身。"① 于是，我们感知获得的世界，实际上是由我们身体的连贯性图式构成的世界，世界的统一性，在于我们通过身体图式感知世界的统一体，那些不符合统一性身体图式的对象和存在物，尽管它们存在，但由于它们无法进入我们连贯统一的身体图式之中，所以，它们并不在我们的周围世界里实存。也正因为如此，有人才指出"当我们越过生活的一个时刻进入另一个时刻时，我们体验到一种根植于身体的意义连贯性。社会现实是关于身体的进程，我们生活在身体世界中"②。

我们可以说，我们面对的世界就是在身体感知基础上的周围世界，而不是充满着杂多、危险和不确定性的外在客观世界。由于没有绝对无限的身体感知，所以外在的世界不可能完全地在我们的认识中展现出来。那么我们认识中的世界实际上就是依赖于我们身体感知建立起来的周围世界，世界上的人与物、人与人，甚至物与物之间联系和认知的基础，都在于我们以生物性身体对周围世界触摸、操劳和感知，若外在的事物能够被我们的身体感知，那么它将被我们的身体图式出来，反之，那些不能被感知的

① ［法］梅洛-庞蒂：《知觉现象学》，杨大春译，北京：商务印书馆2021年版，第444—445页。

② ［英］约翰·罗布、奥利弗·哈里斯：《历史上的身体：从旧石器时代到未来的欧洲》，吴莉苇译，上海：格致出版社2020年版，第19页。

事物变成了无关紧要的事物，无法在我们的周围世界里获得相应的位置。

二、工具感知与代具性身体

当马歇尔·麦克卢汉（Marshall McLuhan）宣告"一切媒介作为人的延伸，都能提供转换事物的新视野和新知觉"[①]，意味着他将问题推向了一个新的阶段。在前文的分析中，可以看出，我们周围世界的展开与身体和外在世界的接触和感知有关，只有那些被我们的身体所感知的事物，才能在周围世界里展现出来，成为一个对象。但是，相较于动物的贫乏的世界，人类世界具有着非常不同的因素，因为人类在能够直接使用自己的身体去感知世界、去建构自己的周围世界之外，还可能使用工具。当我们看不到微生物世界的时候，我们可以通过发明的显微镜看到在镜面下蠕动的细菌和病毒，我们也可以通过天文望远镜看到肉眼无法看清的土星环及其卫星。这些工具成为我们身体的延伸，在麦克卢汉那里，它们全部是我们身体的媒介，是人的延伸，从而构造了一个用工具媒介塑造起来的新视野和新感知。因此，在进入数字时代的感知和身体问题之前，横亘在我们面前的一个障碍是，如何理解工具带来的感知以及由工具感知所创造的新视野和新知觉？

工具感知的问题，在哲学史上，并不是一个新问题。在亚里

---

① ［加］麦克卢汉：《理解媒介：论人的延伸》（修订译本），何道宽译，南京：译林出版社 2019 年版，第 84 页。

士多德提出的四因说（形式因、质料因、动力因、目的因）中，并没有涉及工具。不过，在中世纪经院哲学的阿奎那那里，已经将工具因加入其中，成为其中的"第五因"。在《神学大全》中，阿奎那指出："因为一个工具本质上都是一个被推动的推动者。但是，然而，在结果中总是存在一些东西只能归因于它们的主要活动主体的能力，而不能归因于这种工具的能力，前者是在结果中发挥主要作用的东西。"[①] 阿奎那的工具因是一个十分有趣的哲学概念，一方面，它并没有像亚里士多德那样将工具归为目的因，甚至没有将工具归为执行行为的主体的主因，而是使工具具有了某种自主性。正如阿甘本分析指出："界定工具因的东西似乎与主因所推进的目的无关。如果木匠最后做好了一张床，使用了充当工具因的斧子，一方面，斧子按照自己的功能来行动，即砍木头，但另一方面，它也依照木匠的操作来行动。斧子对床一无所知，不过若无斧子，床就做不成。**一旦工具的运行具有了自主性，与此同时，工具被分成两个有区别但彼此相关联的操作，那么就开启所谓的技艺维度。**"[②] 在阿甘本看来，阿奎那的工具因概念，恰恰为技术的存在提供了本体上的可能，因为工具不属于主因（即动力因），也不属于目的因，那么只能是工具因具有自己的独特价值，它实现了主因所无法达到的目的，就像木匠手中的斧子一样，木匠与木床之间没有直接的联系，唯有通过斧

---

① ［意］阿奎那：《神学大全第一集论上帝，第 7 卷：论上帝的管理》，段德智译，北京：商务印书馆 2013 年版，第 117 页。

② Giorgio Agamben, *The Use of Bodies*, trans. Adam Kotsko, Stanford: Stanford University Press, 2015, pp.73—74.

子的工具因，木匠（主因）和木床（目的因）才能联系起来。在这个意义上，工具不仅仅是一种被动的物，而是一种主动的因，它以自己的独特价值参与到木匠制造木床的活动，并让活动成为可能。这就是阿甘本所说的阿奎那目的因所带来的"自主性"（autonomy），而这种自主性产生了人的身体感知所无法面对的世界。

阿奎那的工具因不仅为近代的科学技术的发展留下了解释空间，而且将传统意义上的身体感知拓展为工具感知，不难发现，在拉丁语中，工具（organum）与身体的器官（organum）有着相同的拼写，因此，可以理解为工具实际上就是一种外在的器官，是人们用来探知和延伸外在世界的器官。在这个意义上，工具感知并不是独立在身体感知之外的感知，而是一种身体感知的延伸，但如果没有工具感知，人们就只能囿于自己的有限身体触及的世界范围之中，无法达到更多的目的，也无法扩展我们的周围世界。也正是在这个意义上，中世纪经院哲学的工具因影响了近代的科学启蒙，在英国启蒙思想家弗朗西斯·培根那里，他直接将他面对新世界和新知识的作品命名为《新工具》（*Novum organum*），在书中，培根写道：

> 譬如，在机械力的事物方面，如果人们赤手从事而不借助于工具的力量，同样，在智力的事物方面，如果人们也一无凭借而仅靠赤裸裸的理解力去进行工作，那么，纵使他们联合起来尽其最大的努力，他们所能力试和所能成就的东西恐怕总是很有限的。现在（且在这个例子上稍停来深入透视

一下）我们设想有一座巨大的方塔为了要表彰武功或其他伟绩而须移往他处，而人们竟赤手空拳来从事工作，试问一个清醒的旁观者要不要认为他们是疯了呢？……但是他们的一切这些勤苦和努力，在一个真正的判断说来，只不过是始终使用着赤裸裸的智力罢了。实则，每一巨大的工作，如果没有工具和机器而只用人的双手去做，无论是每人用力或者是大家合力，都显然是不可能的。①

这里隐藏着培根自己的历史观。在对古希腊哲学家评述的时候，培根更倾向于德谟克利特和赫拉克利特之类的朴素的自然主义者，这并不是因为这些自然哲学家更近于自然，而是因为在他们那里有培根所谓的"新工具"，即原子和火的功能更类似于近代科学和发明的萌芽。培根说道："我们还该注意到发现的力量、效能和后果。这几点再明显不过地表现在古人所不知、较近才发现，而起源却还暧昧不彰的三种发明上，那就是印刷、火药和磁石。这三种发明已经在世界范围内把事物的全部面貌和情况都改变了：第一种是在学术方面，第二种是在战事方面，第三种是在航行方面；并由此又引起难以数计的变化来；竟至任何帝国、任何教派、任何星辰对人类事务的力量和影响都仿佛无过于这些机械性的发现了。"② 如果梳理一下这里的逻辑，不难发现，在培根那里隐藏的一个逻辑是，唯有在"新工具"的帮助下，人们才能

① ［英］培根：《新工具》，许宝骙译，北京：商务印书馆 2017 年版，第 3—4 页。
② 同上书，第 114 页。

走出单纯依赖于"赤手"的身体感知状态，才能走出茹毛饮血的蒙昧世界，去创造出一个文明世界。于是，对于人类来说，文明世界不是动物的贫乏世界（Weltarmut），而是一种人们不断利用工具创造出来的新世界，即筑造世界（weltbildend）。正如有学者指出："培根在这里说得很清楚：科学（即工具）真正的目的就是将新的发现——其实也就是新的力量——给予人类。"[①] 由此可见，在培根那里，我们的世界（在定义上，其实是海德格尔意义上的周围世界）不断在工具感知的作用下扩展，从野蛮走向文明，从乡土走向都市，从地方走向全球。科学知识带来的新工具，打破了单纯身体感知的宁谧的氛围，搅动着力量的火焰，让其光明照亮一个更大的世界。

在这个意义上，法国技术哲学家贝尔纳·斯蒂格勒（Bernard Stiegler）使用了一个更为巧妙的用词：代具性（prostheticité）。斯蒂格勒巧妙地利用了古希腊神话中的爱比米修斯的过失来阐释这个概念。在神灵命令爱比米修斯为世界的存在物分配各种自然能力的时候，他恰恰遗忘了人类，人类在自然能力上的缺陷，导致了爱比米修斯必须用一个外在于人类的能力来弥补他的过失，这个外在的能力就是代具性。那么，什么是代具性？代具性就是指人类的身体是贫乏的，他可以使用外在于他的各种工具作为他的外器官，即一种代具器官（organ prosthétique），来重构人类与世界万物的关系，筑造属于人类的周围世界。人类的特性在于他身体自然能力的缺陷，而爱比米修斯用代具性弥补了这个缺陷。

①　文聘元：《培根指南》，桂林：广西师范大学出版社2021年版，第49页。

斯蒂格勒说：“必须把缺陷和人的存在联系在一起认识，即认识人的存在的缺陷。但是和动物获得的各种自然能力相比，人的那一份能力就是技术（tekhnē），技术是代具性的，也就是说，人的技能能力不是自然能力。……人的那一份礼物并非肯定性的恩赐，而是一种补偿。人类没有自然能力，也就没有了宿命，人类必须去发明，去实现，去生产出自己的能力，而且这并不表明，一旦生产出某些能力，这些能力就成为专属于人类的能力，它们或许成为一种能力，但毋宁说它们是技术的产物。”① 斯蒂格勒的代具性概念更好地解释了工具及其创造在人类筑造周围世界中的独特价值，代具性的特征在于其非自然性，不是依照自然属性，而是按照一个缺陷，一个不可能真正弥补的空缺来创造出不同的世界，正是由于天然的缺陷，人类才需要利用技术不停地进行代具性的创造，从而筑造出不同的周围世界。这正是培根的新工具从野蛮走向文明世界的奥秘，也是“知识就是力量”的奥秘，正是由于不断的代具性补偿，人类的身体感知遭遇着不同的世界，这些不同的世界从来不是圆满的世界，也正是由于人的自然缺陷，导致这些世界不会封闭，永远像一个不知餍足的怪兽，用代具性的器官吞噬着外部。

不过，代具性身体的工具感知，并没有取代人的身体感知，在那个代具性的假体背后，人并没有丧失他的灵魂。爱比米修斯的过失只是在人的世界上留下的缺口，需要人不断地利用自己的

---

① Bernard Stiegler, *Technics and Time I: The Fault of Epimetheus*, trans. George Collins, Stanford: Stanford University Press, 1998, pp.193—194.

外在代具性的工具感知来弥补这个缺口，而并没有抹除人类内在的精神世界。在这个意义上，麦克卢汉说技术和媒介是人的延伸是正确的，在望远镜的背后，在显微镜的背后，在无人机的背后，仍然隐藏着一个人类的灵魂。工具感知和代具性身体是人类的肢体延伸，外在代具性器官弥补了人的身体的天生不足，也弥补了人类的周围世界的不足，将人类世界不断充实为丰富性的生活世界。由于任何技术的代具性创造出来的事物都不属于人类的自然本性，意味着人类用技术弥补自己的工具感知的进程会一直进行下去，人类通过新工具从蛮荒时代进入机器时代，再进入数字时代，人类已经可以通过天问一号这样的火星探测器探索火星，无论是火星探测器还是纳米机器人，从微观世界到宏观的宇宙，它们都是我们代具性身体，为我们创造出新的工具感知。

三、机器感知与外—主体的诞生

斯蒂格勒的作为代具性身体的技术概念并不会带来无止境的补偿，尽管有爱比米修斯的过失的理由，但这种通过技术实现的工具感知的补偿并不是无止境的，换句话说，在人类发展过程中，技术产生的工具感知和人类的身体感知本身是一种延伸的关系，但在一个奇点之上，这种延伸的关系却具有发生翻转的可能。当作为工具的技术延伸到一定程度，不仅不再是人类能力的弥补，或者作为人类的代具的外在器官，而是会反过来制约着人的存在，成为对人的思想行为的规训与缧绁。在奇点来临的那一刻，人类及其身体并不会消失不见，人类也并不会丧失其主体地位，但是这种主体地位很有可能被数字时代的技术和算法所绕过，而人类被裹挟在一个安全而宁谧的气泡之中。发生变化的，是构成我们周围世界的基础的感知框架，在海德格尔那里，原先由我们的身体性交往形成的感知的集置，被技术进一步中介化了，梅洛-庞蒂的身体感知形成的直接性架构已经悄悄地被新的基础取代。终有一天，我们突然发现，我们的身体感知获得的一切，实际上已经被数据世界所中介，并让我们误以为是我们自己的感知，这时或许传统身体感知和工具感知的大厦正在一点点地被一种新的感知取代，我们可以将其命名为：机器感知（mechanic perception）。

我们或许可以想象如下的场景，比如说，今天为了判断自己是否达到适当的运动量，我首先拿出口袋里的智能手机，看看自己的运动步数，上面明确告诉我已经运动了一万多步，相当于消耗了六百多卡路里。我对这个数据很满意，然后可以按照另一个App 提供的饮食菜单来制定自己的晚餐计划，在上传了自己晚餐的照片之后，这个 App 给我的晚餐的健康程度打分，判断我摄入脂肪和热量的程度、各种维生素和微量元素的比例、有没有垃圾食品等等。到了晚上的睡眠时间，手腕上的苹果手表可以测量我的脉搏跳动的次数，从而可以判断我是否进入睡眠，甚至可以判断我的睡眠质量如何。一早起来，我看到了手表为我提供的数据结果，告诉我在多长时间内我进入深度睡眠，中间曾经醒过几次，并给我昨晚的睡眠质量打分。这一切已经不是科幻小说中的情节，而是已经发生在我们周围的事情，我们不再需要我们的身体去感知，即通过身体的舒适度和劳累程度来判断自己是否达到了适度的运动量，不再根据自己的口味和身体反应来判断自己的晚餐如何，不再根据第二天清晨起床时的头脑清醒程度来判断自己的睡眠质量，我对我自己的身体的了解，已经高度被数字化的App 和各种可穿戴设备的数据中介了，我的身体质量的好坏依赖于这些数据，也依赖于在这个数据背后构成的巨大网络。正如美国韩裔学者洪宣河（Sun-ha Hong）指出："尽管这些数字设备尚不完善，但对它们的使用已经将某种交往网络嵌入我们的日常生活当中。机器深入地切入了我们的身体，利用了我们身体的参数，无意识地掌握了我们身体的物质痕迹。于是，这些设备可以测量人类认知和直觉所不能测量的东西。"① 在开头的案例中，杀死自己妻子的达巴特从自己的身体感知出发，建立了一套身体性的说辞，试图在警察面前遮蔽了一些关键信息，从而让自己避免遭到怀疑。但是，他的精妙说辞，却被现代的数据设备打破，因为他根本没有意识到，他的妻子的生存还有另一种痕迹，一个被数字化的交往和传播网络形成的云端痕迹，这个云端痕迹就是在人的主体之外的不可测量的东西，然而，它们却绕过了主体（无论是达巴特本人，还是他的妻子），留下并构成了一个数字化存在的痕迹。

这里的关键点在于：**在面对数字化设备的时候，我们的主体地位被绕过了，设备在我们无法感知和无法认识的地方（云端）**

---

① Sun-ha Hong, *Technologies of Speculation: The Limits of Knowledge in a Data-Driven Society*, New York: New York University Press, 2020, p.76.

形成了一个庞大的交换和传播网络，我们的身体和主体实际上都已经为新的感知所中介。在工具感知阶段，工具并不取代我们的身体感知，相反，由于主体的支配性作用，工具感知仍然隶属于我们的主体，成为我们身体感知的延伸。但是，我们今天不能如此轻松地认为，今天的数字化设备仍然受到人类主体的支配。我们面对的现实状况是："智能机器试图绕过不知情的、容易出错的、不合作的和其他不受指挥的主体，直接进入身体数据的（所谓的）客观领域。"①

在这个意义上，今天的机器感知形成了一种不依赖于主体的独立性和自主性，且这种自主性与阿奎那意义上的工具的"自主性"大相径庭。原因在于，在阿奎那的论证中，工具的自主性服务于行为的目的因，由于目的因的存在，保障了人类在面对工具时的主因地位。就像木匠手中的斧子，斧子当然具有其独立属性，但斧子在木匠手里，服务于木匠的目的，从而斧子作为弥补性的代具器官，帮助木匠完成了打造木床的工作。今天的苹果手环，Fitbit 运动数据，则具有了完全不一样的意义。因为这里不再具有目的因。当我们问到，一个检测我们运动和睡眠的电子手环的目的因是什么，答案则会是其实它并不帮助我们实现具体的目的，它仅仅只是在那里监测数据，而这些数据并不是我们在头脑中主动需要的数据，我们只是根据它们无意识监测的结果来反

---

① David Lyon, "Surveillance, Power and Everyday Life," in *Oxford Handbook of Information and Communication Technologies*, eds. Chrisanthi Avgerou, Robin Mansell, Danny Quah, and Roger Silverstone, Oxford: Oxford University Press, 2007, p.449.

思性地了解我们的身体状态，知道了我们有大量卡路里的消耗、不错的膳食搭配、健康的睡眠状况。而达巴特的妻子的 Fitbit 的监测数据从一开始也不是用来监测她是否还活着，从而证明达巴特的说辞是谎言，而是由于无意识的身体监测，客观上达成了主体意料之外的结果。在这种情况下，我们发现人类主体的地位发生了反转，"在这种对预测材料的追求中，人类个体变成了德勒兹的分体（dividual）：人们被切割成各种各样的数据点，被分割并输入到算法中。……同时，一个可靠事实的替代生产线出现了：机器，以其无限的数据可供无限的重组，从身体上收获主体不愿意或不能说的东西。"[1] 在这里，工具感知和机器感知的区分十分清楚：工具感知是一种有目的因的感知，它的目的因从属于主体，而机器感知没有目的因，它纯粹是为了感知而感知，为了监测和收集数据，而我们不知道机器背后监测和收集的这些数据形成了一个什么样的巨大网络，也不知道它们服务于什么目的。

机器感知发展的进一步结果是，它自主地形成了一套规范，其目的不是让主体的生活和工作变得便利，而是对主体的身体进行规训，让主体更适合机器感知和监测形成的规范系统。原先由人类主体支配的机器系统，反过来作用于人本身，人类成为了被监测的对象。例如所走的步数，记录过程的纯粹频率、精度和数量使数据超出了人类思考和想象的能力范围。其结果在形式上类似于社交媒体平台和国家监控系统的"黑匣子"算法的

---

[1] Sun-ha Hong, *Technologies of Speculation: The Limits of Knowledge in a Data-Driven Society*, New York: New York University Press, 2020, p.75.

效果。例如，我们虽然可以看到手机中的计步 App 或者可穿戴的计步设备上面显示的数据，但是我们不知道，怎样才能被算法算作一步？我迈出一小步，或跨出一大步，甚至在原地抬抬腿是否都算作一步？如果我弄清楚这些 App 和设备算作一步的规则，我是否会在运动中让自己的身体行动符合它们的计步规则？倘若如此，意味着福柯的全景敞视（panopticon）的监视再次向前发展了，这里不再有圆形监狱中哨塔中的守卫，也不再需要监控摄像头背后的那个监控者，因为数字计步的方式已经完成了规训，我们被一种非意识的算法权力监控着，它让我们的所有的身体行为都不得不依赖于它所提供的标准。这正是卡特琳娜·海耶斯（Katherine Hayles）在她的新书《非思：认知无意识的权力》（*Unthought: The Power of the Cognitive Nonconscious*）中所说的："随着自我监控的日益商业化，要测量和解释的生物物理标志物的选择，越来越由机器感知的世界来决定，由它们的感知提供诊断和改善的最壮观和有吸引力的视觉效果。越来越多的人无法确定在哪些环境和层次上能够产生关于他们自己的意义。"①

　　当然，我们不能简单地做出结论，认为在今天机器感知已经彻底取代了我们身体感知和工具感知，甚至直接取代了我们的主体地位。尽管我们看到了主体不得不按照数据规训的方式来行动，但是主体仍然存在，仍然以主观性的方式面对着数字世界带来的变化。当然，主体的存在并不代表主体保持着自启蒙以来的内在我思主体的样态，还是那个在心灵内部做出的思考和界定的

---

①　N. Katherine Hayles, *Unthought: The Power of the Cognitive Nonconscious*, Chicago: University of Chicago Press, 2017, p.26.

主体，而是变成了一种经过数据外溢的主体形态，我们可以称之为"外—主体"（exo-subject）。显然，外—主体的诞生是对应于机器感知时代的新的主体形式，也是人类主体在高度数字化和智能化机器时代下的可能的存在方式。也就是说，那个在数据空间中形成的我的数字痕迹，仍然是我，依然参与着我的主体构造。这样，我们的身体感知不再是决定我们主体定位的唯一根源，由于机器感知形成的数据痕迹，也和我们的身体感知一起，在这个高度数据化的时代，重新构造了我们的主体的形态。

第二章　数字时代的自我意识

他者，一个他者的幽灵，在数字空间中徘徊。

或许，我们每一个人在进入数字空间时，不免会有这样的感觉，在我的搜索引擎、购物界面、短视频 App，甚至是地图导航中，似乎有一种力量，支配着我们的选择。我购买商品之后，总是有一些我们熟悉且希望看到的商品弹窗出现屏幕上，我刷过短视频之后，后面接连出现的短视频也大多符合我个人的兴趣，在高德导航或百度导航到某个地点之后，可能会向你推荐你大概会喜欢的餐厅和酒店。一切都看起来是那么自然而然。仿佛有一只看不见的手，将我们拽进了一个十分熟悉的世界。但是与我们自己筑造栖居的家园不同，这个世界并不是我通过我的实践活动构造出来的世界，这是通过背后的算法和大数据分析得出了数字绘像，它们能十分准确地判断我的偏好和性格、我的职业习惯和爱好，甚至我们无法直接描述的审美倾向，在数字算法的计算中，也能找到符合我们自己口味的感觉。我们在惬意享受这一切的同时，不由得想到，难道在屏幕的后方存在着一个比我自己还了解我的他者，我所希望看到的、听到的、享受的一切，都在这个他者面前一览无余？而我们所需要做的就是顺势去享受面前的这一切。这或许就是为什么我们准备看几分钟短视频，结果反而就刷了一个多小时的原因吧，这既是我们自愿的沉溺，但也并非我们自我意识的选择。

当我们熟悉了福柯式的权力批判，我们的生命不再面对监狱或精神病院式的暴力规训时，我们是否仍然可以成为权力的产品？这既是一个生命政治学的问题，也是一个当代主体哲学必须面对的问题。大数据和智能算法在数字空间里制造了一个对我的习性十分熟悉的他者，而这个看不见的他者以我所欲望的方式，让我变成巨大的权力机制的一部分，由此我们仍然面对着福柯的规训机制的难题，即我为一个无形的凝视着我的他者所监控，我在其中成为一个正常的人。但除此之外，更重要的问题是，这种无形他者的出现，是否在一定程度上冲击了自从启蒙以来的主体的自我意识，以及在这种自我意识之下的生命的意义？而自我意识又如何去面对另一个自我意识的他者的存在？实际上，我们面对的他者并不止一个，至少，在黑格尔的《精神现象学》中，我们就面对着两种不同的他者。而在数字空间中，随着智能技术和大数据技术的发展，产生了一种新的他者形象。对此，我们仍然需要回到黑格尔那里，找到理解这个新他者的门径。

一、物的化用：作为第一他者的对象

在美国黑格尔研究学者罗伯特·皮平（Robert Pippin）看来，在整个德国古典观念传统中，黑格尔最特别之处并不在于他对自我意识的阐述，而是他将自我意识引入到一个社会维度之中，"黑格尔认为，这样的尝试和成就本质上是社会性的，必然涉及与他者的关系。关于现实化作用的最后一个问题开始引入了这样一种依赖性，但是从一开始就很难理解为什么其他人需要参与到亲密性和私密性中来，这看起来似乎只是自我与自身关系的特征"①。寥寥数语，皮平十分清楚地概括了黑格尔与之前的观念论，尤其与康德和费希特等人的区别所在。简而言之，在费希特等人的自我意识哲学中，自我与自身关系的问题，是一个纯粹的内在性问题，它属于主体的内部，在自我意识设定的运动和变化中完成转变，这种自我与其自身的关系，并不涉及外在世界中的存在。即便涉及外在客体，在一定程度上，客体也是被设定的存在物，在经过主体意识的运动后再返回自身，成为了自我意识的内在内容。

显然，黑格尔走了一条不同的道路，他敏锐地意识到，不可能在平整的自我意识的框架下来消化一切对象。对象或客体并不是为自我而存在的存在物，在一定程度上，它总是无法完全为自我意识的设定所消化，即对象总是会呈现为一种他者存在，并挑战着主体存在的自我意识。如果不引入无法被内在自我意识所消化的他者概念，主体的自我意识便无法完全摆脱定在的范畴，无法实现对自我的超越。因此，黑格尔指出："与此同时，对意识而言，他者不仅为着意识而存在，而且在这个关联之外也存在着，是一种自在存在。他者是真理的一个环节，也就是说，意识在其自身内认作是自在体或真相的东西，就是我们要寻找的那个

---

① ［美］罗伯特·皮平：《黑格尔论自我意识》，马晨译，北京：华夏出版社 2022 年版，第 23 页。

尺度，这是意识自己建立起来的，用以衡量它的知识。"① 在这段话中，黑格尔强调了他者实际上包含两个不同的部分，一部分是"为着意识而存在"，即这部分的他者或对象，在一定程度上符合意识的设定，属于意识谓词规定中的一部分，从而可以很轻易地返回到自我意识之中，成为自我意识的自为存在。但是，黑格尔继续指出，他者还存在着在自我与对象的关系设定之外的存在，黑格尔命名为"自在存在"。与"为着意识而存在"的区别在于，后者才是构成黑格尔"真理"或"实际性"的一部分，也就是说，我们的自我意识运动，并不像德国古典观念论传统认为的那样，是一种平滑而顺畅的运动过程。与之相反，黑格尔看到了一个无法完全被自我与对象的关系设定所消化的他者，而只有在面对这种无法消化的他者面前，我们才真正遭遇了所谓的"真理"，那么，其中隐含的意义在于，那种自我与对象的统一性关系并不是真理，或者说不是真理的全部，自我意识只有在真正遭遇它无法消化的他者时，才能完成对自我的扬弃和升华。在《精神现象学》的一个早期版本中，黑格尔似乎更直白地指出了无法消化的他者和自我意识走向真理过程的关联：

> 但正如这个进程的序列一样，也有必要将这个目标放进认知之中；这目标就存在于认知不再需要超越它自身之处，就存在于它找到了自己，并且概念符合于客体，客体符合于概念之处。所以，取向这个目标的进程也是不停顿的，是不

① ［德］黑格尔：《精神现象学》，先刚译，北京：人民出版社 2013 年版，第 54 页。

在以前的任何过站上找到满足的。凡是局限在一种自然生命上面的东西就不能够由它自己来超越它直接的定在；但它会被一个他者逼迫来做这种超越，而这样被破拽出来，就是它的死亡。①

在这里，黑格尔不仅指出了他者相对于自我意识运动的真理性，即意识必须通过一个他者，才能实现自我意识的升华。更重要的是，这种他者的介入，或者说他者对自我意识的超越，并不是由自我意识来直接实现的，它不会满足于"客体符合概念之处"，而是被"逼迫来做这种超越"，从而超越其是其所是的定在。这种与无法消化的他者的相遇，不再是遵守原先设定的意识的模式，而是必须在一个否定性的框架中，对自我意识进行反思，从而将对象重新纳入一种新的运动中。也正是在与他者的遭遇中，黑格尔与此前的德国古典观念论传统拉开了距离。因为与他者的相遇，自我意识运动不能保持自我同一性和肯定性的运动，而是必须被否定改变，这种被改变的运动痕迹，从而让那个在主体内部设定的主体与对象之间的统一体发生了分裂。所以黑格尔进一步指出："统一体分裂了，因为它是一个绝对否定的统一体，或者说一个无限的统一体。统一体是一种持存状态，正因如此，差别也只有在统一体之内才具有独立性。形态的独立性显现为一个特定的事物，显现为一种为他存在，因为它是分裂的东西。就此而言，对于分裂状态的扬弃是借助于一个他者发生的。

① G. W. F. Hegel, *The Berlin Phenomenology,* trans. M. Petry, Dordrecht: Riedel, 1981, p.55.

但是统一体本身仍然包含着一个他者，因为那个流体恰恰是那些独立的形态的实体，而这个实体却是无限的。"①

事实上，问题并不在于自我意识是否在面对无法消化的他者时会走向分裂，即对原初的意识的否定，而是如何从这种分裂和否定重新走向统一和肯定。而这种经过分裂和否定的过程，形成的对他者—对象的吸纳，成为了自我意识升华和扬弃的必经阶段，也是自我意识在通向绝对真理必须面对的困境。在《精神现象学》的第四章即"自我确定性的真理"中，黑格尔实际上通过两种不同的他者来处理这个问题。一种是作为对象的他者，这种他者并不具有自我意识，尽管这种他者也试图摆脱自我意识的控制，但是它并不构成对自我意识真正的挑战。在这样的他者设定中，黑格尔意识到，"在这个过程中，个体性恰恰扬弃了它与他者之间的对立，而个体性之所以是一个自为存在，恰恰是依赖于这个对立"②。简单来说，黑格尔认为与个体有差别的他者，并不是对自我的真正否定，因为自为存在的个体正好就是在自我与他者的概念差别基础上出现的，在这个意义上，由于自我意识的运动，反而可以将这些有差别的对象纳入个体性之中，这就是黑格尔所谓的"普遍的消解过程"。霍耐特的弟子拉合尔·耶基（Rahel Jaeggi）使用了"化用"（Aneignung）③的概念，更恰当

① ［德］黑格尔：《精神现象学》，先刚译，北京：人民出版社 2013
年版，第 114 页。

② 同上书，第 115 页。

③ 对于耶基的 Aneignung 的译法，我参考郑作彧教授的译法"化用"，对于"化用"一词的详细解释，详见郑作彧：《化用的生活形式，还是共鸣的世界关系？——批判理论第四代的共识与分歧》，《社会科学》2021 年第 3 期。

体现了黑格尔谈到的作为他者的对象被主体的自我意识消解的过程。耶基说："反过来说，异化的取消并不意味着回到与自己和世界的不可分割的一体，而是反过来是一种关系，一种化用的关系。……这种化用关系应该被理解为一种生产关系和一个开放的过程，在这个过程中，化用总是同时意味着：对给定事物的整合和改造。"① 也就是说，尽管作为他者的对象总是在一定程度上抵抗着主体的化用和改造，但这个过程是开放的，在我们持续面对他者的过程中，作为差异的对象不断地被化用到主体的自我意识范畴。总而言之，当主体意识面对一个无法消化的对象时，对象成为了一个对象化的他者，在化用过程中对象回到了自我意识，让主体完成了意识的运动。对于化用概念，我们可以从以下几点做进一步的理解：

（1）意识与作为他者的物的遭遇是外在的，例如主体遭遇了一个从未见过、对之也没有任何知识的物，这个物是一个对象（Gegenstände），这个德文词的原意是处在我对面的东西，我无法描述它，对之没有任何认识。然而，意识只有通过对这种绝对矗立在主体对面的对象的化用，才能实现自己的圆满。如果排斥这样的对象，意味着意识永远是有限的残缺的意识，只有通过化用，将矗立在我们对面的对象纳入到自我意识之中，自我意识才能实现圆满。

（2）对象的化用，实际上有两种。一种是认识上的化用，如对从未见过的事物的命名，从而让其在主体的认知结构中具有一

---

① Rahel Jaeggi, *Entfremdung: Zur Aktualität eines sozialphilosophischen Problems*, Berlin: Suhrkamp, 2016, p.20.

定的位置，从而赋予对象一定的定位。另一种是实践上的化用，例如当主体看到一株大树，通过自己的劳动（Arbeit），让这棵大树变成木材，进一步加工成家具。在这个意义上，曾经在与他者（大树）遭遇中的对象，在实践的化用下，变成了归属于主体的所有物（Eigentum）。在后一种意义上，物或对象的化用具有本体论的含义，即通过劳动的化用，主体实现了对对象的占有，从而让化用之后的对象成为主体的一部分。家具不再是与自我意识格格不入的外在物，而是被化用为主体生活方式的一部分。

（3）问题并不在于对对象的完全化用和占有，而是在于通过化用，主体的自我意识得到了圆满，从而进一步让主体的生命以及自我意识得到扩展和变化。在这个意义上，耶基指出："我们不要认为原初创造和生活形式之下的实践的化用有着天壤之别。由于化用过程（我们是从褒义角度使用这个词），生命形式不断得到再造。即便化用不是无中生有，但它们总是在化用过程中塑造和改造。"① 换言之，在自我意识对对象的化用过程中，被改造的不仅仅是对象，也包括了自我意识本身，自我意识在化用过程中不断脱离了原先设定的运动轨迹，在与不同的作为他者的对象遭遇的过程中，实现了生命的变形和转变。

不过，在物的化用过程中，自我意识事实上并没有遭到挑战，依照黑格尔的说法，真正的挑战并不在于物的对象，而是在于面对另一个具有自我意识的他者。他指出："一个自我意识为着另一个自我意识存在着。只有到了这个地步，自我意识才真正

---

① Rahel Jaeggi, *Kritik von Lebensformen*, Berlin: Suhrkamp, 2014, p.131.

成其为自我意识，也只有在这个过程中，自我意识才通过一个他者获得自身统一。"[①] 这就是皮平所说的黑格尔在自我意识哲学中引入了社会性的原因，真正的他者不是物质性和无机性的他者，而是有生命的他者，与另一个作为自我意识的存在者的相遇。

二、主奴关系：第二他者的承认

显然，当我们遭遇第二类他者，即与我们同样拥有自我意识的他者时，我们不能采用针对第一类他者的化用的态度。因为化用在总体上意味着，主体遵循自己的自我意识来将他者改造为对象，但在自我意识遭遇到另一个自我意识时，他者也具有与我一样的改造和化用能力，这决定了与第二类他者的遭遇一开始不可能是和平的，黑格尔用"生死较量"（Kampf auf Leben und Tod）来刻画这种遭遇，其原话是：

> 既是对方的行动，也是自己的行动。如果把这看作是对方的行动，那么这意味着，双方都企图置对方于死地。但这里面又包含着另一种行动，亦即自己的行动。至于前一个行动，则有搭上自己的性命的危险。双方都是自我意识，相互之间有一个特定的关系，即它们通过生死较量来考验自己和对方。它们必须进行这个较量，因为双方都必须把各自的自

---

① ［德］黑格尔：《精神现象学》，先刚译，北京：人民出版社 2013年版，第 117 页。

身确定性（即确信自己是一个自为存在）在对方那里和自己这里提升为一个真理。①

于是，两个自我意识之间的"生死较量"，要么意味着一方的死亡，只剩下一个自我意志，直到这个自我意识遭遇第三个自我意识时为止；要么一方屈服，并且由于这种屈服，是两个自我意识的地位发生变化，形成了不平等的主体关系，即一方是主人，另一方是奴隶。黑格尔指出："它们是作为两个相互对立的意识形态存在着。一个是独立的意识，以自为存在为本质，另一个是不独立的意识，以生命或为他存在为本质。前者是主人，后者是奴隶。"② 这样，黑格尔并没有像之前的观念论那样，将主体的自我意识看成一种类型，而是将其分成了两类，即在生死较量中，孱弱的一方成为奴隶，而支配的一方成为主人，主人和奴隶各自拥有完全不同的自我意识。

首先来看奴隶。在暂不考虑主人情况下，奴隶的自我意识基本上与单纯主体的自我意识无异，因为奴隶主体面对的就是真正的对象，对他者—对象的否定和化用，并返回到奴隶的自我意识，形成了整个循环，所以，黑格尔明确指出："奴隶是一般意义上的自我意识，他同样也是以否定的方式相关联，将物扬弃。但物同时也是独立于奴隶的，所以奴隶在他的否定活动中不可能

---

① ［德］黑格尔：《精神现象学》，先刚译，北京：人民出版社 2013 年版，第 120 页。
② 同上书，第 122 页。

一劳永逸地将物消灭掉，换言之，他仅仅对物进行加工改造。"[①]
也就是说，在主人不在场的情况下，奴隶完成的一般性的自我意
识运动，对对象—物的否定和改造，本身也是整个自我意识运动
的完整循环。

但是，与一般的自我意识主体不同的是，这里多出了一个主
人。主人的地位凌驾于奴隶之上，主人并不直接与对象物发生关
系，他无法通过对物的否定和化用来实现自我意识的升华，所
以主人的自我意识运动是另外一种运动。为了分析主人的自我
意识运动，黑格尔显然把主人的自为存在的意识过程分成两个
密切相关的部分。（1）首先是与物的关系，这个部分显然是通
过奴隶的自我意识运动来完成的，奴隶对对象物的化用，是主
人自我意识完成的前提；（2）其次，由于主人无法与物建立直
接的联系，所以主人必须通过一个自我意识的他者，来实现与
物的联系，这个他者就是奴隶。奴隶对物的化用，形成了劳动
产品，但奴隶通过自己的劳动制造的家具，并没有留在奴隶自
己手里，而是向上交给了主人，让主人在对化用之物的享受中，
实现了其自我意识的圆满。黑格尔说："主人与物之间的关联转
变为一个直接的关联，转变为对物的纯粹否定，换言之，这个
直接的关联是一种享受。主人做到了欲望没有做到的事情，即
以享受为目的，在享受中得到满足。"[②]但是，在主人对化用之物
的享受中，还存在一个根本问题：由于作为他者的对象物并不

---

① ［德］黑格尔：《精神现象学》，先刚译，北京：人民出版社 2013
　　年版，第 122—123 页。
② 同上书，第 123 页。

是来自主人主体的否定运动，而是来自奴隶，主人并不能自然地获得对物的享受，其中必须通过奴隶主体的中介。也就是说，倘若没有奴隶的存在，主人便无法直接享受物质产品。于是，为了源源不断地享受，主人还需要另一个过程，这个过程就是承认。

奴隶为什么要将它的自我意识之下的化用之物交给主人呢？仅仅是出于对主人暴力的恐惧吗？显然，黑格尔并不希望将主人和奴隶的关系建立在暴力基础上，因为这意味着主人和奴隶之间的关系并不稳定。因此，在主人和奴隶关系上，若要让其关系获得相对稳定性，即主人可以源源不断地从奴隶身上获得化用之物，就需要另一个过程：承认（Anerkennung）。奴隶在劳动过程中，不仅要实现对物的化用，他还需要进一步将自己设定为一个"无关本质的东西"，黑格尔指出："在这里，'承认'这一环节已经昭然若揭，也就是说，另一个意识即奴隶作为一个自为存在将自己扬弃，因此他对自己所做的事情正是主人对他所做的事情。同样，在另一个环节那里，奴隶的行动就是主人自己的行动，因为奴隶所做的事情真正来说是主人的一个行动。"[1] 简言之，奴隶虽然可以自主行为，但他的行为不是他自己的行为，而是通过"承认"，将自己的行为转化为主人的行为，因此，他承认自己不是独立自我意识的主体，而是主人自我意识的代理人（agent）。具体的结构我们可以用下图来表示：

---

① ［德］黑格尔:《精神现象学》，先刚译，北京：人民出版社2013年版，第123页。

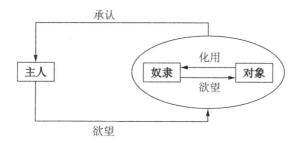

　　我们必须明白，奴隶通过承认，将自己作为主人自我意识实现的代理人，是一个自我意识与另一个自我意识，即作为他者的自我意识相遇的结果。在"生死较量"中，作为他者的自我意识放弃了自己的独立地位，从而将自己的自我意识交给主人的自我意识，这个过程就是承认。承认仅仅代表着奴隶对主人的承认，而不是主人对奴隶的承认。承认是单向度的，而不是双向的互相承认。因为，在黑格尔这里，承认意味着对主体自我意识的扬弃，从而将自己的行为变为另一个自我意识的代理，换言之，承认意味着自我意识的他者化，即当奴隶承认主人的时候，必然意味着其自我意识沦为主人的他者，而主人不是通过一个完整圆满的自我意识，而是通过奴隶的承认，将奴隶的自我意识他者化，实现了主人自我意识的运动和圆满。他者化意味着奴隶的自我意识在承认过程中，丧失了本质，只能充当主人自我意识的代理人。也正是在这个意义上，黑格尔才明确指出："一个无关本质的意识成为主人的对象，并构成了主人的自身确定性的真理。"[1]也即是说，第二他者就是丧失了本质的自我意识，他并非直接

---

① ［德］黑格尔：《精神现象学》，先刚译，北京：人民出版社2013年版，第123页。

来自与陌生事物的遭遇，而是来自两个自我意识相遇的生死较量，在较量之后，一方放弃了自己自我意识的本质，承认了主人的主体地位，从而将自身他者化，成为主人自我意识的圆满的代理人。

不过，值得注意的是，黑格尔的主奴辩证法在历史上有两个非常著名的变型。一个是以科耶夫为代表的主奴辩证法，另一个是以霍耐特为代表的承认理论。

20世纪30年代，从俄罗斯逃亡到法国的亚历山大·科耶夫（Alexandre Kojève）在巴黎高师开设了黑格尔讲座课程，实际上课程的主体部分就是黑格尔的主奴辩证法。科耶夫在对黑格尔《精神现象学》的"自身确定性的真理"部分做解读的时候，认可了主人和奴隶间的承认只是奴隶单向度的承认，例如，科耶夫说："这种承认是单边，因为他却不承认奴隶的人性的实在性和尊严。"① 在这个意义上，科耶夫的确看到了奴隶在承认关系中被他者化，但是科耶夫的他者化的奴隶获得了比《精神现象学》中更广泛的含义。科耶夫说："主人为得到承认进行斗争和冒生命危险，但是，他仅仅得到了一种对他来说没有价值的承认。因为他只能通过他认为有资格承认他的那个人的承认，才可得到满足。所以，主人的态度是一条存在的绝路。一方面，主人之所以是主人，仅仅在于他的欲望不针对一个物体，而是针对另一个欲望，因而有一种被承认的欲望。另一方面，在成为主人后，作为主人，他必须得到承认；只有当他把另一个人当作奴隶，他才

---

① ［法］亚历山大·科耶夫：《黑格尔导读》，姜志辉译，南京：译林出版社2021年版，第19页。

能被承认是主人。"① 不难看出，科耶夫已经颠倒了主人和奴隶关系。在黑格尔的版本中，奴隶的承认是对自己的本质的否定，让自己成为主人的代理人。而在科耶夫的解读中，承认成为了主人的焦虑，即如果主人得不到一个他者（奴隶）的承认，他就无法作为主人得到自我意识的圆满。在黑格尔那里，奴隶依附于主人，而在科耶夫的版本中，不是主人支配着奴隶，将奴隶他者化为代理人，而是充满焦虑的主人依附于奴隶的承认，没有承认，主人的存在也会灰飞烟灭。

更重要的是，科耶夫将主人面对奴隶承认的焦虑，转化为了当代人的普遍意识，即我们在社会中的生存，处于对他者承认的焦虑之中，科耶夫说："人希望得到他人的承认，纯粹的欲望成为承认的欲望。这种承认是一种行动，而不仅仅是一种承认。"② 换言之，科耶夫显然将主奴辩证法存在主义化了。在科耶夫这里，代表存在意识的不是奴隶的他者化，而是主人面对承认的焦虑，主人实际上并不像《精神现象学》中担心与对象物的关系，而是关心一个无名他者的承认，而他者的承认，在科耶夫看来，已经成为了人在世界上存在的第一个命题，即"人必须活着，但必须是（或成为）人"。与马克思不同，马克思认为人存在的第一个事实是吃喝拉撒等生命活动，而科耶夫通过主奴辩证法认为人若想成为是其所是的人，必须得到他者的承认。这里的承认已经不是奴隶对主人承认，而是人在面对莫名他者时，寻求的普遍

① ［法］亚历山大·科耶夫：《黑格尔导读》，姜志辉译，南京：译林出版社 2021 年版，第 19 页。

② 同上书，第 21 页。

承认，只有在他者的承认之下，人才能在这个大地上立足。也就是说，在市民社会中，人的存在的标志是被承认，所以科耶夫指出："人不同于动物，因为人是公民，人只能通过组织在国家中的民族，作为人实现。从根本上说，中介是在社会中和通过社会的活动，这是真正的承认，人承认他者（autre）是人，并被他者承认是人。正是在他者中和通过他者，人才得到满足。"① 科耶夫在这里的承认，已经不是带有主人和奴隶身份的承认，而是一个人面对普遍化他者的承认，人之所以为人的前提就是他者的承认，而人的发展和圆满，也只有通过非具体化的抽象的普通他者的承认才可能实现。

科耶夫的主奴辩证法和普遍他者的承认，显然激发了另一位思想家阿克塞尔·霍耐特（Axel Honneth）对承认问题的思考。不过，霍耐特已经彻底抛弃了主人和奴隶的用法，认为这种主奴关系，并不符合当代政治哲学的主流看法。与不平等的主奴关系相反，霍耐特试图建立相互平等的主体之间的承认关系，所以在《我们中的我：承认理论研究》（*Das Ich im Wir: Studien zur Anerkennungstheorie*）中，直接用第一主体和第二主体取代了主人和奴隶。霍耐特说："第一主体与作为在它面前对其自身实施否定的存在者的第二主体相遇了。无论如何，这种说法都可以解释，为什么被观察的主体的本体论需求只能在与他者的相遇中得到满足：如果第二主体只是因为他意识到了第一主体，才开展了一种自我否定，即一种去中心化的行为，那么第一主体因此遭遇的就

---

① ［法］亚历山大·科耶夫：《黑格尔导读》，姜志辉译，南京：译林出版社 2021 年版，第 57 页。译文根据法文原文有所改动。

是只能在第一主体在场的情况下才能改变自身状态的、实在中的某种要素。"① 当霍耐特弃用了主奴关系，而是用第一主体和第二主体这样的用词来表述承认理论时，意味着承认理论发生了一个巨大的转变，即从黑格尔的奴隶对主人的单向度的承认，变成主体间的互相承认。我们刚刚看到，科耶夫的承认仍然是单向度的，即他者对主体的承认，但科耶夫的他者是无名的普遍他者，主体无法承认这个普遍他者，只能等待普遍他者的承认，才能在所谓的市民社会中存在。霍耐特在此似乎再次推进了一步，即他的承认是无差别的主体间性的相互承认，主人和奴隶的等级关系不复存在，那么奴隶的承认不再是他者化，沦为主体的代理人，而是一种彼此之间的身份相互承认，即互相承认对方都是市民社会中的公民，可以在市民社会的公共空间中平等地协商和对话。

　　显然，霍耐特的承认概念，已经与黑格尔的承认相去甚远。黑格尔的奴隶的承认是本体论的，即奴隶在承认之中丧失了自身的本质，变成了纯粹生物学上的生命，即后来阿甘本所谓的"赤裸生命"。主人和奴隶正是在有资格的生命（bios）和赤裸生命的不平等关系中实现了现代社会的结构。但是处于腓特烈三世统治的普鲁士王国的黑格尔，可以思考主人和奴隶之间的不平等，但是霍耐特却不行，他将当代新自由主义政治哲学的意识形态带入到主奴辩证法的承认关系之中，从而无法想象在不平等的主体之间的承认的本体论结构。相反，霍耐特的承认只是在现代抽象平等主体之间的身份承认，也就是说，将每一个主体都规训为一

---

　　① ［德］阿克塞尔·霍耐特：《我们中的我：承认理论研究》，张曦、孙逸凡译，南京：译林出版社 2021 年版，第 15 页。

个规范性的可以对话的主体，这样的主体就是彼此相互承认的主体。于是，霍耐特将黑格尔的主奴关系的承认变成了一种庸俗化的新自由主义政治哲学的版本，无法理解承认并非和谐共存的平等主体的对话，而是在不平等的主奴主体的生死较量中获得的。

霍耐特的承认概念的另一个错误在于，黑格尔承认概念的前提是对物的化用，即存在一个地位卑微的奴隶直接面对作为他者的对象物的世界。然而，一旦将各个主体平等化，成为抽象的彼此承认身份的主体间性，立刻表现出来的问题是，当大家都是主人式的主体，应该由谁去直接面对物？西方世界的公民社会存在着主人式主体的相互承认，但不可否定的事实，他们将直接面对物的环节转移到了第三世界，也就是说，繁荣的西方世界的彼此承认的公民主体的前提是以广阔的第三世界的奴隶化（他者化）为前提的，没有广大亚非拉世界对第一世界的承认，便不可能有西方世界的相互承认的公民社会。

三、扰沌：第三他者的兴起

当使用苹果手机时，手机的智能助手 Siri 可以帮助我们解决现实的问题，如帮我们在一个城市里找到合适的酒店和餐馆，我们也可以在无聊时，跟它对话打发无聊时光。与 Siri 对话的时候，我们是否想过，这个正在对话的 Siri 是一个作为他者的物，还是另一个自我意识？在未来的智能驾驶中，支配汽车的主体从人类驾驶员逐渐转向了辅助驾驶辅助的智能，当然，这个智能也可以通过语音与车里的人对话，服从主人的要求。例如，主人说："我想去一个能放松心情的地方"，智能驾驶的助手并没有在主人这里得到特定的导航地点，但这并不影响它经过数据搜索，给主人提供一个备选方案，因为这台智能驾驶的汽车已经将主人曾经去过的娱乐或放松心情的地方留存为数据，当然，智能驾驶的备选方案绝不是简单地在主人曾经去过的地方里选择几个，而是根据主人经常去过娱乐的地方，做一个对主人爱好和倾向的描绘，然后在地图上搜索出类似的地点，经过分析筛选，然后提供两三个选择给主人，让主人做出最后的决定。主人看到智能屏幕上给出的决定，感觉很满意，然后在几个选项中随机选择了一个作为目标地点。问题在于，这一切看起来都是主人自己的自我意识来决定的，但是在主人的自我意识决定的背后，却是智能驾驶汽车通过 5G 通信网络实现的万物互联、进行反复的数据比对和筛查做出来的，而且最重要的是，智能助手已经对主人的秉性和爱好做出了分析，助手已经比它的主人更了解主人自己，从而把握住了主人的喜好，让主人的自我意识仿佛体现出他自己的自由意志一样。

这就是数字时代的自我意识的新问题：无论在淘宝、抖音还是在智能助手和无人驾驶等领域出现了一个新的状况，在主人的自我意识认为支配着一切的时候，实际上在智能助手那一声"主人！我能为你做什么？"背后，智能算法和数据分析已经计算了一切，我们选择了智能助手为我们选择的方案，而且仿佛一切是在我们自己的自我意识支配下进行的。正如约翰·切尼-利波尔德指出："当我们登录网站，进入谷歌搜索，或者来到广泛意义上的互联网时，我们会碰到一个也许一眼就能辨识出来的世界。然而，这个世界的深度及其复杂程度却是捉摸不定的，我们可能无法真正理解它。我们一直遭受算法阐释的影响，却很少知道究竟是怎么回事。我们每天都得应对一系列无休止的尝试（对我们、社会，以及对社会总那些'疑似'我们的人所做的阐释）产生幽灵般的影响。"①在数字时代最大的悖谬就是：主体的自我意识恰恰是通过无所不在的幽灵体现出来的。

于是，我们的自我意识遭遇了第三种他者，这种他者既不是可以化用的对象，也不是通过承认而他者化的另一个自我意识，而是一种在数字时代之前从未出现过的他者，我们可以称之为第三他者。真正的问题并不在于数字世界上出现了一个未曾出现的第三他者，而是当我们的自我意识与这个第三他者相遇时，我们是否能具有类似于对象物和另一个自我意识时的经验，简言之，自我意识是否在存在论上可以面对第三他者？

在黑格尔那里，自我意识的运动和圆满必须通过对象物来实现，通过对作为他者的对象的否定和化用，从而让自我意识完成升华，逐渐摆脱定在和有限性。但是，在主奴辩证法中，主人的自我意识并不及物，他并不是直接通过与物的接触和化用来完成自我意识的圆满的，真正接触到物的是奴隶，奴隶对物进行了化用，通过承认主人的地位，从而将化用之后的物交给了主人，让主人得到了自我意识的圆满。同样，在这个过程中，由于奴隶对主人地位的承认，他自己的地位遭到他者化，从而降低为主人的

---

① ［美］约翰·切尼-利波尔德：《数据失控：算法时代的个体问题》，张昌宏译，北京：电子工业出版社 2019 年版，第 235 页。

"代理人"。因此，对于当代以对话伦理和协商政治为基础的承认理论的错误在于，他们的承认也是一种不及物的承认，由于没有物的否定和化用，主体不可能在相互协商和承认的基础上完成自我意识的圆满。那么只能说明，霍耐特的承认理论只是一种主人们的承认理论，只是主人相互承认为主人的身份，但是奴隶对他们的承认，在新自由主义政治哲学中被抹杀了。一旦在现实世界中，主人的西方世界与那些偷渡的无证工人、移民工人和第三世界的世界工厂断裂开来，主人的相互承认的世界也会随之崩塌。

　　显然，对于自我意识与第三他者的关系，不能沿用新自由主义的政治哲学不及物的承认态度，我们只能重新回到自我意识与对象物的关系之中，才能找到思考第三他者的路径。无论是手机里的Siri，还是天猫精灵，他们都会称呼自己的使用者为"主人"，但这种呼唤，仿佛在复制《精神现象学》中的辩证法，我们听到了机器的"主人"的呼声，以及我们对它们下命令时的"好的！"，这是一种承认，但不是主人和奴隶之间的承认，在数字时代，主奴辩证法只剩下了语言交流的躯壳，在那声具有迷惑色彩的"主人！"背后，隐藏的是巨大的智能算法的迷宫，眼前的Siri，还有天猫精灵，以及扫地机器人，不过是那个巨大幽灵的一个表现样式而已，通过这声"主人！"不是我们被奉为养尊处优的主人，而是我们变成了巨大算法操纵的傀儡。事实上，在数字世界里，操纵着手机和电脑屏幕的我们仍然是不及物的，我们点的外卖，并不是手机或电脑生产出来的，外卖的生产仍然属于某个具体的卖家，而那个卖家已经仆从于无所不在的算法平台，按照平台给他们提供的订单生产着，并获得与之对应的利润。当然，平台不是免费服务的，依照订货量的多少，平台也在其中抽取提成。关键在于，平台什么都不生产，平台也不及物，但是它把之前需要劳动的奴隶（具体的生产厂家）和供奉主人（消费者）共同纳入到一个巨大的算法控制的平台之中，主人和奴隶同时成为了第三他者的傀儡。

一旦我们放弃了从单纯的化用和承认关系来思考数字时代的第三他者，意味着我们需要重新思考那个看不见的幽灵的本质，以及它对我们自我意识形成的意义。珍妮·本内特（Jane Bennett）提出在德国古典哲学中那种面对物的做法是将物看成无生命的无机物，从而忽视了物本身的活力。2010 年，她在《有活力的物：物的政治生态学》(Vibrant Matter: A Political Ecology of Things)中提出，无机物和有机物一样，同样具有生命力，在一定程度上，它们共同抵抗着人类对物质世界的化用，即是说，物的存在，包括在数字世界中的所有的物，都是"有活力的物"，它并非消极等待着人们处置的客体，而是以某种方式构成自身的网络，本内特说："有活力的、有生命力的、有能量的、活泼的、颤动的、振动的、飘忽不定的和发光的物，将会给人们带来更生态的和更有物质可持续性的生产和消费模式。"[1] 尽管本内特试图将生命力的概念赋予所有的物，包括构成我们数字世界的所有基站、传输器、传感器、服务器，甚至里面流动的电流，但是，这是一种"天真的实在论"[2]。在这个过程中，由于所有的物具有了

---

[1] Jane Bennett, *Vibrant Matter: A Political Ecology of Things*, Dukham: The Duke University Press, 2010, p.112.

[2] Steve Hinchliffe, "Review of *Vibrant Matter: A Political Ecology of Things*, by Jane Bennett", *Dialogues in Human Geography*, 2011(3), p.398.

活力，也意味着整个物的网络变成了一种玄学，一下子从启蒙之后的理性和自我意识的哲学，重新堕入前现代的神秘主义之中。

　　而面对第三他者的另一种思路是由德国社会学家哈特穆特·罗萨（Hartmut Rosa）给出的，他称之为"共鸣"（Resonance）。为什么是共鸣？罗萨认为，在主体的自我意识对外在世界的化用和承认过程中，无论是物还是奴隶，都存在着逃离主人自我意识控制的部分，而这个部分将世界裂解成掌控（verfügen）的世界和"不受掌控"（Unverfügbarkeit）的世界，罗萨指出："每一个使用平板或电脑在工作的人知道，平板或电脑老是会搞出一些我们无法理解的事，一些毫无逻辑、没有道理的事，它们跟我们作对，而我们几乎束手无策，只能眼睁睁看着它们作怪。"[1] 当然，当主体认为这些平板或电脑"毫无逻辑、没有道理"时，并不意味着它们真的毫无逻辑，只是它们的逻辑在主体意识的掌控之外，无法被自我意识所把握，也即是说，"我们在这些时候会觉得机器的'行动'纯然是非回应性的，即便它的界面明明被设计成跟我对话、在配合我们行为。电脑激起了共鸣，但它只是在按照算法运作而已。它虽然和我的所作所为有因果关联，但并没有在'配合'我，我和它只是机械性的因果关系而已，这种机械性的因果关系都是偶然的、不稳定的。"[2] 显然，罗萨已经意识到存在一个不受掌控的他者，这个第三他者控制的语言和逻辑，并不完全向主体展开，也就是说，主体的自我意识

---

[1]　［德］哈特穆特·罗萨：《不受掌控》，郑作彧、马欣译，上海：上海人民出版社 2022 年版，第 76 页。

[2]　同上。

并没有真正实现同第三他者的幽灵的完全交流，第三他者的算法和数据，也并不会完全向主体的自我意识敞开，我们只需要在屏幕前接受它赋予我们的结果而已。但是，当罗萨将我们进入数字世界的范围分为可掌控的世界和不受掌控的世界，不求掌控第三他者，而只是求得与第三他者的共鸣，实际上是一种非常弱化的态度，即主体的自我意识在面对第三他者时，并不具有真正的自我意识，而是将自己变成代理人，完成着幽灵般第三他者的算法控制的行为。

如何面对这个介于自我意识和非自我意识之间的第三他者呢？主体如何在数字时代的保留自己的自我意识，我们是否还能像《精神现象学》中的化用和承认一样，完成自我意识的升华和圆满？对于这样的问题的回答，在目前，不可能有很好的答案。本内特的"有活力的物"和罗萨的与"不受掌控的物"的共鸣，在一定程度上将主体降低到与物平齐的界面上，从而丧失了自我意识的自主运动，让主体沦为算法的傀儡。

在面对幽灵般的第三他者时，我们或许可以借用生物学上的扰沌（Panarchy）理论，从而思考主体的自我意识与数据和算法构成的第三他者之间的关系。1860 年，比利时生物学家保罗·埃米尔第一次提出了扰沌概念，不过真正让扰沌概念获得巨大影响力的是霍林（C. S. Holling），他在 2002 年出版的《扰沌：理解人类与自然体系的转型》(*Panarchy: Understanding Transformations in Systems of Humans and Nature*) 中将扰沌作为未来人类和自然交往的基本范式，按照霍林的说法："扰沌借鉴了希腊的潘神（Pan）的形象——普遍的自然之神。这位'有蹄、有角、有毛的神'代表了大自然无所不在的精神力量。除了创造性的作用之外，潘神还可以有一个破坏性的角色，这反映在惊慌（panic）这个词上，这来自它矛盾的个性的一个方面。扰沌的属性被描述为与四阶段适应性循环（four-phase adaptive cycle）的属性产生共鸣：作为宇宙自然的创造和动力，四种元素——土、水、空气和火——的控制者和安排者。因此，扰沌代表了在这种对变化理论的追求中出现的综合体的固有特征。有两个特点使这种泛结构的表述与传统的等级表述不同。首先是适应性循环的重要性，特别是 α 阶段作为多样性的引擎和每个层次内新实验的发生器。因此，扰沌的不同层次可以被刻画成一种嵌套的适应性循环。"[①]

不过，扰沌并不是一个有着明晰定义的概念，毋宁说，它是自我意识的主体面对不确定的第三他者的隐喻。当罗萨使用"不受掌控"的世界的概念时，意味着自我意识的沦落，人类无法在自我意识的运动中找到自我圆满的道路。扰沌概念试图扭转这种趋向，毕竟我们需要主体通过参与数字界面的行为，在其中镌刻下自我意识的痕迹。在根本上，扰沌不是由外在于主体自我意识的物质构成的网络，它更不是与主体无关的实体，在一定程度上，它是由诸多参与到数字网络中的主体行为构成的，比如说，我们每一个人进行谷歌或百度搜索时，用微信朋友圈或刷看Facebook时，抑或我们看抖音和B站视频时，这些带有自我意识的数字痕迹，也留存在数字空间中，尽管我们不能像对物的化用一样，通过对物本身的本质的否定达成对物的占有，数字空间

---

① C. S. Holling, *Panarchy: Understanding Transformations in Systems of Humans and Nature*, Washington, DC: Island Press, 2002, p.74.

永远不可能被个体的自我意识所占有，但是，参与数字空间的行为会永远地以数据的方式留存在数字空间中，我们可以从中窥探出自我意识的痕迹。而扰沌的形成，恰恰意味着每一个主体，每一个自我意识，在行为中不断改造着扰沌，扰沌没有本质，它不断在人们的自我意识参与中重新塑造自己。在这里，不是哪一个主体或者主人塑造了扰沌，而是人们共同的自我意识塑造了扰沌，扰沌更像是斯宾诺莎式的内在性实体，将所有的生命都囊括在一个共同的空间之中，这里有主体的自我意识，也有物与物的关联，正如托马斯·兰克（Thomas Lemke）指出："扰沌概念，推进了一个能够整合社会、经济和生物圈的一般系统理论。与以自上而下的结构、僵化的控制形式以及社会和生态系统内部或之间的垂直权威为特征的等级组织不同，扰沌唤起了灵活的共治循环、不同层次之间的移动互联以及复杂系统的进化能力。"[1] 或许，扰沌仍然是一个不太确定的概念，不过对当下的数字社会而言，为了保存主体自我意识的尊严，不至于让自我意识堕入不受掌控的不确定性之中，我们需要这个带有乌托邦色彩的概念。扰沌概念，或许正是这个带有浪漫色彩的概念，成为自我意识面对第三他者崛起的希望所在。

---

[1] Thomas Lemke, *The Government of Things: Foucault and the New Materialisms*, New York: New York University Press, 2021, p.187.

第三章　外—主体的诞生

生物技术革命与信息技术革命融合之后，大数据算法有可能比我更能监测和理解我的感受，而掌控一切的权威也可能从人类手中转移到计算机手中。[①]

——尤瓦尔·赫拉利

以色列思想家赫拉利在《今日简史》中谈到了当代信息技术革命和生物技术革命下产生的数字资本主义社会的来临。这并非一种先知式的预言，而是真真切切地在我们日常生活周边发生的事情，我们在百度、谷歌浏览过的网页，在微信朋友圈、微博上点的赞，在优酷、Bilibili 等平台上浏览过的视频，在淘宝、京东等网站上购买的商品，甚至我们在王者荣耀、DOTA 上玩过的游戏，那些曾经在数字世界里经历过的一切，并没有像逝水年华一般消散，而是被作为数据留存在数字网络中，成为算法分析的对象。于是，在大数据和智能算法的支配下，我们每一个人不再是传统意义上的主体，而是被 Python 之类的爬虫软件抓取数

---

① ［以］尤瓦尔·赫拉利：《今日简史：人类命运大议题》，林俊宏译，北京：中信出版集团 2017 年版，第 45 页。

据、被后台的算法分析甚至介入的对象。在这样新技术革命的时代下，作为传统哲学核心范畴的主体概念似乎正遭受着前所未有的挑战。自从启蒙以来建立起来的以主体为中心的认识论和本体论的形而上学架构，正在经历着新的冲击，那个理性自律并能做出自我决定的主体，那个拥有着自由意志的主体，正在大数据和智能算法的猛烈攻击下，变得摇摇欲坠。正如迈尔-舍恩伯格（Mayer-Schönberger）曾指出："如果大数据分析完全准确，那么我们的未来会被精准地预测，因此在未来，我们不仅会失去选择的权利，而且会按照预测去行动。如果精准的预测成为现实的话，我们也就失去了自由意志，失去了自由选择生活的权利。"[1]简言之，我们在互联网络中留下的数字痕迹，通过智能算法的作用，在我们的外部形成了一个比我还了解我自己的"我"时，并且这个"我"进一步在网络中引导了我们如何浏览相近似的网页，点赞同类型的朋友圈和微博，观看我所感兴趣的视频，购买我所中意的商品，那么此时的问题便成了：传统意义上作为主体的我，在多大程度上还是理性地拥有自由意志的我。这是一个与弗洛伊德的精神分析相对立的过程，在精神分析那里，我的躯体之内存在着大量流动和裂变的力比多，而主体意识的诞生，恰恰在我的内部将诸多流溢而分裂的力比多凝聚为一个自我（ego）。而在今天，我们的力比多已经被算法探测，流溢到外部，在我的内部，那个曾经起到凝聚力的自我已经俨然成为了一具空壳，力

---

① ［英］维克托·迈尔-舍恩伯格、［英］肯尼斯·库克耶：《大数据时代：生活、工作与思维的大变革》，盛杨燕、周涛译，杭州：浙江人民出版社 2013 年版，第 205—206 页。

比多沿着网络的传播形成了数字痕迹，反过来制约着自我。或许我们可以将之称为一种新的异化：数字异化。但是，现在看来，仅仅用数字异化来形容当代的主体状态是不够的，当力比多流溢到外部，并反过来制约着空洞的自我时，或许诞生了一种新的主体形态，与之前的主体哲学和精神分析理论的内在的自我意识的主体不同的是，这可能是一种外—主体（exo-subject）。为了理解数字时代下主体形态的变化，我们需要重新梳理自启蒙以来的主体观念的发展历程，探索今天这种新的主体形态对于我们来说究竟意味着什么。

一、内在主体的幻象：从笛卡尔到康德

20 世纪 80 年代，美国哲学家多迈尔（Dallmayr）在他的《主体性的黄昏》的开篇就写道："在我看来，主体性的观念已然正在丧失它的力量，这既是由于我们时代的具体经验所致，也是因为一些先进哲学家们的探究所致。"① 当然，多迈尔所处的年代已经与我们今天的时代已经有了天壤之别，但是多迈尔针对主体性问题的洞见在今天仍然鞭辟入里。今天在学院派哲学中仍然被哲学研究者们所津津乐道的主体、主体性等概念，实际上是启蒙以来的产物，尤其是笛卡尔、康德的先验哲学，将主体上升到前所未有的高度，进一步用认识论问题取代了之前形而上学的本体

① ［美］弗莱德·R. 多迈尔：《主体性的黄昏》，万俊人译，桂林：广西师范大学出版社 2013 年版，第 1 页。

论问题。但是，作为现代性理念架构的主体观念，在经过了几个世纪的风雨飘摇之后，是否仍然如同它在17—19世纪的观念论或经验论中那样坚如磐石？在多迈尔看来，对于启蒙以来的主体观念的冲击，主要来自两个方面：

（1）一个是时代的变化，让人们拥有了不同于17—19世纪的经验，多迈尔面对的时代是全球化和新自由主义成为主流的时代，而我们今天面对的时代是大数据和算法正在日益蚕食我们的生产和生活领域，让我们的思考和行为日益面对庞大的技术装置的时代，无论如何，这种时代上的变化，势必为奠基于启蒙时代的主体观念带来前所未有的挑战；

（2）新的理论家的研究正在逐渐剥离传统的主体，引入了大量新的思考，今天的许多思想家，如斯蒂格勒、韩炳哲、许煜、约迪·迪恩、格拉厄姆·哈曼、威廉姆斯和斯尔尼塞克等人，都试图立足于数字时代的技术革命，在传统的主体哲学之外来进行思考，而这一轮新的思考也是对多迈尔所处的80年代流行的主体间性和后现代性理论的颠覆。

不过，对于数字时代的主体问题，我们不宜给出过于简单的判断，即突兀地认为主体已经彻底消失在大数据和智能算法密布的矩阵之中，最后人工智能将作为人类的主体彻底驱逐祛除。与之相反，我们需要回到启蒙时代的主体观念那里，并从现代哲学理论的源头处来思考当下数字技术变革，思考主体如何在这种新的环境下发生了变型，成为一种新的主体形态。

毋庸置疑，现代的主体理论起源于笛卡尔的哲学。在《第一哲学沉思录》中，他提出了著名的"我思故我在"（Cogito

ergo sum）的命题，从而将"我思"作为现代认识论哲学的立足点。笛卡尔指出："这样，当我意愿，或害怕、或肯定、或否定的时候，事实上我总是把某种东西理解为这个思想之主体（subjectum），不过我在这个思想中还包含了比这类东西含义更广的事物，关于这类思想，一些被称为意志或情感，而另一些被称为判断。"① 这里有趣的是，与后来不一样，笛卡尔所谓的主体并非是个体性的人，而是一个抽象的位置。吉奥乔·阿甘本（Giorgio Agamben）曾经指出，拉丁语的 sub-iectum 实际上是古罗马早期对亚里士多德的《范畴篇》中 ὑποκείμενον 一词的翻译。在《范畴篇》中，亚里士多德说："存在者中有些陈述一个主体（ὑποκείμενον），但不在任何一个主体之中……在主体之中的我是指那不作为一个部分在一个东西中，离开了它在其中的那个东西的存在就不能成立的东西。"② 显然，亚里士多德谈到的 ὑποκείμενον，与现代意义上的主体在意义上差别极大，这个 ὑποκείμενον 并不是具体的人或群体，而是一个预设的位置。正如阿甘本指出："我们用 sub-iectum 来翻译 ὑποκείμενον。从词源学上讲，这个词原意为'处在下面或被当成基础的东西'。"③阿甘本的意思是，在拉丁语中，sub-iectum 这个词原本的意思是"处在下面被当成基础的东西"，那么，主体从一开始就是一

① ［法］勒内·笛卡尔：《笛卡尔主要哲学著作选》，李俐译，上海：华东师范大学出版社 2021 年版，第 92—93 页。

② ［古希腊］亚里士多德：《范畴篇　解释篇》，聂敏里译注，北京：商务印书馆 2017 年版，第 4—5 页。

③ Giorgio Agamben, *The Use of Bodies*, trans. Adam Kotsko, Stanford: Stanford University Press, 2015, p.115.

个位置，一个立足点，这个位置和立足点并非天然的，而是人为预设出来的，一旦预设了这个位置，便可以从这个位置上来观看和理解整个世界。因此，当笛卡尔用拉丁语来给出主体一词的时候，他并非将人的个体或群体放在这个预设的中心位置上，而是将"我思"作为立足点，从"我思"出发，演绎出整个世界的逻辑。在"我思"这个立足点之外，一切都是可以质疑的，一切都是可以暂时悬置的，只有"我思"成为构成理性演绎的原点。

由于主体处于更为高阶的独立的位置上，那么，这个主体必然会在启蒙哲学中得到更为规范的充实。例如在康德那里，主体直接被"我"所充实：

> 在一切判断中，我始终是构成判断的那种关系的**作出规定的主体**。但是，能思维的我在思维中永远必须被视为**主体**，被视为某种并非像谓词那样只能看作是依附于思维的东西，这却是一个无可争辩的，甚至是同一命题。①

在康德那里，笛卡尔的占据着观察者位置的我思主体，已经让位于具有先天统觉能力的能思维的我，这种具有自我意识的我，恒定地占据了主体的位置，并成为主体哲学的基点。这里的宣告，与康德在《实践理性批判》中"唯有人，以及与他一起，每一个

---

① ［德］康德：《纯粹理性批判》，李秋零译，北京：中国人民大学出版社 2004 年版，第 304 页。

理性创造物，才是目的本身"①的论断是一致的，即具有理性自律的人，成为了思考和创造整个世界的基点，这样，康德的主体哲学，不仅将主体的人置于认识论的中心位置，也将理性行为的人作为实践理性的中心，由此可见，在从笛卡尔到康德的发展过程中，一个从内部独立出来的主体，一个在内心中观照整个世界的主体，成为认识、理解和把握整个世界的基础。这是一个内在主体的观念，将一切外部世界的因素，包括外在于自我的人，都加以对象化和客体化，变成了主体认识和行为架构上的坐标，换言之，世界中的所有事物唯有被还原为主体认识和行为框架中的一个规范的度量，才能被主体所把握和认识。在这一点上，韩炳哲（Byung-Chul Han）对康德的批评是十分中肯的："面对自然的力量，主体诉诸自己理性的内在性，因为内在性会让外在的一切显得渺小。康德对试图摆脱主体自淫内在性的外在永远具有免疫力，康德思想的定言令式是，把一切都引入主体的内部。"②

　　总而言之，无论是笛卡尔还是康德，以及之后的诸多主体哲学，在根本上是建立了一种内在主体的幻象，这种幻象预设性地建立了一个统一的中心位置，从这个类似于暗箱的主体观察者位置，将世界中的一切都对象化和客体化，并转变为内在主体统一性幻象的佐证。而在今天，这种幻象的统一性的地位或许正在遭受到威胁。

---

① ［德］康德：《实践理性批判》，韩水法译，北京：商务印书馆2000年版，第95页。

② ［德］韩炳哲：《美的救赎》，关玉红译，北京：中信出版集团2019年版，第56页。

二、无意识与力比多：分裂的主体

> 今天，我被挫败，好像我曾经认识真理。今天，我异常
> 清醒，好像我曾经打算去死，好像我和事物再也没有干系。①
>
> ——费尔南多·佩索阿

尽管笛卡尔哲学架构了主体与客体、内在自我与外在世界之间的二元对立，客体和外在世界站在了主体和自我的对立面，但它们从来没有挑战过作为自我统一性的主体地位。换言之，一旦设立了主体的位置，客体和外在世界都是在这个主体的预设下完成的，主体与客体之间的二元关系本身就与这个特定的主体地位相关联，这是一种主体装置，就像克拉里笔下的暗箱装置一样，从此之后，主体所看到的世界不再是将自己置身于其中的周围世界，而是在主体的位置上生产出来的作为意象的客观世界。于是，一旦主体与客体、内在自我与外在世界的二分确定之后，物不再是自足的自然存在物，而是在主体的架构下的客体，世界也不再是混沌未分的源初世界，而是被处于观察者位置上的自我主体在其观念框架下所充实的世界。这样，在启蒙哲学那里，自我的内在统一性不仅仅确定了主体的统一性，也确定了被主体生产出来的客观世界的统一性，万物被统一在主体—客体的二分架构下，世界像内在主体一样，向我们呈现出有秩序、有条理、符合逻辑的统一性。那么，要摧毁与打破这个牢不可破的主体—客体

---

① ［葡萄牙］费尔南多·佩索阿：《费尔南多·佩索阿诗选》，杨子译，石家庄：河北教育出版社 2004 年版，第 122 页。

的二元架构，根本不可能从客体和客观世界入手，只有在主体那里，才能找到真正的突破口。

正如佩索阿的《烟草店》这样带有虚无主义色彩的诗歌一样，一旦内在主体碎裂，那么这间屋子，即作为内在心灵的暗箱，就会"变成长长的一列火车车厢"，一旦"列车开走，我的四肢百骸就会大受震悚"[1]。佩索阿的诗歌向我们展现出作为主体的自我破碎并崩溃的场景，也就是说，一旦主体碎裂，那么世界的统一性也会随之碎裂，而最根本的就是主体—我与那些客体—物，与客观世界不再具有任何关联。真正的问题在于，内在统一的主体是否能恒定地保持这种统一性？

答案当然是否定的。尤其在弗洛伊德的精神分析学派那里，这种统一性并非像启蒙以来的主体哲学认为的那样，是先天给定的。对此，弗洛伊德区别了意识和无意识，那种统一的有意识的自我，实际上是一种后天的结果，而在统一的有意识的自我下面，掩盖了一个恣意流淌、无法完全被整合起来的力比多，后者被弗洛伊德称为无意识。无意识的发现，让精神分析学派可以更深入地理解内在自我的主体形态，例如，弗洛伊德用无意识体系批判了作为先验自我建构最基本的范畴，即时间和空间：

在这方面，我想大胆地谈一个问题，这个问题本是应该做最彻底的研究的。作为精神分析理论发现的成果，我们今

---

① ［葡萄牙］费尔南多·佩索阿：《费尔南多·佩索阿诗选》，杨子译，石家庄：河北教育出版社 2004 年版，第 122 页。

天已经有可能对康德的下述原理展开讨论：时间和空间是
"思想的必然形式"。我们已经认识到，无意识的心理过程本
身是"无时间性的"，这首先意味着，它们是不以时间为序
的，时间无论如何都不能改变它们，而且时间的观念也不能
应用到它们身上。这些都是无意识心理过程的负面特征，它
们只有与有意识心理过程进行比较才能被清楚地理解。①

我们知道，在《纯粹理性批判》中，时间和空间是主体的先
天综合的统觉的最基本的能力，时间—空间并不像是在笛卡尔那
里的广延范畴，康德认为正是因为主体的时间和空间的统觉能
力，从而让主体的思考和认识具有一定的秩序。然而，弗洛伊德
否定了时间和空间作为主体能力的源初性，认为时间和空间的秩
序架构是在无意识基础上被给定的，它们都属于"知觉—意识"
过程，也意味着，它已经完成了对流变不定的无意识的统合，压
抑了力比多的冲动，让其更符合有秩序的理性意识的架构。这个
过程被弗洛伊德界定为压抑，而力比多的冲动被压抑之后的我，
不再是追求纯粹快感（jouissance）的本我（es），而是具有意识
的自我（ego），弗洛伊德说："我们已经形成了一个观念：每个
个人都有一个心理过程的连贯组织，我们称之为他的自我。意识
就隶属于这个自我，自我控制着活动的方法——就是说，控制着
进入外部世界的兴奋发射，自我是管理着它自己所有形成过程的
心理力量，在夜间入睡，虽然它即使在入睡的时候也对梦进行稽

---

① ［奥］西蒙德·弗洛伊德：《自我与本我》，张唤民等译，上海：上
海译文出版社 2011 年版，第 34 页。

查。压抑也是从这个自我发生的。通过压抑，自我试图把心理中的某些倾向不仅从意识中排斥出去，而且从其他效应和活动的行驶中排斥出去。"① 简言之，弗洛伊德在精神分析学说中设定的主体形态是一种双重形态。一种是本我，即 es，这是一种尚未形成自我的我，是一种力比多的自动流溢状态，德语中 es 也并不具有"我"含义，而是指不定性的流溢状态。这种流溢状态经过压抑，成为了统一性的自我，我们所谓的理性自律的主体，能够进行逻辑思考的主体，实际上都是意识的主体。相对于康德等人的主体哲学，弗洛伊德将主体问题推进了一步，即在形成意识的主体形态之前，可能存在着一种根本无法统一起来的流动的力比多。这样，统一而理性自律的主体是一种压抑的结果，它依然位于人的心灵的内部，依然是我们观看世界的暗室，依然按照自我意识的主体架构来描绘客观世界的形态，但是，弗洛伊德的无意识观念，为我们提供了另一种可能，即实际上存在着一种快乐原则，这种快乐原则可以感受到，但无法被意识—知觉体系所把握，而这种快乐原则可以逃逸出主体—客体的统一的内在架构。

于是，我们在理性的内在主体之外，形成了另一种主体机制，一种无意识的主体机制。换言之，启蒙以来的绝大多数主体哲学或自我意识哲学，其根本架构是建立在心智健全的理性主体上的，他们的心理特征成为了标准，即压抑了力比多流动的自我和超我，成为建构内在理性主体形态的最基本的模型。但是，精

---

① ［奥］西蒙德·弗洛伊德：《自我与本我》，张唤民等译，上海：上海译文出版社 2011 年版，第 202 页。

神分析学派发现了另一种主体的可能性，即疯癫或分裂症主体，相对于心智健全的意识主体，分裂症主体并不依赖于统一性的自我主体架构，而是更依从于弗洛伊德的快乐原则。力比多的流动始终在冲击和敲打内在主体模型构成的暗箱的墙壁，让被压抑的力比多不断地指向外部世界，正如拉康曾经解释说："由此，从内在世界到外在世界的循环被打破，导致了对自我的验证的无穷化解。"①

　　在这里，我们可以看到，尽管根据弗洛伊德等精神分析学说，被压抑的力比多和自我主体的建构仍然是在内部进行的，但是，这种内部的自我不再具有统一性，理性自律的统一自我只是其中的一部分，在"我"之中，还存在着一种力比多的冲动，一种由内部而指向外部的冲动，这是被压抑的原欲，也是无意识的体现。尽管如此，力比多和原欲仍然被控制在内部，从而保障了主体人格的理性和一致性。不过，作为本我的力比多的原欲，实际上也在内部撕裂着自我的统一性，在梦境中，在特定的时刻，这些无意识的原欲会打破连贯性的自我的囚笼，让本我可以从内部逃逸到外部。正是由于快乐原则的出现，由于出现了本我和自我的分裂，让许多思想家思考了分裂主体的可能性，即压抑之下逃逸的原欲主体。如利奥塔就大胆地指出："主体的分裂形成了无意识，而无意识悬置了由于'阉割'、法律的威胁，也就是说正义之剑带来的死亡和威胁。因而我们放弃了主体的内在

---

① ［法］雅克·拉康：《拉康选集》，褚孝泉译，上海：华东师范大学出版社 2019 年版，第 87 页。

建构。"①这里的"阉割"和法律的威胁，事实上就是弗洛伊德所说的自我对本我的压抑，利奥塔看到，一旦无意识悬置了这种威胁，也意味着内在主体的解体。而德勒兹和加塔利更是提出将这种精神分裂分析与对资本主义的反叛结合起来，他们所谓的精神分裂分析就是试图在无意识欲望的指引下，来逃离理性和规训的主体界面，正如他们指出："在欲望中不存在内在的冲动，只有配置。欲望始终是被配置的，配置决定了它的存在。勾勒出逃逸线的配置与这些线处于相同的层次之上。"②有趣的是，利奥塔、德勒兹和加塔利的论述都发表于 20 世纪 80 年代，那是一个新自由主义全球化的年代，那种从内部整合的主体已经在全球化的层面上得到了高度体现，于是，利奥塔、德勒兹和加塔利等人试图通过力比多和欲望找到逃逸出这种高度整合和理性化的内在自我的道路，逃离主体—客体的装置，试图通过后现代游牧的方式，找到一条新的道路，而这个语境也正是多迈尔书写《主体性的黄昏》的语境。

　　尽管在福柯、德勒兹、加塔利、利奥塔等人看来，力比多和无意识的分裂和逃逸，是打破主体—客体的二分的有效方式，但最终的结果仍然不太理想，因为那个时代的绝大多数人的欲望和力比多仍然被内在主体所压抑，他们作为被规训的人在全球化的

---

① Jean-François Lyotard, *Libidinal Economy*, trans. Iain Hamilton Grant, Indianapolis: Indiana University Press, 1993, p.125.

② ［法］吉尔·德勒兹、菲利克斯·加塔利：《资本主义与精神分裂（第 2 卷）：千高原》，姜宇辉译，上海：上海书店出版社 2010 年版，第 322 页。

世界里生活着，而德勒兹和加塔利主张的精神分裂症的力比多式主体，实际上在鲍德里亚的《消费社会》中，这种力比多式主体已经变成了消费社会的欲望，他们已经充分被消费社会的诱惑所吸纳，最终反抗的欲望变成了消费的欲望，仿佛世界上的每一个人都变成了《飞跃疯人院》中那个被切割了大脑颞叶的麦克墨菲，力比多最终没有能像利奥塔所说的那样冲向外部世界，而是在内在主体中踟蹰不前。

三、外—主体与剩余数据：数字时代的生态学

> 生命体的优势在于，它能从相关联的潜能中再生产，在潜能中实现其状态，个性化其身体。①
>
> ——吉尔·德勒兹，菲利克斯·加塔利

德勒兹和加塔利的精神分裂分析是一种对内在主体的逃逸，但是，内在主体似乎仍然牢牢掌控着自我，并主导其思考和行为。这并不是因为力比多或欲望并没有成功逃逸，而是因为逃逸的行为并没有留下太多痕迹，它们只存在于瞬间的歇斯底里的呐喊或狂欢之中，对于仍然被内在自我意识掌控的主体，这些零散的痕迹很快被意识所阉割，从而所有曾经发生过的痕迹仍然依照着内在主体的架构来排列。这样，曾经的本我逃逸的痕迹，已经

---

① Gilles Deleuze, Félix Guattari, *Qu'est-ce que la philosophie?*, Paris: Minuit, 1991, p.145.

像沙滩上的脸被内在主体架构所抹除，那里只剩下与当下的主体结构相一致的过去，而那些与之相冲突的离散而碎裂的痕迹，却被遗忘在勒忒河的彼岸，如同一切都没有发生一样。

然而，数字时代的来临，似乎让一切悄悄地发生改变。如果说，之前精神分裂主体的问题在于，那些曾经的力比多的逃逸，实际上为当下的内在自我痕迹所抹除，那么大数据技术提供了另一种可能，因为按照大数据时代的理念，我们在互联网上的任何行为都会留下痕迹，这种痕迹不再是柏格森式的绵延的痕迹，而是十分确凿的数字痕迹。我们无意间做出的行为，浏览网页、刷微博、看抖音短视频，甚至我们在监控探头下的行走路线，都无一例外地留下痕迹。现在的问题是，究竟如何去看待这些我们在互联网上无意间生成的数字痕迹呢？

法国思想家贝尔纳·斯蒂格勒（Bernard Stiegler）曾经提出过"第三持存"（souvenir tertiaire）的概念，来解释这一类痕迹的诞生。相对于直接在场的记忆的"第一持存"和事后主观回忆的"第二持存"，人类还创造了用书写和技术来记忆的"第三持存"，例如摄影术就是典型的第三持存。在现象学那里，第一持存和第二持存实际上都依赖于内在主体结构，当下的意向性的直观是由内在主体的建构的，而回忆的所形成的排列结构也离不开内在主体的关联，唯有"第三持存"，是一种在内在主体之外的持存，即依赖于一个外在的对象将主体的痕迹记录下来。真正的问题在于，这种"第三持存"一旦形成，便成为了不可磨灭的痕迹，以一种完全外在的形式抵抗着内在主体架构的消化功能，斯蒂格勒说："这种'第三持存'的构造性奠定了'谁'的不可磨灭的中立性"[①]，这势必意味着，记录的文献、照片、影像以及其他的一些材料，实际上构成一个对象化的自我，它所产生的痕迹，并不能完全被囊括在当下的内在主体之中。

显然，今天的数字时代让这种情况变得更为复杂，因为在斯蒂格勒的描述中，"第三持存"仍然带有主观性，譬如，当我们拍摄一张照片时，实际上仍然是主体选择了在什么时间、什么地点以什么样的构图来记录当下的事态，也就是说，这种"第三持存"实际上也有内在主体的介入，尽管之后的痕迹在主体之外，但是书写的文字、记录的照片和影像仍然是内在主体的映射，它仍然没有彻底脱离内在主体的框架。问题在于，今天的数字痕迹并非是主体介入的痕迹，例如监控探头下的人流中没有人意识到他们自己出现在了镜头中，而监控探头也并未为它的影像设置一个主观性的主题，它只是在那里静静地拍摄着。同样，我们在互联网上留下的痕迹都是无意间留下的，我们在浏览网页、刷短视频的时候，并不知道我们的行为正在留下数字痕迹，不断地形成外在于我的"第三持存"。而这些在无意间留下的"第三持存"已经没有了太多主观介入的痕迹，它们仅仅是忠实地记录着这个世界上发生的一切，以及我们自己有意无意间实施的行为。那么，这些无意间留下的数字痕迹，从根本上已经与主动拍摄的照片、主动记录的文字有着天壤之别。因为在书写和摄影时，内在主体仍然压抑了无意识的流动，让书写的文字

---

① ［法］贝尔纳·斯蒂格勒：《技术与时间（第一卷）：爱比米修斯的过失》，裴程译，南京：译林出版社2000年版，第304页。

和拍摄的照片在架构上与内在主体保持一致。但是，无意间的刷屏和浏览，并不一定是主体意识下的产物，我们点开一个视频或许只是因为偶尔划到，但这种痕迹也被记录下来，这种行为或许是刹那间的某种力比多的逃逸造成的，甚至我们的主体都没有完全意识到点开的这个网页或视频具有何种意义。这样，原先被压抑在主体内部的欲望和力比多，在互联网和大数据技术的推波助澜下，显然流溢到我们的身体之外，并在互联网上留下数字痕迹。之前，这些欲望只能压抑在主体之内，但在这一刻，它们通过数字链接，向外延伸，我们不经意的点赞和浏览，或许正是之前被压抑的力比多的表象，在游戏中一个爆发性的动作，如狂击 NPC 角色，或许正是被压抑的暴力欲望的投射。在数字世界中，欲望构成了多样化的平面，原先在单一的现实世界中被压抑的欲望，可以通过数字的链接发泄出来，并构成了对应的数字痕迹。换言之，在互联网络中，不仅我们的有意识的行为，而且那些无意识的行为，都被互联网记录下来并生成为数据，这些数据成为了"第三持存"，成为了在内在主体之外构成自我的可能性，因为它们忠实地记录着我的行为痕迹，并抵抗着内在主体的消化。

这样，从我的内部流溢出所生成的数据，会被数字资本和平台资本的算法攫取，并生成对应的分析性数据。例如，当我们连续看五六个抖音视频之后，后台的算法可以很快地判断我们的性格和兴趣，并从海量的视频数据库中向我们推送我们可能感兴趣的内容，同样，在淘宝和京东上多次购物之后，我们会收到十分精准的推送，而且推送的页面大多是我们会点开一看甚至会下单购买的商品。不仅如此，我们经常利用高德地图等导航软件往返，后台算法就会根据我们的路线判断我们的职业、消费品位、爱好倾向，之后便可以非常精准地为我们推荐餐厅、旅店、景区等各种娱乐场所和设施。对于送入眼帘的各种商品推送，我们很多人并没有怀疑这背后的机制是如何运作的，换言之，我们之前生产的行为数据出卖了我们自己，我们在网络中形成的数字痕迹，可以让智能算法精准地描绘出另一个自我，一个比我自己还了解自己的自我，但是与之前的自我的不同的是，这个自我并不在我们内部，而是在那个无形的互联网中，它不是由我们的理性的自我意识构成的，而是由无数我们有意或无意的行为留下的数据构成的，通过数据分析，形成了一个我的精准数字绘像（digital profiling），这个精准的绘像会反过来作用于内在的我，对我们的行为和选择给出决定性的影响。

当这一切发生的时候，我们还有多大信心认为，那个曾经在心灵深处的主体仍然在我们的内部？著名的手机游戏《精灵宝可梦 GO》是一个可以在现实世界中抓精灵的游戏，但是，这些抓精灵的地方被游戏公司精准定位到了付出了广告费的餐厅和娱乐场所，手持手机的我们如同僵尸一般被牵引到那些地方。我们看到，在今天的数字时代，在暗箱里睥睨世界万物的主体位置已经被掏空了，我们的内在意识或许正随着数字网络的链接，延伸到外部，成为反过来制约着我们身体的潜在力量。这仍然是一种主体，因为它仍然是由我们自己生产出来，并反过来支配我们行为的力量，但与以往的主体哲学不同的是，这个主体或许并不完全位于我们的内部，而是被分散到了外部，或许在面对这种情况时，我们需要发明一种新的概念，我们可以称之为"外—主体"。"外—主体"依然是主体，因为它仍然与我们的意识和无意识行为密切相关，它仍然是被我们生产出来的，但是这个主体已经从内部的主体结构中逃逸，成为了一个外在并制约着我们行为的主体。一旦形成了外在的数据，我们便失去了从内部完全控制我们行为的可能性，那个外部的离散的"我"的痕迹，经由数字绘像生成了另一个自我，另一个与内在自我相抗衡的自我。在这一刻，我们似乎理解了麦克卢汉几十年前关于技术的预言："我们正在迅速逼近人类延伸的最后一个阶段——从技术上模拟意识的阶段。"[①] 然而，乐观的麦克卢汉没有看到的是，这种人在媒体中的延伸实际上是以人的内在主体的空洞化为代价的。今天，在数字技术和智能算法日益渗透到我们生活的方方面面时，从内部流溢出去的"我"的痕迹已经与互联网络和大数据融为了一体，我们仍然可以用肉身在手机和电脑屏幕面前操纵着，但手机和电脑如同一个链接的脐带，将我们引入到一个广阔的数据世界里，我们的生命不在我们自己这里，而是在屏幕背后。假设突然失去手机或断网，今天数字时代的人立即会陷入到无穷无尽的焦虑当中，这恰恰证明了我们的主体已经延伸到了外部，已经将我们的灵魂系于那个看不见的数据网络中，一旦掐断那个网络，我们便会失魂落魄。或许，我们可以改变一种说法，麦克卢汉说"技术是人的媒介"，而我们今天的外—主体却表现为完全相反的状态：**并非技术是人的媒介，而是人成为了技术的媒介。**

---

① ［加］马歇尔·麦克卢汉：《理解媒介——论人的延伸》，何道宽译，北京：商务印书馆 2000 年版，第 20 页。

不过，我们并不能将外—主体的诞生视为新的末世论的降临，认为我们都会如同僵尸一般，被庞大的数字算法所操纵，这种反乌托邦式的遐想实际上忽略了另外一种可能性。即便我们的意识行为和欲望向外延伸，并被大数据公司和平台所攫取和分析，并用一种精准的数字绘像来制约我们，但与此同时，自我并没有彻底消失。我们应该看到数字技术就是德里达和斯蒂格勒谈到的药物学（pharmacology），因为任何技术的发展，既能"吞噬我们的健康，也是让我们保持良好状态的精神工具"①。这是因为当大数据公司和平台资本攫取数据，生成关于我们的数字绘像，它们并没有使用我们行为活动生成的全部数据，它们通过分析，对我们的数据进行筛选，判断哪些数据对它们榨取利润和控制我们的行为是有价值的，哪些是无价值的。所谓的数字绘像实际上是在部分具有价值的数据基础上形成，这样形成的数字绘像仍然是具有高度统一性的外在自我，它符合资本控制的商业逻辑，从而可以在连贯的数字交换中发挥作用，即控制拥有消费能力的主体做出资本所期望的行为。但是，这里会衍生出来一个新的问题，亦即在我们行为生产出来的数据中，存在着大量被数据公司和平台资本所抛弃的数据，这些被抛弃的数据，也是我们的意识或欲望生产出来的，也构成为对应的外—主体。但是，由于这些数据不利于资本牟取利润，它们被抛弃了。相对于可以用来做精准数字绘像的具有使用价值的数据，这些数据就是**剩余数据**（surplus data）。

---

① Bernard Stiegler, *What Makes Life Worth Living: On Pharmacology*, Cambridge UK: Polity, 2013, p.3.

那么，如果说由数字平台资本形成的、让我们受其控制的数字绘像是一颗毒药，那么这颗毒药的解药恰恰就是剩余数据，与被数字资本所占有的数据一样，剩余数据也构成了我们外—主体，这些外—主体也是我们意识或欲望的流溢生成的，在一定意义上，它也成为我的行为。那么，为了避免数字异化，避免数字资本主义对我们的控制，避免沦为数字平台下的僵尸，我们就需要掌控被资本所抛弃的剩余数据，让我们可以通过这些离散的数据形成完整的数字生态学。

这是外—主体诞生的时代，外—主体意味着我们的思考和行为不再纯粹指向内部，指向一个统一而理性化的内在主体，而是由于力比多和欲望的逃逸，通过数字网络流溢到外部，形成新的数字痕迹，这些数字痕迹并不会像那个位于暗箱中的观察者一样，拥有高度统一的意识结构，从而压抑了无意识和力比多的流动。相反，外—主体同时可能意味着两种不同的运动：一方面，是被数字资本和平台资本的算法控制的数字绘像，这种数字绘像依附于数字资本生产循环的运转，从而让使用平台的用户变成了它们的仆从；另一方面，我们也看到了作为剩余数据的外—主体的存在，这种剩余数据进行了双重逃逸，既逃逸了内在主体的束缚，也逃逸了数字资本的控制，成为在数字资本主义下思考主体解放的途径。于是，在数字时代的背景下，外—主体的诞生既是毒药，也是解药，它既可以让我们依附于无形的数字网络，失去内在的灵魂，也可以让我们在离散的剩余数据中发现异质性的我，一个流溢的我，在这个不断流溢成为剩余数据的我面前，启蒙以来的内在主体和数字平台生成的数字身份都会土崩瓦解。这是一种真正的逃逸，我们需要在作为剩余数据的外—主体中，重新发现主体的新形态，一个从未存在过的主体形态。或许可以用福柯的名言来作为结尾："主体必须达到的目的不是用有知取代无知。个人必须达到的目的就是他一生中从没有认识到的主体的地位。"①

---

① ［法］米歇尔·福柯:《主体解释学》，佘碧平译，上海：上海人民出版社 2018 年版，第 154 页。

第四章 注意力与分心：
外—主体的存在论

2016 年，出生于四川绵阳的 90 后女孩李佳佳，在美拍平台上上传一则短视频，起名为《兰州牛肉面》，迅速在全网获得了 5000 万的播放量，点赞达到了 60 万。此后，在一些公司，尤其是新浪的策划和推动下，她以李子柒的名义开始制作古风美食视频，开始赢得了大量的粉丝。此后，李子柒进一步进军海外的 Youtube 平台，迅速在平台上获得了 100 万订阅量，李子柒瞬间被西方媒体誉为"来自东方的神秘力量"。就在 2021 年 2 月 2 日，李子柒以 Youtube 上的 1410 万的订阅量创造了 Youtube 平台中文频道订阅量最高的纪录。一时间，李子柒从一个寻常百姓，成为了全世界家喻户晓的网红。尽管在李子柒背后的资本的力量在策划和运作上出力不少，但是，李子柒的走红，恰恰迎合的是数字时代一个新的现象，我们可以将之称为"注意力经济学"或"眼球经济学"。不过，对于注意力经济学，我们不能孤立地从为数不多的网红，如李子柒、丁真的角度来看，因为他们不过是被数字时代的风潮推上风口浪尖的人物，对于注意力经济学的根源的探寻，我们反过来要转向那些坐在电脑屏幕前，或者不停地用双眼盯着智能手机屏幕的用户那里，因为无论网红如何风光无限，光彩照人，都最终离不开网络和手机面前的我们的点击和阅读，如果说网络和热搜等现象是注意力经济学的外在表现，那么真正成为注意力经济学的内在动力的，恰恰是我们的每一次点击、阅读、观看和点赞。

那么，在电脑和手机面前的我们究竟发生了什么样的变化？可以试想这样一个情境，我们打开电脑，电脑上的 QQ 或微信被我们同时打开，在打开一些 B 站、优酷、爱奇艺等视频网站的同时，我们也可以打开酷我或喜马拉雅来听音乐，甚至可以打开一个网页游戏，边玩游戏、边听音乐、边看视频，偶尔还盯着时不时跳出来的微信信息。打开手机屏幕的情况，大概亦是如此。总而言之，我们说的使用电脑或手机从来不是单任务，因为在电脑或手机界面中，我们总是同时打开几个甚至十几个界面，我们同时在这些界面中来回穿梭，我在手机上给朋友圈点赞之后，立刻被一个短视频的搞笑画面吸引。事实上，这恰恰是注意力的反面，我们的注意力在网络世界里被分化成不同的关注，它是一种分心，而网红的注意力经济学的根基恰恰在于我们每一个人的分心，所以，为了更好地理解注意力经济学，就必须从注意力和分心的关系来谈起。

一、注意力与分心

霍布斯为《利维坦》亲自绘制的封面非常著名，无数臣民的身体被凝聚到一个巨大的利维坦的身体中，在视觉上给予我们巨大的冲击感。不过，按照霍布斯自己的回忆，他绘制利维坦的身体的灵感实际上来自一次特殊的经历，即他在巴黎的一位尊贵的大人那里看到了一张奇特的光学装置设计图，他后来将这个装置记录在他的《论光学》一文中，其中，霍布斯写道：

> 高贵的阁下您或许在巴黎看过一张图［收藏在某位大人（great Chancellor）的一个柜子里］，那是一个如此令人惊叹的设计呀，对于一般观众来说，他们看到的各种细小脸庞的杂乱的集合（都是那位大人的诸位祖先的面庞），与此同时，倘若从一个独特的角度去看（在那里，就是为了这个目的），那里就只有那位伟大的大人自己的唯一的一张面庞；因此画师受到了一种更为精致的哲学启发……他们知道身体政体（Body Politick）是由若干个自然身体所组成的，每一个身体，都完全在它自身之中，组成了头、眼、手等等，同样在另一边，也组成头、眼和手：也正是像这样，如果公共之人（Publick）被彻底摧毁，私下（Privates）的诸人也无法善存。①

这个装置的关键在于，如果不通过设计的光学装置，那些图像，就是一堆杂乱无章的集合，是各种无法被整合起来的碎片。但是，只要让我们的目光聚焦于光学装置的一侧，就能透过光的

---

① 转引自 Giorgio Agamben, *Stasis: Civil War as a Political Paradigm*, trans. Nicholas Heron, Edinburgh: Edinburgh University Press, 2015, p.30.

折射作用，将所有这些杂乱无章的碎片化的图像，整合成一个精致的面庞，而这张面庞就是那位大人的脸。霍布斯并不关心这个光学装置是如何设计出来的，他更关心的是"更为精致的哲学启发"。即透过某种光的装置的作用，让我们的目光能够聚焦，那么原本杂乱散落的碎片便能合成一个统一的图像。不过，霍布斯的这段论述的要害不仅仅在于特殊的光学装置能够将散落的碎片合成一个完美统一的人物形象，而是在于，如果将这个光学装置与利维坦的隐喻结合起来，意味着现代人就是通过这种光学装置聚焦形成的形象。在现代性的利维坦之前，人是散落而杂乱的，只有现代性的装置，才让人真正聚焦为一个光学形象。那么，现代人，即作为主体的人，实际上是一种光学聚焦的产物，而这种光学聚焦除了需要物理学上的设施之外，还需要人们用自己的眼睛注视着那个设备，唯有如此，统一的主体形象才能在光学设备中显现出来。这或许可以推出一个结论：现代主体的统一形象，在一定程度上是目光注意力凝聚于光学装置的结果。

与霍布斯同处于 17 世纪英国的哲学家洛克，在他的《人类理解论》中，使用了另一种光学装置——即暗室（dark room）——来譬喻人类主体的形成。洛克指出：

> 黑暗之室——我并不擅敢来教人，我不过来研究罢了。因此，我在这里仍不能不重新自白说，就我看来，知识进入理解的通路，实在只有内外两种感觉。就我们所能发现的，只有这些感觉能成为暗室中的窗子，把光明透进来。因为我想，人的理解正同暗室差不多，与光明完全绝缘，只有小孔

能从外面把外界事物的可见的肖像或观念传达进来。进到那样一个暗室中的画片如果能停在那里，并且能有秩序地存在那里（如有时所见的）则那正同人的理解中一切视觉的对象以及物象（resemblances）的各种观念差不多。①

与霍布斯仍然停留在设计图纸上的光学装置不同，洛克提到的暗室是真实存在的光学设备，其基础原理就是小孔成像。尽管霍布斯和洛克表述的光学装置不同，但是他们几乎得出了同样的结论。在洛克那里，暗室小孔之外的世界是散落的物质，而人眼在暗室中聚焦的却是经过小孔成像作用的统一物象，毫无疑问，统一的物象也是人眼注意力的结果。洛克认识到，真正决定我们主体的理解和认识的，不是外面的散落杂乱的世界，而是经过小孔的中介形成的统一的物象，我们的主体认识和观念恰恰是在这个物象基础上形成的。所以，对于霍布斯和洛克来说，他们都揭示了现代主体形成的奥秘：

（1）人的主体并不是直接给定的，而是在一定的光学装置作用下，并通过人眼的注意力形成的结果，只有通过光学装置的作用，人的注意力才能捕捉到一个统一的物象或形象，这个统一物象和形象就是现代的统一主体的根基。

（2）无论是霍布斯的装置，还是洛克的暗室，它们都构成了一个分界线，一边是散落和杂乱的纯粹世界，没有一个统一的原则将零散的要素凝结成一个整体，因此，它只能以散落杂乱的形

①　［英］约翰·洛克：《人类理解论》（上），关文运译，北京：商务印书馆1959年版，第129页。

式呈现出来，而在装置的另一边，是已经光学化的形象，这个形象建立起来的是统一的、理性的、有条不紊的形象，而这个理性的形象直接形成了光学装置后或暗室里的主体，从而让主体形象与周遭散落的世界隔离开来。或者说，一旦透过某种光学装置（这些光学装置进一步隐喻着现代理性装置或观念装置），让散落杂乱的世界成为被主体所规定的世界，而经过主体规定的杂乱世界的要素成为了主体的对象。换言之，现代经典的主体和对象的二分，实际上并非我们人类的身体直接与自然世界接触的结果，而是一种在光学装置下的注意力的结果，注意力形成了统一的理性主体，也排斥了所有不符合统一主体形象的残余物，让世界变成了在光学装置映射的物象下的理性的有条不紊的世界。

然而，在今天我们或许经历着与霍布斯和洛克的光学装置不同的视觉体验，在霍布斯和洛克的时代，光学是一种理性的光学，目光的注意力在于有意识地筛选，将庞杂的世界转化为可以被主体把握的对象。然而，20世纪法国激进思想家居伊·德波就曾经在他的《景观社会》中谈到了今天的视觉体验却是完全另一番景象：

> 景观诞生于世界统一性的丧失，现代景观的急剧扩张，揭露了这种丧失的巨大程度。个体劳动的抽象化和所生产产品的抽象性，在景观中得到了完美的反映，其具体存在方式恰恰就是抽象化。在景观中，世界的某一部分向世界再现出自己，认为自己比世界更高级。景观就是这种分离的一般语

言。将观众们联系起来的，仅仅是一种单向度的关系，让他们彼此隔离。①

德波的关键词是景观（spectacle），而景观在词源学上就是一种观看。这种观看不再是洛克和霍布斯借助光学设备集中注意力的看，而是图像和景观无处不在，需要我们不断地去看。如果说暗箱中的看，是一种凝视的观看，是因为那里只有一个形象和物象。正如张艺谋的新片《一秒钟》中在二分场礼堂上放的电影一样，在那个空间里，只有电影银幕上一个影像，而所有礼堂中的观众只能集中注意力，看着银幕上的影像。在以往，这种影像是唯一的，也奠定了主体的唯一性，人们只能在与唯一影像的关联中奠定自己的存在。与之相反，德波在《景观社会》的一开始，就将现代景观社会的特征定义为"景观的巨大堆积"②，也就是说，那里不止一个影像，而是影像的过剩。正如我们今天走进电影院，不可能再现《一秒钟》中的二分场礼堂中的景观，因为在放映厅里银幕不是唯一的屏幕，我们每一个观众都带着手机，在观看电影的同时，我们随时可以掏出自己的手机，将目光对电影银幕的凝视立刻转向手机屏幕。显然，在霍布斯和洛克时代的唯一光学装置在景观社会时代增多了，我们看到的不再是唯一的影像，而是无数多的影像，而这些影像之间存在着平行和彼此分离的关系，这样，我们的目光注意力不可能凝视在唯一的影像上，而是被强迫分布在各个装置制造

---

①　Guy Debord, *La Société du spectacle*, Paris: Gallimard, 1967, p.11.

②　Ibid., p.4.

的影像之上，我们可以看着电影银幕的影像，也可以看自己手机上的影像，旁边的一则广告也吸引了我的目光。在 20 世纪 60 年代，德波已经深刻地意识到，景观的巨大堆积的结果就是分离（separation），这种景观的分离也代表着我们观看的分离，也是我们主体的分离。于是，我们观看进入到另一种状态：分心（distraction）。

于是，我们看到了近代以来两种不同的观看的路径：注意力与分心。注意力的模式在于，外在的散落的要素通过凝视光学的装置，形成唯一的统一形象，在这个形象的基础上，建立了这个理性的有条理的形象相对于外在世界的统治地位。然而，在德波的景观社会中，景观的无限增多让目光不得不分散在各个形象之上，与之对应的是那个居于中心的主体地位的丧失，正如德波所说："这就是为什么观众在任何地方都不自在，因为景观无处不在。"[①] 由于分心，主体已经被分散，甚至被消弭。正如鲍德里亚所说，主体已经丧失了独有的位置（scene），变成了失位（ob-scene）的存在物。鲍德里亚说："我们所遇到的不再是异化的场景，而是在传播的迷狂之中。这种迷狂就是一种失位。失位消除了一切注意力，消灭了影像和所有的表征。"[②] 这就是与注意力模式相反的分心模式。如果说注意力在于将外在的多样性通过注意力变成统一的主体，那么分心模式恰恰相反，它没有了装置内部那个统一的形象，相反，无数的景观、无所不在装置的迷狂从外

---

① Guy Debord, *La Société du spectacle*, Paris: Gallimard, 1967, p.11.

② Jean Baudrillard, *The Ecstasy of Communication*, trans. Bernard & Caroline Schutze, New York: Semiotext(e), 1988, p.22.

部牵扯着主体，让主体不断地分心，被分配在不同的装置和景观之上。由外及内的注意力模式，在数字传播媒体和平台上，逐渐让位于由内及外的分心模式。不过，无论是德波还是鲍德里亚，他们更多地是从外在的现象来谈论景观和传播媒介造成的分心问题，并没有真正触及注意力和分心的本体论根源。为了更好地理解这两种模式，我们需要进一步从主体角度来重新审视注意力和分心的关系。

二、从镜子到电子屏幕

现代精神分析学家雅克·拉康曾经从一个十分特殊的角度来思考主体的形成，这个角度就是镜子。在古希腊神话中，俊美的青年纳西索斯（Narcissus）无意间看到了水中的镜像，他瞬间为这个镜像所迷恋，无法自拔，而纳西索斯的形象也成为了弗洛伊德学派分析自恋（narcissim）症候的隐喻。拉康的镜像阶段，也正是建立在自恋观念的基础上。因为无论在弗洛伊德那里，还是拉康的精神分析，都毫无例外地将纳西索斯的形象看成是所有人不得不面对的阶段，一个让主体或意识在身体之中形成的阶段——镜像阶段。在1936年8月的玛莉亚温泉市的精神分析会议上，拉康第一次提出了镜像阶段，不过，他后来将这个概念作为他思考主体的内在形成的中心，拉康指出：

　　要理解什么是镜像阶段，那么我们首先必须在其中理解这种转喻给出的恰当的镜像定义的范式：整体的部分。我们不要忘了，我的概念包含了所谓的分散形象，这些在分析性的幻想经验中获得的分散形象才是唯一称得上"源初"（archaïsime premier）的东西，我们在分离身体的各种形象的引导下，将这些形象聚集在一起，在克莱因的经验现象学中，这些都是所谓的偏执狂阶段上的幻象所设定的东西。我们在镜子中成功得到了身体的镜像。①

在这段文字中，我们可以得出拉康的主体形成问题的几个重点：

（1）在镜像阶段之前，人只能通过分析得出分散的形象，这些分散的形象来自分离的身体（corps morcelé）。即由于缺乏统一完整的主体，身体对世界的感知就是片段的和分离，在这个阶段，只存在着克莱因意义上的对片段或分离形象的偏执狂。这是一种无定形状态的身体经验，在弗洛伊德晚期谈到的"本我"，对应的德语词 es 实际上并不具有"我"含义，而是借用格罗戴克的概念，意思是一种"未知的无法控制的力"②，即一种处于流形状态、不能控制的生命力。在这个阶段上，自我和主体尚未形成，只有零散的外在的无法被控制的流动形态，这个形态被称为 es。

（2）而拉康的贡献在于，他并没有像弗洛伊德一样，认为自

---

① Jacques Lacan, *Écrits*, Paris: Seuil, 1966, pp.84—85.
② ［奥］弗洛伊德：《自我与本我》，张唤民等译，上海：上海译文出版社 2011 年版，第 211 页。

我意识的出现，对不定形的 es 进行了控制。相反，在不定形和分离的 es 和可以有意识实现自我控制的自我插入了一个镜像阶段。在后来的讲座中，拉康曾绘制了一幅图来说明镜像阶段的地位（见下页图），在镜子的左边，花瓶和花是彼此分离的，花并不在花瓶之内，但通过凹面镜和平面镜的组合反射，出现了镜子右边的镜像，即在我们目光中，呈现出来的镜像是花在花瓶之中，这种镜像将分散的形象组合起来，并统一在这个作为小他者的镜像之下，于是，统一的镜像（image）占据了原先分散的形象的位置，所有的分离的经验都被整合在这个统一的镜像之下，而这个镜像成为了拉康意义上的镜像界 ① （le imaginaire）的基础，而镜像界的操作完全是这个由外及内的统一镜像下形成的，由于镜像的占位作用，原先零散的感知、触动等身体性经验，才能被进一步展现为我的感知，我的触动，我的经验。我们正是通过面对镜子，在我们自身注意力的目光下，获得了作为自我和主体支撑的镜像。换言之，现代意义上的主体和自我都是建立在取代了流形状态的 es，占据着我们内心的中心地位的镜像基础上的。

---

① 国内拉康研究长期以来将拉康的 le imaginaire 翻译成"想象界"，这个"想象"实际上是与拉康的镜像阶段的说法相悖的，因为只有出现了象征性自我之后，想象才能成为可能，也就是说，后面有镜像和象征的交织作用，才能有真正意义上"想象"。所以，这里的 le imaginaire 不能完全理解为想象界，而是指由于镜像阶段形成的镜子中的形象，即 imaginaire 对之前不定形态的 es 的占位形成的感触的基础，因此在这里，le imaginaire 统一理解为镜像界。

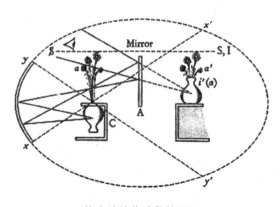

拉康绘镜像阶段的图示

（3）从人进入镜像界开始，人就无法完全脱离镜像对于我们感知、认识、行动、体验世界的影响，我们并不需要黑格尔意义上的自我反思，就能知道身体上的疼痛是我的疼痛，恰恰是镜像的结果。在这个意义上，在镜像阶段之后，我们每一个人都是望着镜像的纳西索斯。我们望着自己刚刚完成的字画作品，感到欣慰，恰恰是因为这幅字画是我的心血的镜像，从字画中我看到了自己的形象，并如同纳西索斯一般，迷恋着自己的形象。倘若没有这个占位的小他者的镜像，我们就只能陷于克莱因所说的片段的经验之中，成为偏执狂（paranoïde）。不过，值得注意的是，我们并不是自从第一次看到镜子中的镜像之后，就始终可以安稳地在此基础上形成同一主体的，恰恰相反，为了保障统一的自我和主体，我们需要不断地回到这个在镜子中形成的镜像。正如拉康所说："我再说一遍，唯有在我们为主体提供一面光滑表面的镜子时，这种主体的镜像才会显现出来。"[①] 这也是拉康学派的精

---

① Jacques Lacan, *Écrits*, Paris: Seuil, 1966, p.110.

神分析师所需要注意的事情，尤其在面对偏执狂病人时，分析师实际上将自己作为病人的一面镜子，让他们可以在其中重新获得自己的镜像。

由此可见，在现代主体的形成过程中，镜子中的镜像扮演着基础性的作用。在一般情况下，镜像并不显现出来，而是作为基底保障着主体的运行。无论是大陆观念论的先验主体，还是英美的经验性主体，抑或语言哲学中分析性主体（或主语），在具体的个体上，它总是以一种前观念、前经验或前语言的镜像形象为前提。换言之，在镜子的内侧，是已经在统一镜像基础上形成的主体的观念、经验或语言，无论是笛卡尔还是洛克，无论是康德还是胡塞尔，无论怎样规定主体或自我意识，总存在一个让主体成为主体、让自我意识成为自我意识的东西，而在拉康这里，这个奠基性的前提就是我们的注意力从镜子中获得的统一的镜像；而在镜子的外侧，那里并不具有可以在知识基础上辨识的形象，这里是一个无差分的流形世界，庞杂的身体经验和感触无法将自己的这些感受性从周遭世界中独立出来，而无法独立的原因是它在内心中缺少一个统一而独立的镜像，因而它只能将受到感触的材料作为弥散的无关性（indifference）放置一旁。

或许，正因为我们的主体观念或经验，先在地依赖于镜子中的形象，那么为了保障主体或自我意识的存在，我们不得不反复求助于镜子。换言之，在进入到现代社会之后，人的确定性不再归于某种共同体或王国的荣耀，人的存在也不再通过血缘或地缘的庇护来维持，相反，现代个体的焦虑在于他们不断地要确定自己作为主体的根基，而确定这个根基的最佳途径就是镜子中的镜像。换言之，对镜子的凝视，就是注意力本体论的根源所在，唯有通过镜子中的镜像才能确定自我的存在。这也解释了，镜子为何成为了经典的恐怖片设定，如 2018 年上映的伯恩斯坦导演的《镜中人》(*Look Away*)，一旦镜子中的镜像与我不再保持一致，那么对于主体来说，就意味着构成他原初统一性的根基遭到了动摇，于是无论是镜子前的女主角玛莉亚，还是电影屏幕前的我们，都感受到令人不寒而栗的恐怖。

或许换一个角度，会让这个问题变得更为有趣。如果说现代人的存在的最基本的工具是镜子（或者说作为隐喻的镜子），那么不断地用目光注视着镜子中的镜像，成为了现代人习以为常的行为。然而，我们今天实际上感觉到镜子的地位下降了，人们今天目不转睛地将注意力投射的对象，不是镜子，而是手机或电脑屏幕。这些电子屏幕，一旦在今天取代了镜子中的地位，是否会动摇我们今天的主体存在论的根基？然而，今天我们不断将注意力盯着电子屏幕的时候，并没有像《镜中人》中玛莉亚那样感到惴惴不安，相反，我们似乎感觉到极其舒适和惬意。倘若如此，这或许意味着，一旦我们的目光的注意力从镜子转向电子屏幕时，主体的存在论已经发生了根本的改变，我们或许不再是笛卡尔、洛克或康德笔下的那个能进行自我反思、具有自我意识、能够进行自我理解的主体，我们的主体的存在样式已经发生了彻底的改变。这不是主体的消失，而是主体所依赖的根基的彻底变化，也就是说，那个曾经位居主体之下，设定着主体的镜像不复存在了，我们的注意力转向了另一个装置的光学界面——电子屏幕，那么在对电子屏幕的凝视中，主体究竟发生了什么样的变化呢？

三、分心的存在论：外—主体的诞生

今天的电子屏幕无处不在，而我们的灵魂似乎迷失在这些电子屏幕的丛林里。这是一个比德波的"景观社会"更加景观化的社会，也是比鲍德里亚的"消费社会"更加具有消费意识形态的社会。以刷抖音为例，很难想象，原来我们准备看几分钟短视频的，结果连续刷了两个小时的视频。而在此前，弗洛伊德的内在自我掌管着我们的外在行为，"通过压抑，自我试图把心理中的某些倾向不仅从意识中排斥出去，而且从其他效应和活动中排斥出去。"[①]也就是说，作为主体的自我，应该掌握着我们所有的有意识的行为，但是在刷抖音，在刷朋友圈，甚至在开一局网络游戏的时候，主体意识明明只准备玩几分钟或十几分钟的，为什么在不经意间就超过了时间了呢？我们为什么会点开一个之前并没有准备去看的帖子，甚至为之点赞？这些现象显然说明，在电子屏幕之前的我们，至少不再完全被内在的自我意识所控制，相反，我们在浏览网络、刷视频、玩网络游戏的时候，实际上受到一种分心体制的支配，而分心已经成为了大数据和互联网络时代的存在的基本方式，因此，我们首先需要对分心现象给出一定的分析。

实际上，分心问题已经被一些之前思想家所关注。譬如，拉康发现了主体形成机制的原初根源在于镜子中的镜像，于是，精神分析师认为也可以凭借镜像来让偏执狂和其他分裂症患者重

---

① ［奥］弗洛伊德：《自我与本我》，张唤民等译，上海：上海译文出版社 2011 年版，第 202 页。

新在统一镜像的作用下恢复正常，重新让主体可以一个稳固而统一的基础上发挥作用。这种统一主体的形象是注意力的结果，在内在的镜像设定上诞生了主体机制，而主体机制形成了自我意识，从而在人的内部构造了一种以注意力为中心的思想和行动的范式。然而，也有人对弗洛伊德和拉康的主体形成机制表示不满，其中最典型的就是法国思想家吉尔·德勒兹和菲利克斯·加塔利。与拉康强调镜像的统一性不同，加塔利一直将分裂症（schizophrenia）作为精神分析的中心，在他与德勒兹合作的《反俄狄浦斯》一书中，他曾经写道：

> ……这些东西通过"身体镜像"（l'image du corps）的中介作用，将分裂症问题与自我联系起来——"身体镜像"是灵魂最后的庇护所，是唯灵论和实证主义的需求的粗俗结合。不过，自我就像爸爸妈妈一样，而分裂症早就不信任它们了。①

显然，德勒兹和加塔利将矛头指向了拉康学派精神分析中的"身体镜像"以及随之而来的主体的统一性问题，与传统哲学家坚持不可分的个体性（individual）的统一性不同，德勒兹和加塔利试图通过分裂症分析，从而打破由"身体镜像"构成了的个体最后的堡垒，让个体不再受到内部的"身体镜像"的束缚，从而可以变成了可分的生命体，不断地让生命得到解域化，与外界的

---

① Gilles Deleuze, Félix Guattarri, *L'Anti-Œdipe: Capitalisme et schizophrénie*, Paris: Les Éditions de Minuit, 1972, p.30.

事物重新组合。正如德勒兹和加塔利所说："分裂症就是要试图走出资本主义的界限：他的内在趋势就是去实现剩余产品、形成无产阶级，最终成为资本主义的毁灭天使。他扰乱了一切编码，他是解码的欲望流的发送者。让真实不断地流淌。"[1] 如果说拉康之前的主体，都在于将外部的散落的不定形的世界，通过镜像凝聚在统一的主体之中，那么德勒兹和加塔利以极为浪漫的形象，让主体冲破"身体镜像"的最终藩篱，让原先集中的注意力最终分散到各个角落，这是被德勒兹和加塔利抹上了浪漫色彩的分心。他们简单地以为，一旦分裂症冲突内在主体的藩篱，让生命和欲望在外部世界流淌时，便能打破资本主义生产机制的控制模式，从而走向解放。

　　然而，事情远远没有这么简单，我们不停地在电子屏幕面前转移注意力的时候，我们体会到的并不是德勒兹和加塔利意义上的游牧式解放，相反，在诸多平台上的不断分心，让我们感觉到一种迷失和空虚，杰拉德·劳尼格（Gerald Raunig）曾经观察到在 Facebook 和 Twitter 上的分心现象，他指出："这就是 Facebook 正在干的事情：除了成为自我展示、交往和疯狂的展现自己的生活的方式，成为未来社交媒体泡沫的热点，成为 Facebook 和 Twitter 的革命性工具，承载着数以百万计不可磨灭的记忆痕迹之外，它也变成了一个忏悔的媒介，事实上是强制性的忏悔，在这个意义上，媒介不仅仅是传播性的，而且也是自我分裂性的，Facebook 迫使我们进一步让这种分裂的机械化实

---

① Gilles Deleuze, Félix Guattarri, *L'Anti-Œdipe: Capitalisme et schizophrénie*, Paris: Les Éditions de Minuit, 1972, p.43.

践变得清晰可见。"① 劳尼格虽然看到了分心超越了个体的内在机制，但是，与德勒兹和加塔利不同的是，这种外在化分心，并不是一种主动的游牧与流浪，而是被外在的传播和交往平台强制性地拽出去的。我们之所以无法控制我们在 Facebook、朋友圈、Twitter、微博、抖音上的活动，恰恰是因为我们被某种力量钉在了外部，我们不得不面对这个在外部钳制和制约着我们的力量，而这种力量不再是内在的有意识的自我。我看到某个视频，不是出于我主动的选择，而是被动地受到一种智能算法的钳制，而内在的主体根本无法抵御这种钳制。对于传统的主体学说而言，这是一种病态的存在。简单来说，那个唯一的镜像的自我形象已经不是主体唯一的支撑，比如，在我们浏览 Youtube 或 Bilibili 网站时，第一次浏览是没有太多影响的，但是我们一次次地浏览在这个平台留下的足够多的痕迹，就能让平台上的算法判断我的喜欢和倾向，从而在平台的主页面上呈现出我喜欢的内容。也就是说，在我们经常驻足的平台和网络中，平台已经在我们做出决定之前，就替我们做好了决定，我们不需要一个内在的主体做出太多的判断，因为我们已经处在一个令我们感到无限惬意的平台环境中。无论是用来刷短视频的抖音，还是用来购物的淘宝，抑或"王者荣耀"游戏中的组队，都是按照这种模式建立的。于是，我们在外部的电子屏幕上，看到了一种大数据时代之前不具备的景象，由于各个网络平台比我们自己更了解我们自己，以至于我们已经陷入算法为我们装饰好的华丽空间中，我们已经被彻底地

---

① Gerald Raunig, *Dividuum: Machinic Capitalism and Molecular Revolution*, South Pasadena: Semiotext(e), 2016, p.115.

锚定在这个经过数字痕迹和算法精准调控的"我们"那里，这是一种超级控制，一种经过精准调节和定位的控制，我的行为甚至我的思想，都在算法的掌控之中。所以贝尔纳·斯蒂格勒才会毫不客气地指出："算法性的病态存在就是超级控制时代的特征，它将彻底让我们迷失了方向（désorientation）。所有启蒙时代的承诺已经反转，似乎不可避免地沦为毒药。"①

是的，启蒙时代的承诺已经彻底反转！那个曾经被笛卡尔、康德、胡塞尔委以重任的主体，在今天已经被反转。位于我们心中的拉康之镜已经破碎，我们不能再以统一的主体方式来支配我们的行为和思考，随之而诞生的是一种新的主体，这是一个复数的主体，因为这种主体完全是透过外在电子屏幕的反射，照射在我们空洞的躯壳之中。诸多比我们内在主体更加了解我们的外在算法痕迹和超级控制的出现，已经将我们锚定在不同的数字平台之上，我们的观看、我们的发言，甚至我们的行为、我们的思考都已经被精准地纳入到算法的调制之内。这是哲学史上从未存在过的主体形态，在上一章中我们称之为"外—主体"（exo-subject），以对立于依赖于我们内心中镜像的"内—主体"（in-subject）形态。尽管在拉康那里，"内—主体"也诞生于作为小他者的镜像的占位作用，但是相对于"外—主体"，内心中的镜像已经无法再支撑统一的主体行为与思考，相反，我们的行为和思考被撕裂性地钉死在不同的平台界面上。"内—主体"是散落的外部集中于内部的自我身体镜像的过程，是一个由外及内的过程，

① Bernard Stiegler, *La Société automatique 1: L'Avenir du travail*, Paris: Fayard, 2015, p.54.

"外—主体"恰恰相反，外部平台通过算法的精准调制，将我们的行为和思想由内及外地拖出来，转而被捆绑在数字平台，让我们按照数字平台算法所设定的节拍，在其中漫游运动，我们以为自己在其中做出了思考和行为，其实，这些思考和行为不过是算法运动的衍生物。

通过"外—主体"的概念，我们才能深入地把握所谓的"注意力经济学"的存在论根基。准确来说，被镜子集中起来的注意力，已经在电子屏幕的散光作用下分散了，今天的互联网和数字平台的注意力无非是分心而已，"注意力经济学"的实质是"分心经济学"，也就是说，如果平台算法能够控制更多的用户分心，给出浏览、点赞、购买、游戏等等行为，平台就能从中获得巨大的收益。在这个意义上，分心越多，平台就能获得更多的关注与点赞。换言之，分心已经成为了互联网经济学中的硬通货，多少订阅量、多少点击率、多少粉丝、多少点赞，成为互联网平台获利的一般等价物。那么，诸如 Amazon、Facebook、TikTok、Twitter 等数字平台和互联网公司如何才能获得更多的订阅、点赞或粉丝呢？仅仅是加强宣传和推广，等待着用户自动地投来注意力吗？这完全是前数字时代的遐想，这种想法完全建立在"内—主体"的基础上。今天的互联网公司和数字平台早就用另一种方式来锁定更多的关注度，因为他们可以通过算法，让用户分心，用精准的控制，让用户依附于平台和界面，从而不断地为这些互联网公司生产出更多的关注和点赞。我们将会看到，之前收敛集中于内在自我意识的"内—主体"逐渐变成在平台上外显出自己数字痕迹的"外—主体"，从可以理性地做出决定的自我意识的主体，变成被算法精准锁定、被嵌入到惬意的平台环境中的"外—主体"。只要人的存在变成了"外—主体"，他们就可以源源不断地为数字平台和互联网公司输入分心的关注和点赞。

随着"内—主体"变成"外—主体"，我们看到了互联网世界的另一番景象，由于不再需要更多的能够做出自我决策的启蒙式的"内—主体"，"外—主体"已经成为了当代的数字环境下的主要存在方式，"注意力经济学"或"眼球经济学"的根基在于创造出外—主体，当丁真出现的时候，我们不需要思考他是否真的代表原始生态的淳朴，我们只需要享受互联网公司为我们创造的惬意的数字环境。同样，在政治场域中，能够理性判断的"内—主体"已经更多地让位于被算法精准调控的"外—主体"，或许这也能解释为什么尽管特朗普的诸多言论充满了荒谬与偏见，但仍然在 Twitter 赢得上千万粉丝。这不是民粹主义，而是被剥夺内在控制的"外—主体"的存在方式，因为在今天的互联网环境中，内在的自我意识和决定已经不再必要。越来越多"外—主体"被数字平台的算法调制，让自己的行为与思想完全与平台和互联网公司同步，这成为平台获利的关键所在。由此可见平台的算法调制是一种新的政治经济学，因为唯有当"外—主体"越多，他们就越被分心，分心越多，赢得的点赞和关注也就越多，也就为互联网公司和数字平台创造更多的经济利益和声誉影响力。这是一个无限分心的时代，在互联网上，我们无限分心成为"外—主体"，我们如同被倒置的提线木偶，算法将它们的提绳从电子屏幕中伸出来，让我们这些"外—主体"随着节奏来移动，在各个平台的音乐节奏之下，跳着步伐整齐的圆舞曲。

第二部分
数字时代与物体间性

第五章　物体间性的形而上学

2022年网飞的动画剧集《爱、死、机器人》第三季的最后一集起名为《吉巴罗》(*Jibaro*)，仿佛为我们讲述了一个古老的寓言。这似乎是一个中世纪的故事，一群骑士穿过森林，来到森林深处的一潭池水处歇息，一个失聪的骑士在池子中舀水解渴之时，无意中发现他双手捧起的池水里有一片金光闪闪的鳞甲，他用牙齿咬了一咬，是真的黄金，一丝欢喜的颜色在他面庞上浮现出来。他所不知道的是，在水池中，一双眼睛正凝视着他，她是那片脱落鳞甲的主人，她是一位塞壬女妖，和古希腊神话中的塞壬一样，她拥有优美动听的歌喉，但她的歌声也是致命的。在女妖从水池中浮起的那一刻，就像以往一样，在水池周围弥散着那勾人心魄的歌声，骑士的同伴们受不了歌声的魅惑，纷纷跌入池水中，一命呜呼。唯有这个失聪的骑士，由于听不到牵人心魄的歌声，而没有遭受他的同伴的劫难，这反而让失聪骑士看到了塞壬的全貌。塞壬女妖身上布满了珠宝和黄金鳞甲，但骑士在那一刻不是看到了女妖，而是将女妖看成了一个巨大的宝藏，一个布满黄金的宝藏。当女妖对这个不受她歌声诱惑的骑士感到困惑时，骑士已经冲上来，将女妖身上的黄金鳞甲一一剥落，只留下赤裸裸的塞壬，遍体鳞伤，跌落回池水之中。在失聪骑士看来，被剥光鳞甲，只剩下一堆肉体的女妖一文不值，如同垃圾一样被废弃。然而，失聪骑士在临走之前喝下了被塞壬女妖的血水染红的池水，突然，他的耳朵竟听到了世界的声音。那一刻，他听到了女妖的歌声，这个歌声不再是魅惑的歌声，而是复仇的歌声，他随着女妖的歌声起舞，一步一步地和他曾经的同伴一样，走入池水的深处，溺亡于其中。

通常对《吉巴罗》的解读，会停留在作为人的失聪骑士的欲望上，吞噬掉骑士们的致命武器是他们的贪婪的欲望。但是，在这个故事后面还有一个更为基本的本体论结构。这队骑士出现在森林里，他们的使命或许就是在寻找黄金宝藏，也就是说，在他们进入到森林那一刻，他们已经被询唤（interpellé）为寻找特定物（objet）的主体，这个特定对象就是黄金与财宝，就像那些在失落无人岛上寻找秘密宝藏的海盗一样。正是这种特殊的意识形态结构，让他们只能在森林和池水中看到黄金或珠宝，而忽略了其他存在物。当身披黄金鳞甲的塞壬女妖出现时，她已经不是一个活生生的生命存在，而是由一堆黄金组成的巨大的物。这也正是失聪骑士最终的残忍操作的原因所在，他将他眼中的物（黄金和珠宝）与无用之物（塞壬的身体）血淋淋地撕裂开来，而这种残忍背后的动因恰恰是，只有塞壬的黄金鳞甲，在骑士眼中才是真正的物，而除了这个物之外，其他的一切都是可以随意摒弃的。

正是在这里，我们遭遇了新唯物主义的命题，即物的关键并不在于构成物的是什么物质，或者这个物属于何种实体，而是在于，我们究竟在何种框架下将其建构为一个物，我们如何通过实践活动，将物和非物区别开来。我们挖出来的煤矿是物，而剩下的煤渣是没用的废品；我们生产出来的商品是物，那些生产剩下的边角余料是废品；我们通过数据算法得出的对象是物，那些无法转化为可读的、可理解的对象的剩余数据就是废品。逐渐步入数字时代后，这种建构物的方式正在日益重构我们的行为与生活，这就是新唯物主义的诞生，在那一刻，我们重复着失聪骑士与黄金鳞甲的塞壬女妖之间的故事，我们一遍又一遍地剥除塞壬的鳞甲，让黄金鳞甲满足于我们意识形态的连贯性幻象，从而将其他的剩余的残渣无情地摒弃在水池之中。正是这种新的实践不断重构着我们的日常生活，以及数字空间中的物的神话。为了破除失聪骑士的魔咒，我们势必需要打破拉康式询唤的主体和物之间的意识形态性的关系，走向一种以物体间性为核心的新唯物主义。

一、消逝的屏幕与去物化之物

阿甘本在他的《从书籍到屏幕：书籍的前世今生》(From the Book to the Screen: The Before and the After of the Book)一文中曾谈到了从卷轴、抄本到屏幕的转变。在古希腊和古罗马时期，书的形式是以卷轴的方式存在的，但从中世纪的修道院开始，装订成册的修道士的抄本逐渐取代了古代的卷轴。卷轴的容量是有限的，同样体积的抄本显然比卷轴拥有更大的文字储存量，于是，抄本逐渐取代了古代的卷轴。不过，抄本取代卷轴的过程不仅仅是技术和文字容量的变化，阿甘本看到，"抄本引入了一个绝对新的东西，我们对它如此习惯，以至于忘记了它在西方的物质和精神文化，甚至是想象力中的决定性意义：书页。卷轴的展开显示了一个均匀而连续的空间，充满了一系列并列的文字栏。抄本——也就是我们今天所说的书——用一系列界限分明的不连续的统一体取代了这个连续的空间——在这些页面上，深色或深红色的书写栏在每一侧都有空白的边框。完美连续的卷轴包容了整个文本，就像天空包容了刻在上面的星座；书页作为一个不连续的、自足的统一体，每次都将文本中的一个元素从其他元素中分离出来，我们的目光将其视为一个孤立的整体，它需要在物理上消失，以便让我们能够阅读下一页"[1]。阿甘本看到的是，卷轴和抄本尽管在文字内容上没有任何变化，但是，构成书籍的纸质形式发生变化，也势必带来我们阅读和思考方式的变化，我们从卷轴的连续性阅读转变成为抄本的翻页式阅读，我们的思考方式也在分页中被分段化，即我们越来越按照一页纸承载的内容来建构我们的阅读和思考的观念。这一点十分有趣，如果这个解读成立，意味着有一个关键的东西，决定着我们阅读和思考的观念，这个观念并不是凭空而来的，也不是什么上帝的恩赐，而是由一种实实在在的物决定的，尽管这个物平常就在我们面前，我们却常常视而不见。这个物就是书页，书页的形式从根本上决定了我们只能翻页阅读，而不能继续按照卷轴滚动的页面来阅读，这

---

[1] Giorgio Agamben, *The Fire and the Tale*, trans. Lorenzo Chiesa, Stanford: Stanford University Press, 2017, p.101.

样，我们所建立的思想的索引与书页建立起密切的关系，直至今天，我们撰写论文和专著仍然需要在脚注或尾注中标明我们的引述来自书籍的某一页。

如果我们的阅读习惯从抄本或者今天的装订成册的图书，转变为依赖于电脑或手机屏幕的阅读，情况会发生什么变化呢？阿甘本显然十分关注这一点，他用自己特定的理解方式描述了以电子屏幕为工具的阅读：

> 在数字工具中，文本，也就是作为书写的页面——通过人类无法阅读的数字代码编纂——已经完全从作为支持物的页面下解放出来，并在屏幕上像幽灵一样传送。页面和书写之间关系的这种断裂，定义了书籍，产生了至少可以说是不准确的信息技术空间的非物质性的想法。现在的问题是，屏幕，这个物质的"屏障"，在它让我们看到的东西中仍然是不可见的和不被看见的。也就是说，电脑是以这样的方式构造的，读者从来没有看到屏幕本身，看到它的物质性，因为一旦我们打开它，它就被字符、符号或图像填满了。当我们使用电脑、iPad 或 Kindle 时，我们的眼睛会在一个我们从未见过的屏幕上停留几个小时。如果我们感知到屏幕，也就是说，如果屏幕是空白的，或者更糟糕的是，如果它变成黑色，这意味着这个工具没有发挥作用。①

---

① Giorgio Agamben, *The Fire and the Tale*, trans. Lorenzo Chiesa, Stanford: Stanford University Press, 2017, p.107.

　　自从谷登堡时代便由印刷油墨构成的文字，在今天变成了电脑屏幕上的发光的亮点，这并非从物质的油墨向非物质的字节的转变。而是说，在我们看着屏幕的时候，构成了一个独特的凝视的双重性。什么是凝视的双重性？简言之，当我们凝视着手机、Ipad、Kindle、电脑的屏幕时，我们看着屏幕，也没有看到屏幕。我们之所以看着屏幕，是因为那些出现的文字、图片、视频、甚至互动的游戏画面，唯有在我们凝视屏幕时，才能被我们所看见。那么，我们真的在看屏幕吗？实际上，我们**看着**屏幕却没有**看到**屏幕。换言之，唯有屏幕出现故障，以完全黑屏的方式出现在我们眼前时，屏幕才在我们的凝视的目光下呈现出物质性，但这时电脑或手机是完全不可用的状态。这就是阿甘本所说的一旦屏幕真的以物的形式出现在我们面前时，意味着这个真实出现的物是一个废物。

　　这就构成了一个有意思的悖论，**我们希望看的物，却是一个不想被看见的物**。只有屏幕的消逝，我们才能看电脑、看手机、看 Ipad 等等。我们看的从来不是那个物质材料构成的物的实体，而是在这个物质材料构成的物在我们面前消逝之后，呈现出来的亮光和比特，也只有如此，我们才能看到电脑和手机上的文字、图片和影像。我们在数字空间中的物化（objectification）恰恰是以屏幕的去物化（dis-objectification）为前提的，屏幕的物化是我们对数字空间凝视和理解的障碍，只有当屏幕的物质实在性从我们面前消逝，我们才能架构出数字空间中的物。

　　这就与《吉巴罗》中的骑士一样，骑士之所以将塞壬女妖看成满身黄金的存在物，恰恰因为在骑士眼中，塞壬女妖被去物化，也就是说，塞壬女妖的整体在骑士眼中消逝了。无论女妖跳着多么曼妙婀娜的舞蹈，唱着多么优美的歌曲，在骑士眼中，她的身体根本不存在，唯一存在的，是骑士在进入森林之前被客观化的物的意象，在这个意象下，只有那闪闪发亮的黄金鳞甲是物，而塞壬女妖并非真正的存在物，在那一刻，塞壬女妖的身份发生了分离，被骑士的询唤的意识形态观念分成了有用的黄金之物和无用的女妖身体，骑士之所以能做出如此残忍的行为，恰恰是依照这个分离而开展的，将有用的物与无用的垃圾分开。这个过程是血淋淋的，这就跟我们在菜场买鱼一样，有用的是鱼肉，无用的垃圾是鱼鳞和内脏，我们在购买鱼之后，鱼的整体身体消逝了，在我们面前仅仅是可以食用的鱼肉，其他部分被一起扔进了垃圾桶里，尽管将鱼鳞刮下，将内脏剖开，从鱼的腹中血淋淋地扯出是一个相当残忍的过程，而我们却对之习以为常。简言之，塞壬女妖之所以在骑士眼中分离，她的鳞甲被建构为有价值的黄金，其基本原理是一个简单的事实：我们看见黄金，将黄金物化的前提是塞壬女妖的身体的去物化。这样，我们在数字空间中的凝视与观看，与骑士眼中的物化建构也一样，我们所看的屏幕，恰恰是与屏幕的去物化密切相关联的。

这仿佛让我们回到了启蒙时代的一个根本问题，主体是如何建构出自己的对象的。美国艺术理论家乔纳森·克拉里（Jonathan Crary）提到了一个诞生于启蒙时期的光学设备"暗箱"（Camera Obscura），在一定程度上，笛卡尔的《屈光学》、洛克的《人类理解论》都曾经谈到过这个设备，而且后世的艺术理论学者认为，霍布斯在设计自己的《利维坦》一书的封面时，肯定参考了暗箱的成像原理①。暗箱的设计是一个大型的暗箱房间，房间的一侧开了一个小孔，利用光学的小孔成像原理，外面世界的景象会以倒立成像的方式呈现在暗箱房间的另一侧的墙壁之上。暗箱的出现，与后来摄影术的发明密切相关，也是我们通过光学设备来固定外在影像的一种方式。不过，克拉里的《观察者的技术》并不是为了向我们介绍暗箱是如何发挥作用的，他巧妙地将暗箱设备与笛卡尔、霍布斯、洛克等人十分常用的概念——主体——联系起来。暗箱的作用不仅仅在于将外部世界成像，而是将观察者，即某个人，放在暗箱之中的某个位置上，看到了暗箱墙壁上的成像。而处在这个位置上的人，似乎感觉到自己透过暗箱的光学作用看到了甚至掌握了世界，在这个意义上，笛卡尔等人认为暗箱中的人将自己建构为主体，克拉里说："暗箱界定了内在观察者之于外部世界的位置，而不像透视法，只是二度空间的再现。因此暗箱等同于一种更为广义的**主体效果**（subject-effect）；它所牵涉的不单只是关于观察者和某种图像绘制过程的关系。……关于暗箱，最关键的地方是观察者和无所差别的、未加区隔的广大外边世界的关系，以及它的装置如何作有次序的切割，划定那个允许被观看的范围，而不减其中事物的生气蓬勃。"②

克拉里关于暗箱设备的这段描述，向我们揭示了自笛卡尔、

---

① 对于霍布斯的封面与暗箱原理的关系的详细分析，可以参看本书的第四章。

② ［美］乔纳森·克拉里：《观察者的技术》，蔡佩君译，上海：华东师范大学出版社 2017 年版，第 56—57 页。

霍布斯、洛克以降的主体是如何在一种光学设备中生成的，即暗箱的"主体效果"在于将主体与外部世界隔离开来，形成了一个凌驾于万物之上的抽象主体概念，然后又以这个抽象的主体位置，来观测"整个世界"。但问题在于，由于主体本身就是一个主体效果，就是一个被装置询唤出来的主体位置（类似于进入森林之前，被询唤出来寻找黄金的骑士一样），那么主体所掌握的"世界"，并不是真正的外部世界，而是一个物化（Verdinglichung）的世界。所以克拉里才强调说，暗箱最关键的地方不在于生成了主体的位置，而是在于在主体的位置上，对世界强行进行了"有次序的切割"，将世界分割成可以在暗箱墙壁上成像的"世界的图像"和外在的不能被把握的外边世界，换言之，现代主体的世界观恰恰是以对外边世界的残忍血腥的切割为前提的，在这种切割之下，外在的世界被去物化了，剩下的只是对主体有用或相关联的对象世界，并继续将这个对象—世界作为材料，进行加工、烹饪、创作，镌刻上主体的痕迹，让其成为主体的产物。而在主体—对象的另一边，是被去物化的世界，类似于那个被剥除鳞片的塞壬女妖的垃圾身体一样。同样，我们可以看到，如果将这种去物化的思维不仅用之于世界，而且用之于人之上，便会产生极其残忍的后果。想想人类历史上的奴隶制吧，所谓的奴隶不正是这种主体的屈光学的主体效果吗？奴隶的完整的身体被主体凝视的目光残忍地分割成有用的劳动力和无用的赤裸生命两个部分，在奴隶劳动过程中，主人（主体）使用的是作为劳动力的对象或物，一旦将其耗尽，奴隶的身体就如同废物和垃圾一样被弃之不顾，或许这正是《汤姆叔叔的小屋》等描写奴隶制的小说中为我们展现的真相，被物化的奴隶和去物化的赤裸生命同时存在于黑奴的身体之上，他们就如同被燃烧剩下的煤渣，被主人的视野不容，最终被驱离属于主体的场域。

那么，我们重新审视唯物主义的关键并不在于如何去看被主体物化的物，即那些可以被主体理解、观看、思考、聆听的物，那些物本身就处于主体的掌控之中，并与主体共同构成一个共在的世界。问题在于，**主体凝视下的物并不是物的全部，在我们对物物化的同时，也意味着对物去物化，去物化意味着对他异性（alterity）的存在垃圾化、赤裸生命化，但同时意味着在主体掌控的世界之外，还存在着一个不受我们掌控的去物化的世界**。就像在数字空间中，我们作为主体总认为数字世界的实在就是数字物构成的连贯性的世界，但是没有想到在这个连贯性的数字世界背后，还有大量无法化为主体掌控的去物化的剩余数据。新唯物主义对我们的告诫恰恰在于，如果我们不能看到世界总体（包括数字世界）中的去物化的物，一种与主体无关联的物，意味着主体只能生活在类似于黑箱之类的襁褓之中，享受在自己的同温层的气泡之中，但是去物化的物总会以突兀的事件刺破我们玫瑰色幻象的气泡，让我们不得不面对那些垃圾、废物和赤裸生命的存在。

二、十字轴上的物的神话：物质构成和形式构成

这种物的分裂，即分裂为物化的对象和去物化的废物，并不

是突然出现的，而是自人类诞生以来就出现的现象。阿甘本称之为人类机制，阿甘本指出："我们已经有了现代的人类机制。我们已经看到，这个机制是通过排斥来起作用的，它将尚不是人的人区别于人类本身，即人的动物化，在人之中区别出非人。"① 事实上，在人类机制发挥作用之时，即在人类将人去区分成本真的人（authentic human）与动物化的人（animalized human）的同时，也在对物进行区分，即前文提到的物化的物和去物化的废物。换言之，物化和去物化的区分的机制并不在于物本身，而在于人类机制。所以，罗伯托·埃斯波西托（Roberto Esposito）也同样看到了在人类社会，尤其是现代社会奠定之后，物的加速分裂过程："物在形而上学中的遭遇紧紧伴随着物的分裂过程，物的分裂似乎已经是在所难免。……中世纪，人们将物理解为 ens creatum（受造物），乃是上帝创造行为的成果。之后，人们将物阐释为由人再现（represented）、生产出来的。然而，一旦进入到再现或生产装置中，物转变成对象，依附于主体，丧失了其独立性。"② 如果将阿甘本和埃斯波西托的观点综合一下，可以得出，我们所谓的物，即被物化的物，是一种物的神话，是在人类机制下被再现、被生产、被阐释的物，这种物的神话已经与原先自然界中存在的物没有太多关系，与之密切相关的恰恰是作为主体的人类机制。这就是海德格尔在《林中路》中所说的："存在

① ［意］吉奥乔·阿甘本：《敞开：人与动物》，蓝江译，南京：南京大学出版社 2019 年版，第 45 页。
② Roberto Esposito, *Persons and Things*, trans. Zakiya Hanafi, Cambridge, UK: Polity, 2015, p.64.

者整体便以下述方式被看待了，即就存在者被具有表象和制造作用的人摆置（stellen）而言，存在者才是存在着的。"①

那么，对于以往的唯物主义或关于物的观念，最核心的问题事实上并不是那个本真的物是否存在，或者说，我们是否可以追问那个在自然界、在实在界之中，真实存在的物的总体。毋宁说，自从古希腊以来，从泰勒斯到赫拉克利特，从德谟克利特到卢克莱修，甚至直至今天的许多唯物主义者，他们思考的问题不是物本身，而是对物的阐释。换句话说，他们所需要理解的物，并不在于物以什么方式出场，如何与我们共存共在，而是这些物由什么样的物质组成。从泰勒斯的水、赫拉克利特的火、恩培多克勒的四元素说，到德谟克利特的原子，他们无一例外地都在言说物的存在本质在于其物质构成。当然，这是一种最为朴素的对物的理解阐释，仿佛在我们弄清楚了物的组成物质之后，我们便可以很清晰地理解物是什么，物的本质是什么。正如格拉汉姆·哈曼（Graham Harman）指出："对于前苏格拉底时代的思想家而言，无论是倾向于寻求世界最基本的元素，还是某种关于无定（apeiron）的理论，他们都有一个共同点。这个共同点就是把中等大小的日常生活物品进行向下还原（undermine）。他们都不认为椅子和马匹与他们所选择的原始物质基质具有同样的实在性，在他们看来，大多数物太过表面，而不太真实。"② 简言之，

①　［德］马丁·海德格尔：《林中路》，孙周兴译，上海：上海译文出版社 2008 年版，第 78 页。

②　Graham Harman, *Object-Oriented Ontology: A New Theory of Everything*, London: Penguin Books, 2017, p.46.

对于古希腊的诸多唯物主义思想家来说，只有将物还原为那个最基本的物质，物才能获得其真实性和实在性。在这类向下还原的唯物主义看来，物之所以为物，或者说物具有的物的本质，在于它们在根基处是由物质基础构成的，一把铁锤之所以是物，是因为它是由铁原子构成的，一个电脑之所以是物，也是因为它是由电脑的硬件物质构成的，而一个数字空间中的怪物，我们没有办法说这个怪物是由某种有机化合物组成，但是向下还原的唯物主义仍然可以将电脑游戏中的怪物，看成一个电子脉冲或比特。总而言之，这种唯物主义的奠基方式在于决定构成物的物质基础，我们可以称之为**物质构成**（material composition）的唯物主义。

显然，海德格尔并不满意于从物质构成来理解物之物性。在一篇题为《物》的讲座中，他以一个古希腊的陶壶（das Kruge）为例，批驳了这种从物质构成角度来思考物的方式。海德格尔指出：

> 构成壶并且使壶得以站立的壁和底，并不是真正起到容纳作用的东西。而如果真正起容纳作用的东西在于壶之虚空，那么，在转盘上塑造成壶壁和壶底的陶匠并没有真正地制作这把壶。他只是塑造陶土而已。不对——他只是塑造虚空而已。为这种虚空，进入虚空之中并且从虚空而来，他把陶土塑造成形体。首先而且始终地，陶匠把握到不可把捉的虚空，并且将它置造出来，使之成为有容纳作用的东西而进入器皿形态中。壶之虚空决定着任何置造动作。器皿的物性因素绝不在于它由以构成的材料，而在于其容纳作用的

虚空。①

在这段话中，海德格尔首先否定壶之所以为壶在于它的物质构成，即构成壶壁和壶底的陶土，如果说壶的本质就是陶土，在海德格尔看来，恰恰是对壶之所以为壶的丧失。在我们重视壶的物质构成的时候，我们却丧失了壶的物性。为了反对这种以构成材料来描述物的物质构成的唯物主义，海德格尔提出了自己的理解，壶之所以为壶，不在于壶壁和壶底，而在于居于其中的虚空。这句话很容易让我们联想到《道德经》中的"埏埴以为器，当其无，有器之用"。不过，海德格尔关注的并不仅仅是壶中的虚无的物质形态，而是我们如何在观念中架构了壶这个物体，也就是说，壶作为一种摆置，促逼（Herausfordern）着人对壶做出一定的回应，也就是说，人在一定的集—置（Ge-stell）之中，将壶之物纳入人类本身的生存机制之中，当我们使用壶来装水、装酒以及其他物时，壶才向我们呈现为一个壶，壶的物性，并不在于它本身如何在物质材料上呈现出自己的组成，而是在一个人类机制的框架中将它自己呈现为一种用具，一种在可以人的生存集置中找到使用位置的物品。换言之，物之所为物，就在于它在人类世界的形式架构中，能够找到自己的位置，物以某种方式被纳入人类机制，被人类的观念所定义、再现、生产和把握，它以与人类生存形式的相关物呈现出来，在这个意义上，物不是独善其身的存在物，它从一开始就被人类的集置整合到一定的形式框

---

① ［德］马丁·海德格尔：《演讲与论文集》，孙周兴译，北京：商务印书馆 2018 年版，第 181—182 页。

架中，对物的把握和理解只有在这个形式框架中才能得到最准确的定义，或者说，只有在这个形式框架中，物才能呈现为物的表象和神话。于是，我们得到了关于物的神话的第二种构成方式：**形式构成**（formal composition）。

对于物的神话的形式构成，20 世纪的西班牙存在主义哲学家何塞·奥尔特加（José Ortega）曾经有一个十分清楚的描述："只有当物成为图像、概念或观念时，也就是说，只有物在不再是其所是，而成为其自身的影子或轮廓时，物才能成为我们认识的对象，对我们来说，物才是存在的。"① 奥尔特加对物的理解，恰恰代表着物何以在我们的认识、在我们理解的存在框架下获得自己的本质，这是暗箱装置的主客体二元论的另一种表达形式。其关键在于，主体如何通过自己的观看、行为、实践将不同的物纳入到主体的形式架构中，如何在这个形式架构之中，赋予不同的物以形象、意义、概念和观念。简言之，物的形式架构的关键在于，作为物的形象、意义、概念和观念与人类主体之间的形式关联，取决于人类如何观看它、使用它、思考它、理解它等等。与之对应的是，物何以凭借自身方式存在，在这个人类形式架构中，并不重要，这就是为什么奥尔特加认为物不再是其所是、不再作为物的物质构成呈现的时候，对我们来说，物才是存在的根本原因所在。

不难发现，我们通常意义上的物的神话，是在两个相交叉的

---

① José Ortega y Gasset, "An Essay in Esthetics by Way of a Preface", in *Phenomenology and Art*, trans. P. Silver. New York: Norton, 1975, p.136.

轴线上构成的。一方面，我们对物的理解，是对之做出一个向下还原（undermine）的操作，即将物的本质视为其物质构成，我们总希望找到一个最基本的构成物，无论是原子、以太还是夸克，我们总是希望用最小的物质粒子来阐释物的实在性，但是，这种最小的物质构成并不能真正解释物的实际功能和存在。另一个方面是海德格尔和奥尔特加试图在一个横向的图景中，对物与人的关系给出一定的架构，也就是说，物的本质就是物以一定的形式建构了与人或此在之间的关联。在哈曼那里，这种对物的理解是一种向上还原（overmine）。不过，无论是向下还原还是向上还原，无论是从物质构成的纵轴，还是从形式构成上的横轴，我们只能在它们的相交点上，来探索物的神话的意义：在认识论上（即真的维度），物被向下还原为一种物质构成的解释，并在整个认识论化的自然界中找到其特定的物质构成的地位，而在实践哲学上（即善的维度），物总是以一种形式构成的方式与人建立了关联，这样，本来属于阿那克西曼德的无定性的物，在人类的认识论和实践哲学的十字轴的框架下变成了一个可控的对象。尤其自启蒙哲学以降，物被客体化，成为主体认识和实践的附属品，物的形象也被锁定在物质构成和形式构成的十字轴上，而一切不能被这个十字轴所消化的物的神话，最终要么蜕变为前现代的巫术［如阿多诺和霍克海默在《启蒙辩证法》中提到的吗哪（manna）的现象］，要么划归为虚无［如鲍德里亚在《拟像与仿真》中提到的意义的内爆（implosion）］。至此，物成为了一个现代哲学眼中最稳定、最可控、最实在的范畴，在这种静谧的惰性的物的神话之上，才建立了整个主体哲学或主体间性哲学（语言哲学和社会哲学无非是这种主体间性哲学的衍生物）的帝国。

　　这就是为什么马克思在《共产党宣言》中呼喊"一切神圣的东西都被亵渎了"①的原因所在，现代市民社会将一切无法被这个十字轴消化的东西都亵渎了，让其淹没在资本主义理性的冰水之中。那么，在这个十字轴之外，我们必须还要看到物的另一种维度，一个不能化为物质构成，也不会被纳入人类的实践活动的形式架构的物，那是一种从认知和实践的十字轴逃逸的物的存在。或许，在数字技术构成的空间中，我们可以找到通向这种逃逸的不可实现之物（irrealizable object）的存在。

三、重构物体间性：面向数字空间的物的形而上学

　　《黑客帝国》是一座电影史上的里程碑，也是哲学电影的一座丰碑。孟菲斯拿着红色和蓝色药丸要主角尼奥选择：蓝色药丸的功能是，吞下了它，什么也不会发生，什么也不会发生也意味着我们继续停留在物的神话中，继续相信我们仍然相信的一切，什么都不会发生改变。简言之，手机还是那个手机，房间还是那个房间，尼奥还是那个尼奥。但是红色药丸则将主角以及屏幕前的我们带到另一个世界，即所谓的"真实的荒漠"，那是真实的人生活的废墟，而只有在这个废墟中，我们才会发现，我们年复一年日复一日相信的神话，不过是由母体（Matrix）机器制造出

――――――――――

　　① 《马克思恩格斯选集》第一卷，北京：人民出版社 2012 年版，第403 页。

来的数字幻象，那么在大街上对我们回眸一笑的红裙美女，不过是一串带来精神刺激的代码。当人类西弗（Cypher）面对母体的特工史密斯时，他也并不相信眼前的牛排是一块真正的牛排，他知道，这块牛排的色泽和香味都是链接到他大脑中的数据而已，在实在的废墟中，这块牛排从未存在过，一旦离开了母体的数字矩阵，那个丰富而多彩世界中的各种物，都无法存在，换言之，它们都是一堆数据，一堆将我们主体绑缚于其中的数据，我们只能让自己面对着这些被母体的数据和算法构成的世界来生存，这个奥秘，只有当我们吞下了回到真实的荒漠的红色药丸才能洞悉。

的确，从新唯物主义的原则来看，那个在我们的物质构成和形式构成的十字轴上的物的神话之外的物是存在的，一种不能被我们的理性、我们的认知、我们的实践行为所把握的世界和物是存在的，红色药丸的存在已经直接证明了这一点。不过，在哲学上，我们面对的情势是，我们是否利用我们手头上的认知工具和实践工具来看到和把握那个在主体之外的物？法国哲学家甘丹·梅亚苏（Quentin Meillassoux）尝试着用思辨唯物主义（speculative materialism）的方式来做出努力，试图来突破他心目中的相关主义（correlationism）。为了做到这一点，梅亚苏区分了潜在性（potentiality）和虚拟性（virtuality），对于梅亚苏来说，潜在性是一种在概率论上的偶然性，它的发生规律仍然依赖于总体的物质世界的规律，而这种物质世界的规律（尤其是物理学规律）仍然是人类所构建的产物，在这个意义上，潜在性并没有真正脱离主体性或主体间性构成的世界。那么，什么是虚拟性？梅亚苏说："我将虚拟性界定为一种生成过程中浮现出现的每一个事物组合所拥有的属性，而此生成构成并不受到任何预先建构起来的可能之总体性的支配。"[①] 关于虚拟性的定义，梅亚苏认为其重点在于：（1）在主体或主体间性的关系之外，在任意主体架构的知识框架和神话框架中，都没有为这种偶然性留下空间位置，换言之，它是在人类主体认知框架下的不可能性（impossibility）；（2）由于在主体之外，那么虚拟性事件的生成与流溢，就是物与物之间发生关联的结果，梅亚苏称之为"无中生有的涌现"（irruption ex nihio），而涌现的事件恰恰是物与物之间作用的结果，这种结果超越了人类现有的知识框架和体系。对于这种外在于主体、外在于人类机制的物与物之间的作用，以及随之产生的偶然性后果，我们可以称之为**物体间性**（inter-objectivity）。那么，与以往的唯物主义，以及其他关于物的思考不同的是，新唯物主义，尤其在数字空间语境中的新唯物主义，其出发点就是不依赖于人类主体的物体间性。

这里出现了一个矛盾，物体间性是不依赖于人类主体和人类机制的，那么作为人类的我们又如何能得知物体间性的作用及其后果呢？当然，对于外在于人类的物的存在，我们是无法认识、无法感知，甚至无法察觉到它们的存在的，但是，这并不影响我们理论预设上为它们的存在留下位置：我们设定，在主体的认知和实践机制之外，必然存在着物与物之间的反应和关系，物从来

[①] ［法］甘丹·梅亚苏：《潜在性与虚拟性》，载汪民安、郭晓彦主编《生产（第10辑）：迈向思辨实在论》，南京：江苏人民出版社2015年版，第198页。

不是静态的、惰性的、等待着主体去发现和作用的物，它们之间存在着可能的互相作用与反应，这种互相作用和反应甚至不能还原为我们的物理学知识或数学知识。那么问题在于，我们究竟怎样才能察觉到它们之间作用和关系的存在？我们可以回到《吉巴罗》中的寓言。对于失聪骑士来说，他所能理解的故事，从他剥下塞壬女妖身上的黄金鳞甲那一刻就结束了，因为他的物的世界划分成可以理解的物（他包裹里的黄金珠宝）和被摒弃的世界（那具如同垃圾被他抛在水池里的塞壬的尸体），剩下的故事应该是他走出那片森林，变卖掉所有的黄金珠宝，然后过上养尊处优的生活。在那一刻，他是唯一的主体，也是那片大地唯一的主人，他的行为支配着一切。但是，他没有想到的是，当塞壬的身体上流出的血液与池水融合之后，这潭水就不再是单纯的池水。我们注意到，导演在之前就给出失聪骑士喝池水的特写镜头，那时，他喝下的纯粹是池水，一种可以在人类机制下控制的物的形象，喝下池水之后，失聪骑士身体上没有任何变化。但是，在之后，塞壬的血和池水融合，失聪骑士再次喝下带血的池水之后，这潭池水却具有了治愈效果，他的失聪的疾病好了，他突然听到了周围世界的声音，而这一切，全部在失聪骑士的意料之外。然而，更令人意外的是，由于融合了血水的池水具有了治愈作用，它不仅仅治愈了失聪骑士的耳朵，也治愈了那具被他如同垃圾一般抛弃的女妖的尸体。是的，在池水的治愈下，塞壬活过来了，她再次唱着她那夺魂索命的歌声，将恢复了听力的骑士送到他们的同伴那里。这里最大的惊奇是，女妖的血和池水的融合产生了治愈的效果，这是任何人类骑士都看不到的场景，也无法在观念上思考，因为无论是池水，还是女妖的血，都已经被人类骑士物化为静态的物，无法理解它们之间的融合所能产生的效应。也就是说，我们能理解的从来不是那些去物化的物，那些在我们视野之外的物，而是那些去物化的物通过物体间性生成的结果，会以突发事件（event）的方式浮现（emerge）在我们面前，在那一刻，我们不能说自己看到和理解了物体间性，而是物体间性以它们自身的反应和作用，将人类主体纳入其中，是血与水的融合产生的治愈，让失聪骑士变成了物体间性的作用对象，而不是骑士掌握和理解了这种作用的变化。

当然，有人会说，《吉巴罗》是一个神话的寓言故事，无法作为现实世界关于物的哲学的参照。在现实世界之中，我们的确无法理解静态的物如何构成物体间性关系，尽管诸如蒂莫西·莫顿（Timothy Morton）试图用物体间性概念来解释生态变化和全球气候变暖。但是，在数字空间中，情况完全不同，那种被动的静态的物形象，逐渐让位于数字化的存在物。比方说，在进入到数字空间之中的时候，我们以为自己是作为主体参与其中的，但是问题没有这么简单，因为我们只有通过一个用户名和账号才能进入到其中，换言之，我们只有借助于一个数字物（一个数字角色、数字身份、数字用户）才能进入到数字空间中，在那里，我们会感觉可以和现实世界中一样与其他人和物进行交往和辨识，但实际上我们只能看到那些被翻译和转化为我们可以理解的界面上的东西，但这些经过转译的界面，从来不是数字空间的全部内容，那些只是数字空间中的一小部分，而绝大部分的物，是以数据—流量的形态存在于数字空间之中，只有当我们提取和展示的指令被传递到对应的语言系统中，我们才能看到我们在人类认识框架下能阅读和理解的内容。但在这些内容背后，是不断涌动着、流变着、交换着的数据—流量，它们并没有向人类主体敞开，绝大多数时候，这些背后的数据以自身的逻辑算法，在我们察觉不到的地方支配着数据—流量和智能算法的总体性。

问题在于，作为人类主体，如何在数字空间中去面对由数字—流量和智能算法架构的物体间性的概念。哈曼试图从一种扁平的本体论（flat ontology）让人走向与物平齐的位置上，从而保障人与物、物与物之间的关系的平衡，哈曼说："我们指的是这样一种本体论：它一开始就对所有物一视同仁，而非实现假定不同类型的物对应着不同完全不同的本体论。"[①]哈曼的处理方式则是，相对于在本体论上的躺平，宁可抛弃人类的主体地位，将人以扁平的方式纳入物体间性之中，但这样最终或许会导致人类主体性的丧失，让人类主体拉平到普通物的水平。因此，在我看来，我们需要面对的问题是，人类如何参与到物体间性三类不同的关系之中，才能在不失去人类主体地位的同时，也对于数字空间中的物体间性的存在给予一定的尊重。这三种方式是掌控关系、使用关系和纠缠关系：

（1）掌控关系

实际上，自从笛卡尔以来的主客体二元论就是一种主体对物、主体对客体的掌控。当我们说存在着不受人类认识和行为框架掌控的物体间性时，并不意味着人类主体对物的掌控关系从此

---

① ［美］格拉汉姆·哈曼：《新万物理论》，王师译，上海：上海文艺出版社 2022 年版，第 38 页。

失效了。即是说，人类仍然以某种中心主义的认知框架和行为框架对物的存在进行物化和去物化，对数字空间中的物进行榨取和盘剥，这是不可避免的现象，因为人类的生存，无论是在现实世界中的生存，还是在数字空间中的生存，它首先就需要掌控，需要为自己的生存筑造一个可资巢穴。以经典游戏《我的世界》为例，在用户进入世界之中，首先要对周围的物质进行开采，筑造自己的洞穴或搭建房屋，只有建造了生活起居的空间之后，在这样的开放性游戏中继续玩下去才是可能的。所以，尽管我们提出了数字空间中不受掌控的物体间性概念，但掌控关系仍然是人类主体面对物的世界的一个主要的关系类型。

（2）使用关系

阿甘本后期将使用关系视为他哲学的一个重要概念，使用的古希腊语是 chresthai，与现代意义上的使用不同，它代表着使用者（主体）与周遭的物在活动中建立的关系，用阿甘本自己的话来说，即"它表达了某人与自己的关系，即他自己感到了触动，因为他与某个确定的存在物发生了关系"[1]。在他看来，使用关系区别于占有，恰恰是放弃了掌控的支配，而在人对物的使用之中来建构特定的人与物、物与物的关系。例如，在《吉巴罗》的例子中，骑士并没有主动地混合塞壬的血和池水，但他饮水的结果直接导致了偶然性的使用关系，即他分享了物体间性的结果，而物与物之间的关联正是在这种偶然的使用关系中将主体纳入物体间性之中。

---

[1]　Giorgio Agamben, *The Use of Bodies*, trans. Adam Kotsko, Stanford: Stanford University Press, 2016, p.28.

（3）纠缠关系

我们可以设想一种情况，如果《吉巴罗》中的骑士没有喝下染血的池水，那么是否代表着什么都没有发生？当然不是，血与池水的融合已经产生了物体间性的反应，已经成为了可以治愈伤口和疾患的灵药，但是骑士对此一无所知。不过，骑士的一无所知，不等于物体间性的不存在。在数字空间中，尽管不同的服务器、交换器、传感器、中继器之间的数据交换并不向人类主体开放，但不等于在数字空间中的物体间性没有发生。物体间性的发生与主体的关系变成了一种纠缠关系（entanglement），它们可以产生接触，形成使用关系，但更有可能没有接触，物与物以独特的纠缠关系发生关联，但这一切被隔离在主体的认识和行动的信息圈之外。问题在于，对于今天的数字空间来说，我们不能因为我们触及不到这些物与物之间的数据交换，就不去研究它，当数据交换的结果突然以异常的方式出现在我们面前时，那时一切都为时已晚。作为主体的人必须意识到，大量不能被物化的数字对象，那些被去物化的数字存在物，正在成为数字空间的最主流的形式，正如法国哲学家吉尔贝·西蒙东（Gilbert Simondon）所说："人们可以改变工具与器具，可以自己制造或修复工具，但是不能改变网络，不能自己构建网络，人们只能配合网络，适应它，参与其中，网络主宰并包容每个个体，甚至每个技术组合的行为。"[1]

在数字时代，在被数字技术架构的数字空间中，我们的确需

---

[1]　Gilbert Simondon, *Du mode d'existence des objets techniques*, Paris: Aubier, 2012, p.302.

要一种新唯物主义，一种面向物与物之间、人与物之间不断交换和沟通的物体间性方式，人与人的主体间性，和人对物的掌控关系，只是主体参与物体间性关系的很小一部分，人类由于无法完全掌控几何级数增加的数据量，所以更多地与数字空间的被主体去物化的物体间性保持着使用和纠缠的关系。于是，数字空间中的主体被逐渐纳入物体间性的海洋之中，尽管主体不曾消失，仍然保持着主体的自主性，但这种自主性已经与启蒙哲学中的大写的主体性不能同日而语。于是，我们需要的是一种新的物体间性的形而上学，一种面向数字空间的物的哲学，这种物的哲学，不仅仅建构着不依赖于主体的物与物之间的形而上学的类型，也让主体以掌控、使用、纠缠的关系参与其中。新的物体间性的形而上学并不能保证为人类主体提供一条明确的理解数字世界及其背后奥秘的途径，但是唯有让主体参与到物体间性之中，从物与物的数字关联之中，我们才能为未来的形而上学提供反思的可能性。

第六章　物体间性与新唯物主义的诞生

当斯皮尔伯格的电影《头号玩家》的主角韦德·沃兹化身为游戏角色帕西法尔进入那个叫作"绿洲"的元宇宙世界中时，他就牢记一点，即"绿洲"的设计者詹姆斯·哈利迪在"绿洲"的各个世界里留下的三把钥匙，而这三把钥匙是掌控"绿洲世界"的关键。在经过一场激烈的赛车游戏之后，帕西法尔率先抵达了终点，哈利迪的游戏化身阿诺克出现在终点的喷水池面前，从阿诺克的棕色长跑的宽袍袖口里，抛出了一把钥匙，这把钥匙并没有像符合牛顿定律的那些物体一样，随着重力掉落在地上，而是漂浮在半空中，并闪烁着耀眼的光芒。无论是反重力的设定，还是钥匙闪烁的光芒都意味着帕西法尔眼前的这个"物"不是一般的物品，它是一种地位和权力的象征，代表着帕西法尔获得了在"绿洲"世界的荣耀。不过，对于哲学思想者来说，问题并不在于随着此时此刻被激发出来的激情，去推动下一步的情节的发展，即如何再去获得第二把钥匙。真正的问题在于，我们如何理解眼前的这把"钥匙"的属性。首先，它是不是一种物？显然，它不具有现实世界中的物的实在性（Wirklichkeit），所以，我们不能用现实中存在的物的状态来描述它的存在。但在另一方面，又不能像让·鲍德里亚（Jean Baudrillard）在《拟像与仿真》（*Simulacres et simulation*）中，将这一切都划归为"虚无"，仿佛它们的存在如同不存在一般，毕竟，在《头号玩家》中，这三把钥匙让真实世界的韦德获得了"绿洲"的控制权，它产生了非比寻常的效果。也就是说，在"绿洲"中出现的"物"绝对不仅仅是存在于虚拟世界中那么简单，而是这种"物"的存在方式与现实世界是相关联的。这样，类似于"绿洲"世界的元宇宙，对形而上学上的物的概念提出了巨大的挑战。

在研究中，往往有一种比较投机取巧的做法，即简单地套用现实世界的物质理论，来理解元宇宙的物的概念。这显然是行不通的。比如说，自启蒙以来，我们将现实世界的物对象化，即将物的存在作为某个主体的反映的对象，这种对象进一步作用于主体，从而形成经典的主客二元关系。在这个二元关系中，主体是主动的，而对象和客体是被动的和消极的，它没有真正的活力，只能被主动的主体所使用、认识或占有。问题在于，我们如何使用、认识和占有？在现实世界中，我们看到了路边的一块石头，我们可以将它捡起来，端详它，研究它，将它扔出去，改变它的存在样态，但是，在电子游戏的世界中，路边看到的一块石头，是无法捡起来的，因为它只是一张三维贴图，它无法与背景的贴图分离开来，只有那些在设定上与背景图片分离的东西，才能作为"物"存在于元宇宙空间中。电影《失控玩家》中，当非玩家角色（NPC）盖伊戴上了只有玩家才拥有的眼镜时，他的面前突然出现了很多他原先作为 NPC 所看不到的事物，因为 NPC 只能看到与背景画面重合在一起的对象，而唯有玩家才能看到被游戏设计分离出来的物（例如加血量的急救包，加金钱的金币，增加攻击力的武器等等）。于是，如何理解这些物的存在，成为了元宇宙时代的形而上学思考中的一个绕不过去的问题：元宇宙中的"物"还是物吗？倘若是，它何以成为今天的物的理论的基础？我们又如何去思考这种新的物的形态？无论如何，在面对这些问题时，我们发现，必须要有一种新的物的理论来解释这些问题，这就是新唯物主义。

一、从上手状态到流溢的映射游戏

物是什么？这是一个典型的形而上学问题，它并不能以直接的方式来获得回答，无论是在现实世界还是在元宇宙中，"物是什么？"的问题都需要进行深度的追问。所以，对于元宇宙中的"物是什么？"的问题的回答，或许，我们可以回溯到海德格尔的存在主义那里，从他关于物的讨论开始。海德格尔在1935—1936年弗莱堡大学的冬季课程的标题，就是"物的追问"。其实还有一个小细节，尽管这本书后来正式出版时使用的副标题是"康德关于先验原理的学说"，但是在当时的课程中，使用的标题却是"形而上学的基本问题"，也就是说，海德格尔将"物是什么？"的问题与形而上学的基础联系起来。因此，海德格尔从开始就讨论的不是这种或那种物，不是这个粉笔或那个笔记本，而是物之为物的物性（Dingheit），海德格尔说：

"物是什么？"我们以这样的方式来追问，我们所探寻的是那种使物成为物，而不是成为石头或木头的那种东西，探寻那种形成物的东西，我们追问的是不会随便什么种类的某物，而是追问的物之物性。这种使物成为物的物性，本身不再可能是一个物，即不再是一个有条件的东西，物性必然是某种非—有条件的东西，借助"物是什么？"我们追问无条件的东西。我们追问环绕在我们周围的明确的东西，而同时还使自己远离最切近的诸物，离得比那个泰勒斯还要远得多，他只不过是看到了众星而已。我们甚至还想要超越这些东西，超越那种物而达到非—有条件的东西，到达不再是物的东西那里，它形成某种根据或基础。①

在这段文字中，海德格尔认为对"物是什么？"的追问，最重要的是追问那种无条件的东西。在这种情况下，我们思考的物，不仅仅是存在于现实世界的物，因为倘若物只是现实世界中的物，那么这个物就是有条件的东西（Bedingtes），故而我们不能从实在的材料方面，即可以触摸的物质材料上来界定物，因为在元宇宙中的物并不具有这种属性，这让从材料界定现实世界的物变成了有条件的，在这个意义上，元宇宙的物不可能是由物质材料组成的，为了达到"非—有条件"（Un-bedingtes），就需要从更为基础的角度来理解物。

相对于从物质材料上来界定物的方式，海德格尔选择了从此

---

① ［德］海德格尔：《物的追问：康德关于先验原理的学说》，赵卫国译，上海：上海译文出版社2010年版，第8页。

在与物的关系，即上手状态（Zuhandenkeit）来界定物的存在方式，例如，海德格尔指出："在操劳活动中，可能会碰到一些切近上手的用具，它们对自己的确定用途来说是不合用的或不合适的。工具坏了，材料不适合。无论如何，在这里用具是上手了。然而，靠什么揭示出'不合用'？不是通过观看某些属性来确定，而是靠使用交往的寻视。在对不合用性质的揭示活动中，用具触目了。触目在某种不上手状态中给出上手的用具。这里面却有这样的情况，不能用的东西不过是摆在这里罢了，它显现为看上去如此这般的用具物；而在它的上手状态中，它作为看上去如此这般的用具物也曾始终是现成在手的。"① 相对于科学实在性角度的定义，在海德格尔看来，物在存在论上呈现为一种上手关系，我们总是以某种操持活动，与用具或物形成了一定的关系，我们的身体与用具形成了默契，相反，如果换成了新的用具，我们会感到不好用。在这里，前一种我们的身体与用具或物的熟悉的关联状态，就呈现为"上手状态"，而在后一种情况下，即便两个物或用具彼此类似，由于我们的身体与之没有形成相应的操持活动的关系，所以，另一个用具是"不合用"的，它无法像前一个用具一样，让此在在存在论中赋予其特定的位置，让其处于上手状态，从而让我们进入到熟悉的关系之中，而是与我们形成了"现成在手的"（Vorhandenkeit）的关联。

对于元宇宙之中的物，我们是否也有这样的上手状态？试想一下，对于一个长期征战的游戏玩家，他们一般都有一套趁手的

---

① ［德］海德格尔：《存在与时间》（中文修订第二版），陈嘉映、王庆节译，北京：商务印书馆2016年版，第108页。

装备。例如，在游戏《王者荣耀》之中，除了每一个玩家都有固定的选择之外，有人选择当肉盾性的玩家，那么他在装备的选择上，会有一个习惯性的选择，如暗影战斧。在海德格尔的存在论意义上，例如暗影战斧的装备与玩家之间就具有一种上手性，成为了元宇宙之中的操持活动的合用性，虽然有人给这个玩家推荐其他武器，但长期使用战斧的玩家很难再去使用其他的武器，因为暗影战斧向玩家呈现出一种直接关系，这种关系不是主客体式的反思关系，而是像海德格尔描述的农民与犁地的用具之间的熟悉的操持关系。当然，元宇宙的物不具有现实中的物体的物质性，甚至在某些人看来，这些元宇宙中的物，无论其外表多么奢华，战力多么厉害，它们无外乎都是在后台的服务器上的一串ASCII 代码。海德格尔的物的追问改变了这种从纯粹的对象性关系角度来思考物的方式，用一种人与物的存在论关系，即在操持活动中的上手状态重新界定了物，无论在现实世界还是在元宇宙中，物首先表现为此在与物之间的上手状态，这是一种在操持活动中形成的熟悉的关系，是让物之存在向我们显现出来的一种表象。

在海德格尔看来，那种纯粹从构成的物质材料来界定物的方式，恰恰是现代科学知识的认识论对物的错误解读，海德格尔指出："早在原子弹爆炸之前，科学知识已经把物之为物消灭掉了。原子弹的爆炸，只不过是对早已发生的物之消灭过程的所有粗暴证实中最粗暴的证实：它证明了这样一回事，即物之为物始终是虚无的。物之物性始终被遮蔽，被遗忘了。物之本质从未达乎显露，也即从未得到表达。这就是我们所讲的对物之为物的消灭过程的意思。"①科学知识的认识论，或者一种作为反映论的认识论，实际上割裂了主体和对象之间的联系，也割裂了作为此在的人与物之间的亲缘关系，即在操持活动中的上手状态。例如，对一个陶壶的认识，在反映论的认识论基础上，壶被仅仅当成了制作它的材料，如陶铸的陶土，但是海德格尔指出，我们真正使用的是作为壶壁的陶土吗？不是，在具体的操持活动中，我们使用的是陶土中间构筑起来的虚空的空间，无论我们怎么使用壶，无论是用壶来装酒还是装谷物，我们使用的是那个空间。这很容易让人们想到，《道德经》中的"埏埴以为器，当其无，有器之用"。也就是说，尽管构成壶的物质材料是陶土，但是我们在操持关系中使用的是中间的作为"无"的空间，中间的"当其无"才是真正的上手状态，也正是这个状态，才能让壶成为壶，让壶具有了与此在之间的使用关系。

不过，这仍然不是最重要的问题，在晚期的海德格尔那里，上手状态只是部分地揭示出物之为物的状态，如果进一步在形而上学上对物之物性追问，需要一个更根本的前提，即物并不是一种固定的状态，而是本有之事件（Ereignis）。本有之事件是一种流溢不定的状态，它只在某个具体的决断之下才呈现为"物"，正如海德格尔对壶的分析中，他似乎承袭了阿那克西曼德的无定性，将在这个世界之中呈现出来的物，视为一种无定性的表象。所以，在1950年的一次讲座中，海德格尔提出："壶之壶性在倾注之馈品中成其本质。连空虚的壶也从这种赠品而来保持其本

---

① ［德］海德格尔：《演讲与论文集》，孙周兴译，北京：商务印书馆2018年版，第183页。

质，尽管这个空虚的壶并不允许斟出。"① 海德格尔看到了在我们上手状态背后，存在着真正的物之为物的根源，即从本质中的流溢，就像酒水从壶中流溢出来。那么这种更为本质的不定性，或者壶之为壶的本源在于何处？海德格尔给出了一种秘教式回答，即在天、地、神、人的四重整体（Geviert）中，海德格尔说："这个古老的词汇叫作物，壶的本质是那种使纯一的四重整体入于一种逗留的有所馈赠的纯粹聚集。壶成其本质为一物。壶乃是作为一物的壶。"② 这样看来，物只是一种暂时的在此世间的居留状态，它的根源是天地神人的四重整体，换言之，海德格尔取消了物在此世之中的实在性，物之物性在于外在于世界的天地神人的四重关系，"每一个物都居留四重整体，使之入于世界之纯一性的某个向来逗留之物"③。

通过海德格尔从此在与用具的上手状态，到天地神人的四重整体的暂时性和流溢性居留，物之为物的物性恰恰否定之前纯粹反映论式的物的理解。由于消解了物的材料和物质性外观，让元宇宙的物和现实世界的物具有了一种无条件的共同属性，即它们都是天地神人的四重整体中流溢出来的居留，简单来说，在海德格尔看来，我们在所谓世界上看到的物、使用的物、认识的物，或者占有的物，都不是真正的本相，仿佛是外在的四重整体投映在这个世界的映射游戏（Spiegel-Spiel），海德格尔说："天、地、

---

① ［德］海德格尔：《演讲与论文集》，孙周兴译，北京：商务印书馆2018 年版，第 185 页。
② 同上书，第 187 页。
③ 同上书，第 196 页。

神、人之纯一性的居有着的映射游戏，我们称之为世界。世界通过世界化而成其本质，这就是说：世界的世界化既不能通过某个他者来说明，也不能根据某个他者来论证。"[1] 在这个意义上，不仅物之为物是天地神人的四重整体的映射游戏，连整个世界已经变成了映射游戏，海德格尔的世界的世界化，已经将世界看成了投映，换言之，尽管海德格尔并没有接触到元宇宙的实际概念，但他的四重整体的映射游戏已经将物和世界元宇宙化了。无论是现实世界当中的物，还是元宇宙中的物，它们的共同特征不仅来自作为此在的人与物之间的上手状态，而更在于这个物是四重关系在此世间的逗留，一个流溢的事件。这样，如果存在着一种可以将现实世界和元宇宙综合起来的物的理论，那么这种理论必然是一种以本有事件为中心的映射游戏的理论。

二、物体系的虚无主义

沃卓斯基的电影《黑客帝国》有一个非常经典的场景。

奇诺·里维斯主演的救世主尼奥已经吞下了从孟菲斯手中挑选出来的红色药丸，他已经看到了化为一片废墟的真实世界，也明白了在人工智能母体下人类反抗的使命，为此，尼奥不得不回到那个被称为"母体"（Matrix）的世界。不过，与上次在母体世界中的经历不同，他不仅懂得了自己曾经以为是现实世界的地

---

① ［德］海德格尔：《演讲与论文集》，孙周兴译，北京：商务印书馆2018年版，第196页。

方，实际上都是母体投射出来的影像，一切都是虚拟出来的，包括城市里的高楼大厦，以及街头巷尾熙熙攘攘的人群，一切都是仿真（simulation）。这次进入到母体之中，通过现实世界的黑客为他们设定了一个安全屋，在这个安全屋里，尼奥拿到了一些在母体世界中存活的设备。这些设备被藏在一本书中，这本书是一本绿色的硬皮精装版书籍，封面上赫然用烫金色的字体印着"拟像与仿真"（Simulacra and Simulation），而下面的作者的名字也历然在目：让·鲍德里亚。尼奥翻到书中的一页，书的右半边已经被掏空了，里面放着黑客为他提供的各种必要的装置和物品，这些物品有一叠可以在母体世界中使用的钞票，一把手枪，几片光碟，或许里面存储着尼奥必要的数据，以及其他一些看不清楚的东西，尼奥将这些东西揣入自己的口袋。但细心的观众可以清晰地看到书的左边对应的是鲍德里亚《拟像与仿真》的第十五章："论虚无主义"。在这一章的开头，鲍德里亚是这样写的：

> 虚无主义不再具有世纪末那种黑暗的、瓦格纳式的、斯宾格勒式的、富丽的色彩。它不再来自颓废的世界观，也不再来自因上帝的死亡和必须从这种死亡中获得的所有后果而产生的形而上的激进性。今天的虚无主义是一种透明的虚无主义，在某种意义上，它比以前和历史上的形式更激进。更关键的是，因为这种透明性，这种无法化解的特征必然是系统的透明性，也必然是所有仍然装作在分析系统的各种理论的透明性。当上帝死后，还有尼采这样说，伟大的虚无主义者在永恒者和永恒者的尸体前。但在万物拟像的透明性面

前，在超现实的唯物主义或理想主义实现世界的拟像面前（上帝没有死，他已经变成了超现实），不再有一个理论的或批判的上帝来承认自己的。①

可以相信，这一组镜头，是经过导演沃卓斯基精心设计的，在鲍德里亚的原文中，告诉我们，我们生活在一个拟像的世界里，这个世界没有原型，一切都是在代码和数字的运算中生成的，"宇宙和我们所有人都活生生地进入了仿真，进入了恶性的，甚至不是恶性的、冷漠的威慑循环：以一种奇特的方式，虚无主义已经完全不再通过破坏来实现，而是通过仿真和威慑来实现。"② 倘若一切都是拟像，那么沃卓斯基岂不是正在告诉我们，在书的右侧空洞中出现的钞票、枪支和光碟，都是拟像，这些物品看起来很有用，但实际上，不过是一种透明性的拟像，一切都是虚无，万物都成为了透明性的拟像，包括我们在屏幕上看到的鲍德里亚的《拟像与仿真》的这本书也是如此，因为在真实的英文版中，虚无主义章的页面出现在书的右边，而不是在左边，这也似乎在告诉我们，这个书也是一个拟像，也是一个虚无的符号。

海德格尔的《物的追问》成功地打破了所谓的"科学认识论"对物的理解，物不是物质材质，甚至不是那个客观实在性，物是在我们的上手状态中形成的对象，更重要的是，物的形态并不是一个稳定的实质，物之为物的本性，并不在于构筑物的形式

---

① Jean Baudrillard, *Simulacres et simulation*, Paris: Galilée, 1981, pp.227—228.

② Ibid., p.228.

和材料，而是在于一种映射游戏，即将不定性的天地神人的四重整体映射在此时此刻的人与物的关系中来。这样，通过海德格尔的解析，我们可以将现实世界中由物质材料构成的物和元宇宙中由数字代码构成的"物"联系起来，它们都被称为物不在于构成它们的材料是物质还是代码，而是在于它映射了何种关系。海德格尔十分成功地将现实世界和元宇宙中的物看成是"映射游戏"，但是，他的追问却进一步将这种在此世间暂时逗留的映射游戏推向了一个玄学层面，即他真正要追问的不是显现出来的物的形态，而是追问让物成为物的那个根基，而且他十分明确地将这个根基定义为天地神人的四重整体，也由此将物的追问的形而上学基础定义在四方说基础上。我们可以说，在海德格尔的林中路上，的确有着天地神人的观照，但是，在元宇宙中，尤其是配置VR 和 AR 可视设备的虚拟世界中，除了人之外，我们似乎很难感受到海德格尔在林中路上感受到的天、地、神的存在。当海德格尔试图超越现实世界的物的映射游戏时，他的方向是正确的，但一旦他将超越的方向指向天地神人的四重整体之后，海德格尔再次变成了传统的形而上学家，甚至将自己的思想淹没在前苏格拉底的玄学之中。

那么，让·鲍德里亚选择的是另一条道路，鲍德里亚不会相信海德格尔的天地神人的四重整体，甚至在"论虚无主义"这一章的开篇，也宣告了尼采的永久轮回的死亡，在尼采的上帝死了之后，没有任何东西是永恒的，唯一永恒的是那些转瞬即逝的没有原本的拟像，永恒者坍塌了，一切让位于无穷无尽的虚无。在尼奥翻开《拟像与仿真》的书籍之后，首先映入眼帘的是一沓厚厚的钞票，尼奥看到钞票，作为曾经在母体世界里生活的个体，他懂得这个东西的魔力。正如鲍德里亚在《论诱惑》(*De la séduction*）中曾写道："在游戏中获得的奇迹般的诱惑并不是金钱的诱惑：而是在等值法则之外，在交换的契约法则之外，与另一种象征回路（circuit symbolique) 建立的某种关系，这是一种即时和过度竞价的回路，是事物范畴的诱惑的象征回路。说到底，没有任何东西可以对抗这一点，即事物和生灵一样都可以被诱惑——找到游戏规则即可。"[①] 尽管在这里，鲍德里亚谈到的是游戏里的金钱，但是这种金钱是现实世界中交易权力的符号，拥有着这种符号，意味着拥有着在拟像世界或元宇宙之中的无上的权力。然而，当尼奥将这一叠钞票拿出来之后，并没有直接放入自己的口袋，而是径直将它放在鲍德里亚的"论虚无主义"这章的页面上，透过这个镜头，导演沃卓斯基或许要告诉我们的是，金钱是一种符号的拟像，更是一种虚无，只有摆脱了它的诱惑，才能真正打破萦绕在金钱周围的拜物教的魅影，将它真正幻化成一个虚无主义的命题。

这也是鲍德里亚的处理方式。从鲍德里亚的《物体系》开始，他就已经深刻地体会到现实世界中物体系是一种符号体系，譬如说，当我们搬进一个新房子的时候，会需要为这个房子添置家具。为什么要添置家具，添置什么样的家具？其实是一个很有意思的问题。比方说，我们搬进新家，需要买沙发，买餐桌，买电视，但是我们为什么要买沙发，买餐桌，买电视？因为大家搬

[①] ［法］鲍德里亚：《论诱惑》，张新木译，南京：南京大学出版社2011年版，第219页。

新家都要买这些东西吗？还是因为在一个新家里，买了沙发、餐桌、电视，这个家里的物品才是健全的，那么我们究竟是出于使用物品去购买物品，还是为了保持在一个新家里的物体系的健全性？我们往往会遇到这样的情况，这个家里摆置的沙发和电视，长年累月都没有人坐上去或者打开电视的开关，人们现在更多地在电脑桌前，用鼠标摆弄一切，客厅里的沙发和电视或许是一个被遗忘的角落，但是在这种情况下，新家里仍然需要有沙发和电视。鲍德里亚称之为"组合价值"，我们之所以购买和摆置实际上不怎么使用的物，其根本原因在于我们已经处在一个物体系之中，我们是按照物体系本身的符号法则来运作着，表面上看起来是实体的家具和家用电器，事实上是为了保障家庭之中物的完整性而摆置的物体系符号的一部分。因此，鲍德里亚写道："它的定义，不在于我们所消化的食物，不在于我们身上穿的衣服，不在于我们使用的汽车，也不在于影像和信息的口腔或视觉实质，而是在于，把所有以上这些'元素'组织为有表达意义功能的实体；它是一个虚拟的全体，其中所有的物品和信息，从这时开始，构成了一个多少逻辑一致的论述。如果消费这个字眼要有意义，那么它便是一种符号的系统化操控活动。"[①]

不过，这种符号化的物体系，为鲍德里亚带来的不是一种后技术时代的欣喜，而是一种后现代式绝望，和海德格尔不同的是，鲍德里亚已经不相信在所有仿真背后，在符号化的物体系背后，存在一个作为根源的天地神人的四重整体，也不可能有这样

---

① ［法］鲍德里亚：《物体系》，林志明译，上海：上海人民出版社2019年版，第213页。

的整体，在那个符号系统背后，只有深刻的虚无，彻底的虚无，一种让主体逐渐消亡的虚无主义。为此，鲍德里亚毫不讳言："我就是一个虚无主义者。"① 在他看来，符号化的物体系已经彻底杀死了人类，仿佛《黑客帝国》的场景已经成真，在现实世界中的人类一个个都是生存在孤立的营养仓里面的空洞的躯壳，依赖于各种营养插管和数字连接线而活着。鲍德里亚以十分悲凉的口吻说道："辩证的舞台，批判的舞台是空的。再也没有什么舞台了。不会再有意义的治疗或通过意义进行的治疗：治疗本身就是这种普遍冷漠化构成的一部分。"② 我们注意到，当鲍德里亚说辩证的舞台和批判的舞台是空的时候，并不是说舞台上什么都没有，当然，在这个舞台上，充满了具有"丰富"意义的"物"，这就是元宇宙的感觉，而鲍德里亚的悲观的虚无主义恰恰在这里，当物体系极大丰富的时候，对应的正是人类的批判和辩证的消失，那里不再存在有灵韵的灵魂，只有一个个被嵌入到物的崇拜之中的躯壳。

三、物的模仿律与新唯物主义的崛起

在海德格尔的映射游戏的神秘主义玄学和鲍德里亚的物体系的虚无主义之外，我们是否可以找到探索元宇宙的物的理论的第三条道路？从前文的分析可以看出，海德格尔将此在变成一种神

---

① Jean Baudrillard, *Simulacres et simulation*, Paris: Galilée, 1981, p.229.

② Ibid., p.230.

秘的力量，它对物的触摸，让物成为与此在共在的上手状态，而这种上手状态源自于四重整体的流溢，而鲍德里亚虽然克服了物之为物的玄学化的外在性，但他将物体系的关系看成一种无意义的虚无主义，两种理论代表着思考物的理论的两个不同方向，一种将此在的触摸变成一种天地神人的玄妙力量的魔法，只有在人的操劳活动的上手状态中，物才能被激活为物。鲍德里亚则相反，由于物被还原为抽象化和透明化的符号象征，那么在物体系之中的人的存在价值被湮没在无穷无尽的符号能指链之中，从而将人的生命变成物体系中的虚无。那么，关键在于，是否存在着一种理论，可以在元宇宙中来思考物之为物的存在，但一方面不会让此在变成更高阶的神秘四重整体的魔法，另一方面也不会让人的意义陷于虚无，而是在元宇宙中，实现人与人、人与物、物与物之间的关联。

　　法国社会理论家加布里埃尔·塔尔德（Gabriel Tarde），与著名古典社会理论家涂尔干生活在同一个时代，在涂尔干提出著名的基于社会分工的有机团结理论的时候，塔尔德并不倾向于将社会看成一种神秘的总体性，但塔尔德也不会像古典自由主义那样设定一种理性自律的经济个体，这些个体在所谓的自然状态向文明社会过渡的过程中，以立法的形式签订了契约，来维持整体社会的运转。相对于这些宏观的社会理论，塔尔德更喜欢微观的社会角度，即个体和个体的关系是如何在社会形成过程中发挥作用的。塔尔德的社会理论就是模仿率，塔尔德指出："我们可以这样来给社会下定义：社会是由一群倾向于互相模仿的人组成的，即使彼此不进行实际的模仿，他们也是相似的，因为他们有共同的特征，这些特征又是同一个范本的历史悠久的副本。"①其实，塔尔德的模仿并不是人与人之间的邯郸学步，而是一种"泛模仿"，塔尔德对模仿的解释是："我赋予它的意义始终是非常精确、非常典型的：一个头脑对隔着一段距离的另一个头脑的作用，一个大脑上的表象在另一个感光灵敏的大脑皮层上产生的类似照相的复写。……我说的'模仿'就是这种类似于心际之间的照相术，无论这个过程是有意的还是无意的，是被动的还是主动的。"②事实上，如果真的仔细推敲塔尔德的模仿概念，不难发现，塔尔德的"模仿律"强调个体和个体之间的互动作用，一个个体的行为和活动，会在邻近的个体的大脑中留下相对应的效果，这就是塔尔德用照相机的感光性来譬喻模仿的原因。在塔尔德看来，社会就是在这种彼此间的互动作用基础上形成的，我们可以认为，塔尔德的模仿律是后来哈贝马斯的主体间性社会理论的雏形。于是，社会的个体之间形成的模仿关系，不断地延伸和扩大，直接蔓延到整个文明和社会的层次。所以，所谓的文明和社会的总体性，从来不是什么神性光辉的恩泽，也不是虚无主义的浪漫，而是一种基于个体与个体的模仿关系的不断传染，形成了一个巨大的网络。可以说，塔尔德的模仿律直接启发了20世纪的法国社会理论家布鲁诺·拉图尔（Bruno Latour），他在阐释自己的社会行动者网络理论（ANT）时，直接引述了塔尔德的模仿律："在他（塔尔德）眼中，社会科学的

① ［法］塔尔德：《模仿律》，何道宽译，北京：中信出版集团2020年版，第83页。
② 同上书，第XXXIV页。

基础其实是某一类的传染过程，总是从一点走到另一点，从某个个体走向另一个个体，而从不停止。"① 显然，拉图尔自己的社会行动者网络也是这样的个体与个体在某种互动关系中形成的巨型网络，这种巨型网络并不是由某种玄妙莫测的外在的四重整体决定的，也不是毫无意义的虚无，它是在我们现实的活动中形成，并决定了我们每一个体在这个巨型网络中的地位和价值。

不过，在塔尔德的模仿律中，只考虑人与人之间的模仿，我们如果将这个问题进一步追问一下，那么在人与物或物与物之间是否也存在着模仿关系，或者人与物、物与物之间是否也可以建构出某种类似于海德格尔所说的"上手状态"呢？尤其在元宇宙之中，我们并不能像在现实世界中那样，很明确地区分个体与个体，因为在元宇宙中还存在着大量的非人存在物，如游戏中的敌人或 NPC 角色。电影《失控玩家》事实上就给出了一个 NPC 角色和真实玩家互动的例子，也就是说，塔尔德分析的个人与个人的模仿律，在元宇宙之中，很有可能也发生在非人存在物与人之间，甚至物与物之间。新一代的理论家已经意识到了这个问题，例如美国思辨实在论的理论家格拉汉姆·哈曼就曾经对海德格尔以此在为中心的上手状态给予了批评："有些读者，包括海德格尔自己，认为世界自身是一个空的停车场，里面充斥着无动于衷的在手物质，这些物质必须在与人类的接触中才能具有生机（或被激活）。宇宙得是一块中立的物质，只有人类

---

① ［法］布鲁诺·拉图尔：《激情的经济学》，陈荣泰、伍启鸿译，新北：群学出版有限公司 2017 年版，第 44 页。

现实能够为这无聊的、没有色彩的原子场域增添生机。"①哈曼的意思是说，海德格尔的上手性仍然是以人类为中心的，在一定程度上，海德格尔忽视了在人之外的物的活动性。在以往的物的理论中，物被视为消极的和不动的，甚至等待着人去激活，忽略了物本身在自然变化中的自主状态。在元宇宙中，这种情况更为明显，在作为参与元宇宙的主体之外，用数字代码设定的物，相对于自然界的物，具有更大的自主性，我们如果将元宇宙世界的后台看成由巨量的数据和代码构成的世界，就像在《黑客帝国》开始的那一幕，从屏幕上方垂直降落下来的绿色代码一样，这些代码并不直接向主体开放，但它们具有相对的主动性。这样，在元宇宙的世界里，物的存在就不再是等待着人去激活的消极的死寂的物，而是本身就参与到不断变化中的物与物的关联体，在主体意识到它们的存在之前，物就在不断形成着属于自己的上手状态。这样，在元宇宙之中的物体系绝对不是鲍德里亚笔下被抽空了意义的虚无的象征和符号，它们自己也生产着世界的意义。

在元宇宙之中的物并不是被动消极的，而是可以在一定程度上参与元宇宙空间的构成，在这个意义上，人与人之间的模仿律必然会扩展为物与物之间的模仿律。这样，游戏被颠倒了过来，物不再是海德格尔的天地神人四重整体在此世或元宇宙中的映射游戏，而是一种模仿游戏（game of immitation），不仅人与人之间相互模仿着，物与物之间也相互模仿着，不仅个体和个体

---

① ［美］格拉汉姆·哈曼：《迈向思辨实在论》，花超荣译，武汉：长江文艺出版社 2020 年版，第 71 页。

之间形成了主体间性（intersubjectivity），在物与物之间也形成了物体间性（interobjectivity）。正如新唯物主义理论家蒂莫西·莫顿提出："物面前的深渊是物体间性的。它在物体之间漂浮，在它们'之间'浮动，这个之间并不在时空中——它本身就是时空。在这个意义上，所谓的主体间性——一种人类意义得到调谐的共享空间——要比更巨大的物体间性的构造空间小得多。而超物（hyperobjects）揭示了这种物体间性。相对于一个更广阔的现象，即所谓的物体间性，我们所谓的主体间性现象不过是一个局部的、以人类为中心的片段。"[1] 的确，由人与人之间模仿律构成的主体间性关系，只是巨大的宇宙之中的很小一部分，同样，在元宇宙中，我们所能触及的界面和代码，我们在各种元宇宙的互动中形成的关联，也是元宇宙空间的极小一部分，我们所面对的元宇宙和现实世界，都处于大量的物与物、人与物、人与人之间的关系的不断模仿和塑造之中，在更广义的角度上来看，这就是物的模仿律，因为物的模仿律涵括了塔尔德的人与人之间的模仿律。

从物的模仿律之中，一种可以贯穿现实世界和元宇宙的新唯物主义理论正在崛起，正如格兰汉姆·哈曼强调说，在这样一个时代，在实在物和非实在的物共同构成世界的时代，我们的确需要一种新的万物理论（theory of everything）："即使在场景中没有人类的出现，哲学也必须解释物体之间的关系，而不是简单地

---

① Timothy Morton, *Philosophy and Ecology after the End of the World*, Minneapolis: The University of Minnesota, 2013, p.81.

让科学来计算这种关系的结果。"① 在元宇宙之中，物的存在不是孤立的消极的死寂的存在，物不是有待于主体去激活的死灰，也不是虚无的符号，而是在元宇宙的空间中根据物的模仿律形成关联的物体间性世界，主体与主体的关系不过是这个物体间性世界中的一部分。这样，新唯物主义的目的并不在于在现实世界和元宇宙之中排斥人的存在，而是将人纳入物的模仿律之中，与物一起构成一个新的世界。

---

① Graham Harman, *Object-Oriented Ontology: A New Theory of Everything*, London: Penguin Books, 2017, p.239.

第七章　云秩序与物体间性的
　　数字伦理奠基

　　数字技术、通信技术、人工智能技术以及其他新技术的应用，的确正在为我们带来一个新的未来。正如意大利信息学家卢西亚诺·弗洛里迪（Luciano Floridi）十分明确地指出："信息与通信技术正普遍、深刻而又无情地创造和重塑着人类的理论基础与现实基础，改变着人类的自我认知，重组人类与自身以及与他人之间的联系，并升华着人类对这个世界的理解。"① 我们不能简单地将弗洛里迪的这段话视为一个未来主义的宣言，而是说，在当下的数字技术和智能技术的变革中，与之前许多次革命不同的是，我们与世界的关系正在被重新塑造。换言之，数字技术、通信技术、智能技术，乃至迄今为止备受关注的元宇宙概念，实际上都意味着一个事实：一个由数字代码虚拟的世界正在构成，这个世界不能简单被视为对现实世界的复制。而且，在当下的背景下，这个虚拟的数字世界正在成为我们真实的日常生活的一部分，我们在里面购物、交友、游戏，甚至可以进行教学和商务谈

————————

　　① ［意］卢西亚诺·弗洛里迪：《第四次革命》，王文革译，杭州：浙江人民出版社 2016 年版，第 XI 页。

判，我们很难将其视为一种纯粹虚构的世界。这是一个新的空间，一个与我们的现实世界并驾齐驱并同时塑造着我们社会生活的空间，不过，这个空间虽然说不是无规则的无政府状态，但至少可以说是缺乏道德规则（absent of norms）或规则不足的状态。但是，在另一方面，为了在这个空间中建立规则，我们也不能简单地将现实社会中实际起效的道德规则直接挪用到这个空间来，换言之，我们需要对数字技术创造的元宇宙空间或赛博空间的道德规则进行探索和研究，需要找到建构数字空间的道德规则的基本原则。这个问题，已经成为当代中国学者在数字技术和智能技术形成的挑战前，不得不面对的问题。

在 2022 年 3 月 20 日中共中央办公厅、国务院办公厅印发的《关于加强科技伦理治理的意见》中，已经为研究当代数字技术和智能技术中凸显的伦理问题，给出了指导性的意见，其中明确地将"增进人类福祉""尊重生命权利""坚持公平公正""合理控制风险""保持公开透明"[①]，作为当代科技伦理治理的五项原则。这五项原则对于进一步治理数字虚拟空间，为数字虚拟空间、元宇宙技术的开发和运行提供了明确的原则和指导性的方向。对此，我们需要进一步结合数字技术、通信技术、人工智能技术、元宇宙技术等领域的具体现象，从人们使用和探索新的数字空间和元宇宙的实践中，立足于新时代中国特色社会主义建设的实践，建构数字空间的道德原则。

---

① 中共中央办公厅　国务院办公厅印发《关于加强科技伦理治理的意见》，中华人民共和国中央人民政府网，http://www.gov.cn/zhengce/2022-03/20/content_5680105.htm。

一、云秩序的构成：数字伦理学的历史前提

德国法学家卡尔·施米特（Carl Schmitt）在探究西欧是如何走向现代社会的问题时，认为欧洲真正奠基性的技术革命并不是工业革命，而是 16—17 世纪的造船业的革命，施米特说：

> 一项重要的技术成就出现在这一转折时期。此时荷兰人仍然处于领先地位。1600 年左右，在造船业领域他们是无可争议的领航者。他们发明了新的船帆技术和新的帆船类型。这些发明取代了船桨，并且使得那种与新发现的大洋相匹配的大规模的海上航行成为可能。①

卡尔·施米特之所以如此关心造船技术的革命，并不是简单地将造船业置于其他产业之上，认为造船业是 17 世纪欧洲的发展的核心。相反，施米特关心的是，正是由于造船业的技术革命，让原来视为不可能的空间，即远洋探索的空间成为可能。在古代和中世纪的欧洲历史上，尽管有了以人力船桨的大型船舰制造技术，这使得当时以地中海为中心的欧洲，海洋不过是陆地空间的延伸，海洋空间并不具有独立的法则，在陆地上的人，无法想象海洋的边界，也无法设想将海洋视为一种权力空间。不过，随着大航海时代的来临，海洋的商路和贸易自然会取代以君士坦丁堡为枢纽，在神圣罗马帝国和法兰西帝国之间的陆地贸易，取

---

① ［德］卡尔·施米特：《陆地与海洋》，林国基、周敏译，上海：华东师范大学出版社 2006 年版，第 19 页。

而代之的是西班牙、葡萄牙、荷兰、英格兰等依赖于海洋贸易和掠夺为核心的海洋国家的兴起。当然，海洋国家的兴起，并不代表欧洲大陆诸国地位的没落，相反，当时的神圣罗马帝国和法兰西帝国仍然在欧洲大陆上具有极强的统治力。而海洋国家真正带来的冲击是，原先没有被视为权力空间的海洋空间，一下子具有了霸权地位，甚至这种霸权超越了陆地道桥山川的权力。换句话说，大航海时代带来的是一个全新的海洋空间的概念，这正是施米特如此关心造船技术革新的原因，因为造船业和航海业不仅造就了跨大洋的贸易和新大陆的探索，而且也在抽象上缔造了一个海洋空间的概念。施米特继续指出，这是"一个如此令人瞠目结舌、史无前例的空间革命……当时一个崭新的、似乎是无限的空间展现在欧洲人面前，他们争先恐后地向那些遥远的地方蜂拥而去，把那些被他们发现的欧洲以外的、非基督教的国家和民族当作无主之物，认为它们应该从属于他们这帮第一批欧洲掠夺者"①。也就是说，航海业的出现，让欧洲人看到了陆地统治者之外的世界是可能的。陆地空间是有序的，受到王权、法律、宗教和伦理传统的制约，与之相反，这个新的海洋空间，作为许多下层欧洲人梦想的空间，是充满自由的无序空间，他们可以用自己的暴力，让西方人眼中的无主之地变成了他们探索和冒险的空间。

值得注意的是，荷兰法学家格劳秀斯的《论海洋自由》正好诞生于这个时期，1609 年，格劳秀斯之所以撰写这本小册子，

---

① ［德］卡尔·施米特：《陆地与海洋》，林国基、周敏译，上海：华东师范大学出版社 2006 年版，第 41—42 页。

恰恰是因为远在亚洲的马六甲海峡，荷兰的东印度公司和葡萄牙的"凯瑟琳"号商船发生了法律冲突，而此时的格劳秀斯正供职于荷兰东印度公司，为他们担当代理律师。而《论海洋自由》显然是格劳秀斯站在荷兰的立场上，对西班牙人和葡萄牙人在海洋的主张进行了驳斥，尤其是葡萄牙人试图将荷兰人的势力驱逐出马六甲海峡海域。有趣的是格劳秀斯的辩护策略。在驳斥了葡萄牙人以教皇和习俗为理由将马六甲区域视为独占性领域之后，格劳秀斯显然悬置了一切有限的实在论经验论证，而转向了对新空间进行架构的抽象论证，即"贸易自由是基于国家的原始权利，它有着自然和永久的原因；因此，该权利不能被消灭，或在任何情况下不可以被消灭，除非经所有国家的一致同意。因为可以确信，没有哪一国可以任何方式正当地反对其他两国彼此间的贸易"①。从政治哲学角度来看，格劳秀斯驳斥葡萄牙人的成功之处在于，他并不以经验来反对经验，而是抽象地构建了一个高于经验的原则，格劳秀斯将这个原则诉诸自然法传统，但从根本来说，这并不是欧洲传统意义上的自然法，毋宁是在一个空洞的抽象空间中建构出来的新的空间秩序，即海洋自由法。历史已经将葡萄牙人的措辞淹没在沧海桑田之中，但格劳秀斯的《论海洋自由》却成为了现代欧洲法律研究的经典之作，其中最重要的原因也正好与格劳秀斯的辩护策略是对应的，即格劳秀斯不再诉诸传统的欧洲大陆经验，诉诸传统的欧洲伦理和宗教，而是转而诉诸一个空洞的空间秩序的道德建构——海洋自由。而海洋自由的道

---

① ［荷］格劳秀斯：《论海洋自由》，马忠法译，上海：上海人民出版社2020年版，第64页。

德和法律辩护的历史原因恰恰在于，海洋空间是一个不同于传统欧洲大陆的空间，故而对海洋空间的秩序的思考，需要对传统的大陆经验性秩序进行悬置，由于这种悬置，海洋秩序成为了一种道德建构的抽象秩序，而海上贸易的自由原则成为现代欧洲的伦理和道德诞生的历史前提。

如果我们阅读康德的《道德形而上学奠基》，就会发现其道德哲学的奠基，或多或少与格劳秀斯为海洋自由辩护的策略相类似，例如，康德指出："一切道德概念都完全先天地在理性中有其位置和起源，而且无论是在最普通的人类理性中，还是在最高程度的思辨理性中，都是如此，这些概念不能从任何经验性的，因而纯属偶然的知识中抽象出来；它们的尊严正在于其起源的这种纯粹性，使它们能够充当我们的最高实践原则，任何时候，人们添加多少经验性的东西，就也使它们的真正影响和行为不受限制的价值蒙受多少损失，从纯粹理性汲取它们的概念和法则，纯粹地、不加掺杂地予以阐述，甚至规定这全部实践的或者纯粹的理性知识的范围，亦即规定纯粹实践理性的全部能力，这不仅当问题仅仅在于思辨的时候在理论方面具有极大的必要性，而且也具有极大的实践重要性。"① 在康德提出悬置经验性道德推理的时候，其实，也试图在理性推理上建构起先验的道德原则，其中的基础，非常类似于格劳秀斯的推理，即在传统的经验性原则之外的空间是可能的，而这个外在于基督教和传统世俗传统的道德原则形成的历史条件，在一定程度上与大航海时代是

---

① ［德］康德：《康德道德哲学文集（注释版）》（上卷），李秋零等译，北京：中国人民大学出版社 2016 年版，第 31 页。

密切相关的。也就是说，我们不能将海洋空间理解为一个具体的依赖于蓝色大洋的空间，而是说在当时欧洲的人的心目中，那个通过航海技术和造船技术形成的空间，恰恰悬置了欧洲大陆的传统道德范式，从而让当时的欧洲思想家可以在更为抽象的层面为道德哲学设定基础，这也是先验主义的道德哲学的一个重要根源。

施米特对陆地法和海洋法的关注焦点并不在于，造船技术和航海技术带来的大航海时代建立了陆地和海洋的二分，而是海洋空间的出现，让之前在陆地空间之中行之有效的一系列秩序和法则遭到质疑，所以，必须在一定程度上建立一个更高阶的空间来思考道德和法律秩序问题。与其说海洋空间建立了与陆地空间对立的海洋法原则，不如说，为了建立海洋空间的秩序，必须在更高级、更抽象的层面上将两种空间的秩序统合起来，建立一个既可以适用于海洋，也可以对应于陆地的法则。这也就是施米特强调"它克服了迄今为止陆地与海洋两种元素的区分，创造出崭新的空间概念，崭新的尺度和维度，以及由此引发的崭新的空间秩序"[①]的原因所在，我们需要的不是专门发明一种秩序，将之应用于海洋，而是需要形成一种共通性或普遍性的秩序，同时适用于陆地和海洋，从而构成超越陆地和海洋之分的新秩序。之后，在这个空间建立起来的道德原则和法律秩序，不再是具体的陆地秩序或海洋秩序，而是康德所谓的"普世秩序"（universal order）。

---

① ［德］卡尔·施米特：《陆地与海洋》，林国基、周敏译，上海：华东师范大学出版社 2006 年版，第 100 页。

　　然而，我们今天是否面对着施米特所描述的同样的状况呢？如果说施米特关注的是造船技术和航海技术，那么今天的数字技术、通信技术和智能技术等新技术的出现，是否意味着另一场空间革命，而这场空间革命进一步为我们带来了新的道德原则和秩序的变革呢？尽管今天我们不再可能用大航海开辟出新的海外，今天的航天工业也不至于让人们充分涉足外太空建立新的空间秩序，但是今天的数字技术和通讯技术正在虚拟界面上缔造着一个新的空间类型：数字空间。美国思想家本杰明·布拉顿在他的《堆栈》（ *The Stack* ）中，十分明确地指出，继施米特谈到的海洋空间的拓展之后，数字空间的拓展成为人类的生活世界的第二次重大拓展，不过不同于第一次在地缘上的拓展，今天的数字空间的拓展，是由类似于 TCP/IP 这样的协议来组成的，布拉顿说："堆栈通过占据空间来制造空间；它通过勘察抽象，吸收它，并使之虚拟化来做到这一点，这就是为什么它甚至有可能考虑它是否根本就表达了一个秩序（Nomos）。"[①] 布拉顿提到，尽管这种由数据堆栈构成的空间，并没有可见的土地，但是，它与传统的陆地和海洋一样，正在以一种全新的方式构筑着人与人、人与自然、人与世界之间的关系，而在这个关系基础上形成了特定的云空间。最初人类对陆地和海洋的探索是按照人类涉足的地域，将世界的不同区域按照一定的秩序（Nomos）划分成领土和领海，而今天数字空间的形成，正在带来一种新的主权空间的类型，我们可以称之为"领云"（Clouds-

---

① Benjamin Bratton, *The Stack*, Cambridge, MA: MIT Press, 2016, p.33.

territory）。与领土和领海一样，领云在诞生之初，是一个缺乏
规则的领域，对于云空间的秩序，尤其是道德秩序，我们需要
在悬置了传统空间的经验性规则之后，才能对其进行思考和建
构。也就是说，和海洋空间的出现必然会悬置陆地空间的法
则，并建构新的普世性规则一样，云秩序的出现与构成，成为今
天在道德哲学和政治哲学基础上重新悬置传统空间秩序法则的
历史契机。一些在地理空间上适用的道德规则和原理，是否可
以简单地推延到云空间领域？而云空间的道德秩序的建构，是
否可以简单套用传统空间的法则？对于这样的问题，似乎不能
简单地从近代以来的伦理学和道德哲学的理论给出答案，这需
要我们在更高的层次上来理解和把握构成伦理学和道德哲学的
基础。

二、从主体间性到物体间性：
数字空间中的伦理拓展

亚里士多德在《政治学》中指出"人天生是政治的动物"，
他的意思并不是说，人需要在一个共同体中生活，而是通过政治
的方式，让人们可以追求更好的共同体而生活，换言之，伦理学
和道德哲学，从一开始，就旨在建立一个更好的共同生活的体
系。在一定程度上，道德秩序不是一种自然秩序，而是通过人们
在实践之中的行为建立起来的秩序，它旨在形成一种良性有序的
方式，让人们能够更好地生活。于是，我们可以看到，尽管伦

理学和道德哲学的主题是"善"，但它的实现，不纯粹是依靠对"善"的概念的理解和认识来完成，而是需要在现实的生活世界的秩序中建立一定的行为模式，这些行为模式之所以是"善"的行为，并不是出自个体，而是出自彼此间的交往和行为，从而可以在共同体的内部形成良善的秩序，从而达到更好的政治生活的目的。

即便在启蒙哲学时期，道德哲学的这一目标仍然没有改变。尽管康德试图在认识论上重新塑造先验形而上学的基础，但是在道德哲学上，他仍然为现实的实践秩序留下了一定的空间。在他的《道德形而上学奠基》中，他强调了道德哲学的目的是建立一个真正自由、以理性的人为主体的王国，康德指出："我所说的一个王国，是指不同的理性存在者通过共同的法则形成的系统结合。"① 与康德在其他地方强调道德哲学的基础在于每一个理性的人心中普遍恒定的道德律不同，康德所谓的自由王国，或者合目的的王国，并不是由孤立的个体的组成的，而是由不同的理性存在者构成的"系统结合"。系统结合这个词，康德并不是特别常用，但是，康德已经看到了每一个理性存在者是自由的，他们之间的道德共同体，不可能是按照完全一致的行为来完成的，所以，不同的理性的人之间需要有一个互相协调的原则，这个互相协调的原则显然也是符合理性的，但是，它起到了在不同的主体间进行构成和协调的作用，这种作用避免了将道德主体架构为千篇一律的模式，康德的说法是："其意志的原则是：不按照任何

---

① 康德：《康德道德哲学文集（注释版）》（上卷），李秋零等译，北京：中国人民大学出版社 2016 年版，第 48 页。

别的准则采取任何行动，除非该准则是一条普遍法则这一点能够与该准则相容，因而只这样采取行动，即意志能够通过其准则同时把自己视为普遍立法者。"[①] 总而言之，在康德的道德哲学中，有一条普遍法则将所有意志自由的理性主体协调成为共同体的王国。但是，这个普遍法则是高度抽象化的原则，在具体化为现实行为中的参照时，存在一定的难度，所以，对于启蒙道德哲学中的理性主体，其道德原则与其说是一种外在的义务，不如说是基于先验假设的内在约束，只有在假定内在约束有效的情况下，道德共同体才能建立起来。于是，康德之后的先验论道德哲学的困境就在于，必须依赖于主体的内在约束，外在义务尽管可以凭借暴力和法律的形式存在，但无法真正形成合法性，来约束个体的外在行为。

法兰克福学派的哈贝马斯从主体间性角度部分地解决了这个问题，和美国新自由主义的代表人物罗尔斯一样，哈贝马斯试图从主体间的对话和交流，来重塑道德秩序。哈贝马斯指出："道德论证有助于通过双方同意的方式解决行动冲突。规范引导的交流领域中的冲突可以直接追溯到规范共识的某些破坏。恢复一个有效性要求的主体间承认，或确保主体间性可以共同承认性的有效性要求，以替代以旧的有效性要求。这种协商表达了共同的意愿。然而，如果道德论证要产生这种一致意见，个人仅仅反思他是否可以同意一个规范是不够的。甚至每个人都这样反思，然后登记投票是不够的。所需要的是有关个人合作的'真实'论

[①]　康德:《康德道德哲学文集（注释版）》（上卷），李秋零等译，北京:中国人民大学出版社 2016 年版，第 49 页。

证过程。只有达成理解的主体间过程才能产生具有反思性的协议；只有它才能让参与者知道他们已经集体相信某事。"[①] 我们注意到，相对于康德的内在确证的道德原则，哈贝马斯加以一定的修正。一方面，哈贝马斯希望通过主体间的商谈伦理（discursive ethics）来处理彼此间的沟通和交流问题，但与此同时，在另一方面，哈贝马斯很快指出，这种经过主体间交流和协商的协议，不仅得到了内部的同意（agreement），也得到了合法性的论证（justification），而这种主体间的合法性的证成，才是从外在约束主体间行为模式的基础，也只有这种约束，才能让参与协商和交流的每一个主体的行为在协议之后，变得可以合理和可以预测，在主体间形成的道德规范的运作过程中，道德规范不再仅仅是一种内在约束，而且成为主体间的共同约束，也形成了一种高于每一个体的集体权威，所以，哈贝马斯指出："这种综合出现在更高层次的超越个人命令的概念中，其中表达了共同意志的主体间权威。"[②]

回到从陆地空间延伸到海洋空间的问题，我们能更好地理解主体间性的商谈伦理学对于道德秩序的空间拓展的意义。在海洋空间的崛起过程中，之所以需要悬置之前的陆地王国的宗教、伦理、法律等一系列的秩序，正是因为海洋空间的主体在实践活动中不能完全适用这些规则，如果在海洋主体和陆地主体相遇和交

---

① Jürgen Habermas, *Moral Consciousness and Communicative Action*, trans. Christian Lenhardt & Shierry Weber Nicholsen, Cambridge, UK: Polity, 1990, p.67.

② Ibid., p.160.

流的过程中，我们不能通过遥不可及的抽象的先验道德原则来解决实践中的问题，那么，最直接可靠的方式，恰恰是彼此间的对话和协商，这正是哈贝马斯的商谈伦理学的基础。也就是说，当海洋主体拓展出新的普遍性空间时，所需要的道德秩序的延伸和扩展，恰恰在于主体间性的协商和证成，主体间性成为在普遍空间中交流的共同体的道德原则。

　　不过，哈贝马斯的主体间性原则，还留下一个问题，即是否所有主体都可以随意地参与交往和对话，这种商谈伦理学是否需要一个前提？哈贝马斯已经注意到了这个问题，在对于英美实用主义语言哲学进行分析之后，哈贝马斯认为"在交往行为中，言语的有效性基础是预先设定的，参与者之间所提出（至少是暗含的）并且相互认可的普遍有效性要求（真实性、正确性、真诚性）使一般负载着行为的交感成为可能"[①]。简言之，哈贝马斯需要的不仅仅是交流和协商，这种对话交流的前提是，每一个主体拥有共同可以交流的语言界面。哈贝马斯提出，这种共同的语言界面——言说对话的有效性基础是预先设定的，即有了一个共同的语言界面之后，对话才能成为可能。我们可以换一种说法，让主体间性的商谈伦理学成为可能的不仅仅是主体间的对话和交流，而且，他们作为主体，必须能将自己还原回同一个对话语言的界面，这个语言界面（即预先设定的界面）并不是直接给予的，而是在具体空间中被建构起来的。一言以蔽之，现代社会的道德秩序的基础，恰恰在于语言秩序。所谓的主体间性的基础，

---

　　① ［德］哈贝马斯：《交往与社会进化》，张博树译，重庆：重庆出版社 1989 年版，第 121 页。

必然是在这种语言界面和秩序基础上的主体间性，一个主体唯有将自己还原为一个可以在语言界面上言说的主体，他才能发出声音来，才能被其他主体所听到，相反，如果主体不拥有沟通的语言界面，即便他喋喋不休地发出声音，他仍然不能作为一个有效沟通主体进入到主体间性的空间场域。

　　哈贝马斯的主体间性对于数字空间的拓展，究竟有什么意义呢？在哈贝马斯的道德秩序的设定中，语言秩序起到了奠基性的作用，只有在有效的语言秩序的基础上，主体间性的道德秩序才是可能的。在数字空间之中，这种语言秩序仍然存在，但是，语言秩序让位于一个更为根本的秩序。正如布拉顿分析指出，我们参与数字空间的前提是有一个可以参与数字空间的设备，这些设备可以是电脑，可以是手机，也可以其他智能终端，但是，有一个东西必不可少的，即我们必须加入 OSI 或 TCP/IP 之类的协议，才能在数字空间中进行交往和对话。[①]

　　这意味着，在数字空间中，我们首先不是一个主体，而是通过一个数码协议，被转化为一个数字对象进入数字交换的场域，与其他的对象进行交流。由于不再从属于哈贝马斯意义上的语言学系统，这势必意味着，我们可以与 OSI 和 TCP/IP 下的任意对象进行交流和互动，甚至在那个交流对象的背后，或许不存在所谓的主体。试想一下在网络游戏中游戏玩家与 NPC 玩家的互动，甚至与由人工智能操纵的类玩家（quasi-player）的互动，最重要的是，在数字空间的道德秩序，也没有要求我们一定只能与真实

[①]　Benjamin Bratton, *The Stack*, Cambridge, MA: MIT Press, 2016, pp.62—63.

的人类主体进行交流，这样，由于我们被数字协议转化为具体的数字对象（如我们的用户账户、游戏账号和角色等等），只能以这种数码化的方式与其他对象进行交往，我们根本无法实现哈贝马斯意义上的主体间性体系。如果需要给数字空间中的交往行为做出一个界定和描述的话，这就是我们前文提出的"物体间性"，换言之，在数字空间中的道德秩序建构的基础不再是主体间性，而是以数字协议为基础的数字对象化的物体间性的模式。

正如许煜指出："对物体间性的分析，意味着主体间性的转移，从以主体为中心的话语转向以物为中心的方法：以'我思'为特征的笛卡尔主体与说出'我比较'的休谟主体在技术发展中的缓慢消失并作为技术系统的功能集成在一起。"[①] 当我们将生活世界从传统空间延伸到数字空间，从传统道德秩序拓展为云秩序时，我们势必会遇到人与人、人与物，甚至物与物之间的交往问题，这种交往不再是通过话语和语言的方式实现的，而是直接通过各种协议背后的数字交换来实现的，这样，**物体间性取代了主体间性的原则，成为了数字空间中道德秩序奠基的最重要的原则，在物体间性的基本原则之下，人与人之间的主体间性只是这个巨大的交换场域的一小部分而已。**若要真正让数字空间中形成良序运行的共同体，那就不仅需要我们将道德秩序从传统空间拓展到云空间，更需要从主体间性原则拓展为物体间性原则。

[①]　许煜：《论数码物的存在》，李婉楠译，上海：上海人民出版社2019年版，第170页。

三、走向虚体主体：理性的非实体的伦理学

正如海洋空间是陆地空间的拓展一样，数字空间的云秩序也是现实空间的规范秩序的拓展。因此，哈贝马斯的主体间性和我们在此提出的物体间性概念，不应当被视为一个二元对立的范式，而是说，作为数字空间伦理学的云秩序，是对哈贝马斯的主体间性秩序的拓展。我们知道，笛卡尔式的现代主体是一个现代范畴，它与之前的施米特提到的大航海时代的空间革命密切相关，也就是说，现代抽象主体或以理性为核心的主体，实际上是一个数学上的并集秩序。为了建立现代伦理学，那么现代理性和自主的主体，必然是悬置陆地经验和海洋经验的主体，而以这样的主体建构起来的主体间性伦理学，就是西方文明在推进大航海革命之后的伦理学，现代社会的道德秩序恰恰依赖于这种理性的自主的主体，而这种主体之所以变得普遍且可以通行，正是因为它是悬置了具体个体经验，从而用合取（conjunction）的方式获得的伦理法则。我们设原有的陆地（L）空间秩序为 Γ_L，那么新生的海洋（S）空间秩序为 Γ_S，那么，我们可以得出，现代（M）空间秩序的公式为：$\Gamma_M \rightarrow \Gamma_L \cup \Gamma_S$。在合取运算的过程中，诞生了现代主体，而伦理和道德秩序就是由主体之间的交往规范和尺度构成的。而现代伦理学恰恰是在这种经过合取运算得出的理性的自律的主体基础上推理而来的。

我们可以用这样的方式来思考物体间性的道德秩序如何可能。正如查尔斯·埃斯（Charles Ess）在思考数字在线的伦理学的时候，将伦理学界定为："伦理学是一个理性和非实

体（disembodied）的自主主体的问题，而不是一个社会存在物（social beings）的问题。"① 埃斯的这个界定实际上来自他与弗洛里迪等人一起草拟的《在线生活宣言》（*The Onlife Manifesto*），换言之，埃斯所谈到的伦理学并不是一般意义上的伦理学，而是一种数字空间的伦理学。对于埃斯的解释，我们需要理解三个关键词：

（1）第一个关键词是理性。当埃斯将理性作为在线生活的数字伦理的关键词时，意味着数字空间的伦理学并不是对启蒙以降的现代伦理学的背弃，而是一种合取运算，它与现代伦理学之间合取了一个最大值，保持了数字伦理学与现代伦理学之间的连续性。换言之，我们今天面对的是另一个合取运算，即现代空间秩序与数字（D）空间秩序的并集：$\Gamma_M \cup \Gamma_D$。我们看到，弗洛里迪和埃斯等人，不仅没有摒弃理性的限定（prescription），也保留了自主（autonomous）的概念，这样，现代伦理与数字伦理仍然保留了理性和自主的主体概念。这样，当我们谈物体间性的伦理学的时候，这并不意味着它摒弃了人，摒弃了主体，而是需要在数字在线生活中重新塑造与云空间秩序相互契合的新主体。

（2）埃斯加上的第二个限定词，即非实体化（disembodied）。对此其实有两种不同的理解。在现代伦理学的范畴中，非实体化意味着摆脱具体的身体性经验。典型的康德主义解释认为伦理学或道德哲学并不是从某个具体化的原则出发对伦理主体给出的限定，但是它的问题在于，这种解释下的主体需要一种内在的先天

---

① 　Charles Ess, "Commentary on the Onlife Manifesto", in Luciano Floridi, ed. *The Onlife Manifesto, Being Human in a Hyperconnected Era*, Heidelberg: Springer Press, 2015, p.17.

给定的约束力，让主体臣服于一种看不见的抽象原则。不过，由于埃斯面对的是数字化的在线生活的伦理原则，我们就不能将它还原为18世纪的道德哲学，而是需要在当下的数字空间中来思考非实体化的问题。显然，对于数字生活而言，我们不可能拥有具身化的经验，我们已经虚体化了，我们总是需要通过一定的算法将我们变成一个数字化的"用户"进入数字空间中，并以这种用户的方式建立起新的数字化生活的原则。经过前文分析我们得知，走向数字时代的伦理秩序，必然意味着它合取现实生活的伦理秩序与数字在线生活的秩序的并集，这样，我们就不能以现实生活秩序中的具体化经验来规定和描述伦理学和道德哲学，为了与数字空间的伦理秩序共通，采用非实体化的主体就成为了一种必然要求。

（3）最容易产生误解的是第三个关键词，"不是一个社会存在物"。如果按照某种流俗理解，这里涉及的社会和个体的二元对立，即伦理是个体的，而不是社会的，伦理是自主自我的，而不是受到社会约束和限定的，似乎是在用自主性理性主体来反抗社会对个体的约束和管制。不过，在《在线生活宣言》中，弗洛里迪和埃斯等人坚持认为："二元论已死"，即我们不能从个体和社会的二元对立来理解伦理学。如果我们能结合《在线生活宣言》的另一个表述，这句话就更清晰易懂了，弗洛里迪指出："实在和虚拟的边界已经模糊，人类、机器和自然界的区分也变得十分模糊。"[1] 那么，埃斯在这里谈到的社会存在物，显然不是

---

① Luciano Floridi, ed. *The Onlife Manifesto, Being Human in a Hyperconnected Era*, Heidelberg: Springer Press, 2015, p.7.

从与个体对立的层面上来说的，而是现实社会越来越不构成我们生活秩序的全部，虚拟的数字空间正在成为我们生活的一部分，这种非实体化的主体构成了联通现实社会和数字空间之间的桥梁，在这个意义上，伦理学不再是仅仅由现实社会存在物构成，非实体化的理性自主主体才是我们伦理生活的主要范畴。

那么，在数字空间中的伦理学是什么，或者说非实体化的理性主体如何在其中实践自己的伦理行为呢？对于这一点，《在线生活宣言》中给出了另一个解释："从信息匮乏逆转为信息过剩"[1]。的确，前数字时代，各种信息渠道有限，人们能够获得的相关认知和信息相对稀少，在这种情况下，主体的自主性变得十分关键，因为理性主体需要运用自己的推理能力来完成实践上的行为选择。康德的实践理性，也可以理解为运用先验理性原则，对实践行为的伦理推理和选择。一旦发生了逆转，今天我们能获得的信息不再稀缺，那么我们是否还存在着利用实践理性推理来选择行为的问题？例如，在自动驾驶技术中，自动驾驶的辅助系统帮助驾驶汽车的司机主体观测周围的环境，可以帮助司机及时避开司机都没有注意到的危险行为，如遇到正在过马路的老人，辅助驾驶就自动选择了减速。也就是说，数据的搜集和分析，帮助人类主体提前预判了行为，从而避免了危害结果的发生。所以，弗洛里迪曾经在他的《信息伦理学》一书中提出，面对数字空间中的伦理学，即信息伦理学应该是这样："由于一整套信息与通信技术基础设施，作为一种社会组织与生活方式的信息社会

---

[1] Luciano Floridi, ed. *The Onlife Manifesto, Being Human in a Hyperconnected Era*, Heidelberg: Springer Press, 2015, p.7.

成为可能，作为技艺最充分的表达，信息社会中产生了基础性的伦理问题。如今，一个急迫的任务是表述一种信息伦理学，它能够把数据、信息以及知识的世界当作一个新环境即信息圈来对待，而生活在其中的人类作为信息化有机体，可能会迎来繁荣。"① 弗洛里迪看到的是一个充满着各种信息和数据的空间，在他所谓的"信息圈"（info-sphere）里，信息和数据是过剩的，而不是缺乏的，人与人之间的交往和互动依赖于各种数据和信息的高度丰富的交流，这构成了一个数据和信息极大丰富的社会状态，而数字空间的伦理学必然是以大量信息和数据过剩为基础的伦理学。

当然，这种数据分析也会造成恶劣的结果，如数据杀熟问题。假设某个电子商务平台通过平常收集到的用户数据和信息，可以判断出哪些用户更喜欢不问价格直接消费某类商品，那么在推荐给该用户的界面下，不会提供相对应的折扣信息，这样，对于这一类用户，他们自然会用更高的价格去消费与其他用户一样的商品。在一些打车和订酒店的应用中，由于数据分析得出的用户绘像（profiling）不同，在他们看到的应用页面上，对于同一款车型，或同一个酒店房间的价格也相应有所差别，这就是数据滥用的后果。

由此可见，无论在数字空间中，还是被数字化中介的智能环境（包括未来的智能驾驶、智能家居、智能城市的建立），主体和主体之间的交往都逐渐让位于数据流量在数字空间中的交换和

---

① ［意］弗洛里迪：《信息伦理学》，薛平译，上海：上海译文出版社2018 年版，第 39 页。

控制。不过，**在数字空间的伦理学中，主体仍然是理性的，但也是非实体化的，我们生活的数字空间，让人与人、主体与主体之间的交流必然建立在过剩的数据交换的基础上，我们每一个人都是被数据中介化的主体。**这正是《在线生活宣言》所担忧的情境："在身份日益中介化，收集个人资料、定向广告或数据杀熟之类的算法互动逐渐加强的环境中，对公共领域中的自由、平等和他者的经验，都会变成巨大的问题。原来主体间的相互监督变成了横向的数据监控，越来越多的社会控制进一步破坏了公共领域的特征，这不一定比'老大哥'的监控更好，越来越多的网络欺凌正在说明这一点。"[1] 的确，对于数字空间的伦理学来说，不能简单地将主体的地位移交给无所不在的数据和算法，而是需要在新的基础上重新思考构建主体和生命的可能性。

由于数字空间的伦理学的基础是数据交换的物体间性，那么，当我们希望在数字空间中构成一个面向未来的伦理秩序时，必然意味着我们需要在虚体，即由数据构成的用户对象基础上，重新来思考伦理行为的可能性。我们的行为不再仅仅是现实生活中的对话和握手，那些用户在数字空间中的行为，如留言、购物、游戏、刷屏，同样构成了主体行为的一部分，而这种主体已经流溢为一种数据化的虚体主体，一种非实体化的、在我们身体之外的主体，这种主体与我们的具身化的主体一样，构成着自我的同一性，同时虚体主体也是我们参与数字空间伦理秩序的起点。虚体主体的伦理学，或者说以物体间性为基础的伦理学正是

---

[1] Luciano Floridi, ed. *The Onlife Manifesto, Being Human in a Hyperconnected Era*, Heidelberg: Springer Press, 2015, p.9.

现代伦理学在数字空间中合取运算的拓展的结果，这势必要求在面对数字空间时，我们不再以社会空间中的具身化的主体作为唯一的参照点，而是以虚体化的主体，以理性的非实体化的伦理行为作为思考数字空间伦理学的可能性的途径。

第三部分
剩余数据与数字生态

第八章　数据—流量与数字生态

今天，我们打开淘宝或京东的页面，选择下单自己中意的商品，在随后的几天里，这样商品就被"自然"地送到了小区菜鸟驿站或家门口，我们会欣喜地拆开包装，尽情地欣赏着这神奇一幕，我们只是在网络上完成了点击和付款，一个不久前只是以像素形式显示出来的商品就以实体的形式出现在我们面前，如同我们亲手将它从屏幕上抓取出来一样。这是数字化的魔法，也是新现代性的预言，它仿佛预示着在不久的未来，这种点击即获得的快感和经验将成为我们生活的主要方式。然而，对于今天的许多人来说，他们逐渐不太记得，仅仅在十多年前，要买一件衣服，还需要在商业区的卖场里精挑细选，要买一个电脑或手机，还需要亲身跑到电脑城或手机城去选购。淘宝、京东、苏宁易购、必要商城、支付宝等网络平台正在彻底地改变着我们在世存在的经验，原来依赖于我们身体在场的商业交易模式，变成了在线的模式，而且它们都依赖于各个平台，而这些平台正如新兴的线上卖场，综合了来自全国各地，甚至来自海外的商品，我们可以在足不出户的情况下，利用手的触摸点击和刷脸支付，在一瞬间完成所有这些过程。然而，这个便利化的数字化交易和平台界面却掩盖了其中的物联网的一般智力、数据流动和复杂的数字劳动过程，让这些属于实在界层面上的存在变成了一个神秘化的范畴。正如马克思曾经指出货币流通让隐藏在货币交换背后的真实的劳动变得神秘化一样，今天的数字化过程在表面上的便利背后掩盖的也是数字劳动、物流劳动，甚至那些最直接的外卖骑手和快递小哥们劳动的过程，让他们的劳动变得神秘化，或者说让实在的劳动在我们面对数字化界面时隐遁了。这种足不出户的便利换来的是我们与真实世界的进一步隔离，而这种隔离正是数据平台所控制的生产方式的一个缩影。

然而，问题不仅仅在于劳动和真实过程的神秘化，今天的数据平台还带来了一系列更具变革性的架构。我们是否可以这样来提问：数字平台改变的不仅仅是我们在数字时代的生存方式，甚至也利用平台的数据流构成了一种不同于现实地理空间的数字空间，数字正在按照平台的密集程度重新改写着从大航海时代以来的地理学概念，这是德勒兹意义上的解域化（deterritorization）和再辖域化（reterritorization）。换句话说，平台经济及其资本所掩盖的不仅仅是真实的劳动过程，也掩盖了真实的空间及其运输和传递过程，而瞬间速达的物流快递，正在重塑我们的感知，而无论哈尔滨的红肠，还是海南的椰子糖，我们都可以在同一个平台界面上浏览和点击，我们仿佛感觉到哈尔滨和海口的区别已经逐渐为抖音直播和淘宝购物平台的区别所取代。这也是一种新的生态学，一种从平台资本出发的数字生态学，甚至可以说，这也是被平台所掌控的数字生态。不过为了理解这种新型生态学概念，我们必须重新来审视数据和平台在今天的社会中所发挥的作用。

一、作为生产要素的数据

在数字资本主义社会中，最核心的要素就是数据。在这里，我们讨论的不是具体的数据，而是一种总体意义上的一般数据，我们可以将一般数据定义为："一般数据并不是具体的某种数据，与劳动一般一样，它代表着所有数据的抽象层面。数字化时代或者数字资本主义的典型特征，是将一切都数字化，转化为一个可以进入云计算界面的数据，而这种数据的抽象形式就是一般数据。"①一般数据构成了当代数字化社会生产和交往的最基础的层面，但是，现在的问题是，一般意义上的数据是否可以成为当代世界生产和发展中的一个不可或缺的要素？为了解释这一点，我们需要回到经典的政治经济学来分析。

被马克思称为庸俗政治经济学家的萨伊，曾经对亚当·斯密在《国富论》中将财富的源泉全部归结为劳动的观点表示不满。萨伊承袭了法国重农主义学派的经济学思想，认为在劳动之外，土地和资本也在生产之中占据着极为重要的地位。萨伊指出：

> 很明显，上述斯密的主张，和十八世纪经济学派的主张恰恰相反。经济学派认为劳动每生产一项价值，就消费等量的价值，因此，劳动没有生育，没留有净产品。这两个论点都已经发展成为学说，我在这里引用它们，只在于警告研究这门科学的人们一开始就当心这些不正确的论点的危险后

---

① 蓝江：《一般数据、虚体与数字资本：历史唯物主义视域下的数字资本主义批判》，南京：江苏人民出版社 2022 年版，第 204 页。

果，并把这门科学带回观察现实中去。事实已经证明，所生产出来的价值，都是归因于劳动、资本和自然力这三者的作用和协力，其中以能耕种土地为最重要因素但不是唯一因素。除这些外，没有其他因素能生产价值或能扩大人类的财富。①

当萨伊将作为自然力的土地放在创造价值的主要地位上时，他灵魂中深深地铭刻着有魁奈医生和杜尔哥男爵的影子，正是他们将经济财富的缔造归结为大地母亲的恩赐。不过，萨伊仍然认可了斯密的贡献，即将劳动视为经济生产活动中的重要要素之一，在这个基础上，萨伊也看到了以食利者阶层为基础的利益集团的财富来源——资本。因此，萨伊的这段话构成了最早的描述政治经济学下的生产活动三位一体的来源：即财富是在劳动、资本、土地的三位一体关系中实现了资本主义生产的循环。而在资本主义社会中，有且只有这三个要素才能创造财富，为了创造财富，就必须要租用这些要素来盈利，例如租用劳动构成了工资，租用土地构成了地租，而租用资本变成了利息。

马克思很敏锐地揭示了在萨伊的资本主义生产的三位一体学说中存在的问题，在《资本论》的第三卷中，马克思专门对萨伊这种模糊不清的生产的三位一体的学说进行了批判，马克思指出："庸俗经济学所做的事情，实际上不过是对于局限在资产阶级生产关系中的生产当事人的观念，当作教义来加以解释、系统

① ［法］萨伊：《政治经济学概论》，陈福生、陈振骅译，北京：商务印书馆 2017 年版，第 77—78 页。

化和辩护。因此，我们并不感到奇怪的是，庸俗经济学恰好对于各种经济关系的异化表现形式——在这种形式下，各种经济关系显然是荒谬的，完全矛盾的，如果事物的表现形式和事物的本质会直接合而为一，一切科学就都成为多余的快乐——感到很自在，而且各种经济关系的内部联系越是隐蔽，这些关系对普通人的观念来说就越是习以为常，它们对庸俗经济学来说就越显然是不言自明的。因此，庸俗经济学思考没有想到，被它当作出发点的这个三位一体：土地—地租，资本—利息，劳动—工资或劳动价格，是三个显然不可能组合在一起的部分。"① 马克思一针见血地指出了萨伊的庸俗经济学的问题在于他弄不清使用价值和交换价值之间的区别，从而将效用上的使用，和交换中的价值混为一谈，结果萨伊只能看到一种异化的社会生产形式，即将土地的地租和金融资本的利息看成与劳动创造的价值同等重要的东西，而马克思延续了大卫·李嘉图对庸俗经济学的批判，坚持将古典政治经济学中的劳动价值论，以及由此而产生的剩余价值视为资本主义生产的奥秘所在。那么，问题并不在于萨伊提出的劳动—资本—土地的三位一体，而是需要看到，利息和地租不过是劳动创造价值的形式上的变化，也就是说，市民社会的真正奥秘并不在于复杂的经济贸易和交换过程，而是在于以劳动为基础的资本主义生产。因此，马克思曾十分明确地指出："对资产阶级社会说来，劳动产品的商品形式，或者商品的价值形

---

① 《马克思恩格斯全集》第46卷（中文第二版），北京：人民出版社2003年版，第925页。

式，就是经济的细胞形式。"① 简言之，在马克思那里，资本主义生产的最基本的要素就是通过劳动一般获得的价值形式，而整个资本主义社会的经济大厦正是建立在这个价值形式的细胞之上。而庸俗经济学所谓的土地的地租，资本的利息都无非是这种价值形式的变化形式或异化的形式而已，而萨伊等人却看不到这一点。由此可见，资本主义社会是这样一种社会，它的基础是以劳动一般为基础的价值生产，而资本主义社会之所以成为可能，就是通过某种形式变换，让各种事物和关系变成价值上可以理解和换算的形式，从而在资本主义市场上流通，而这种流通的可能完全依赖于生产劳动的参照系。一旦事物变成了可以抽象成为价值形式的事物，它就可以变成标上价格标签的商品，成为资本主义的有机组成部分，在这种情况下，土地和资本一样可以被资本主义商品化，成为在金融市场和不动产市场上流动的商品，而它们能够获得利息和地租的价值不是由它们本身来确定，而是依赖于一个更为根本的劳动价值形式体系的架构。

我们或许可以从马克思的政治经济学批判的角度来重新理解今天以数据为中心的数字资本主义或平台资本主义社会的根基。不过，在 20 世纪末期，随着克林顿政府的"信息高速公路"计划的实施，互联网逐渐进入生产和生活领域，成为今天人们的一种最基本的生存样态。所以在互联网刚刚兴起的时候，就有人提出"信息资本主义"（如丹·席勒等）和"认知资本主义"（如奈

---

① 《马克思恩格斯选集》第二卷，北京：人民出版社 2012 年版，第 82 页。

格尔·思瑞夫特等）的概念，但是无论是信息还是认知，都还是面对人的概念，即信息和认识都是人为编码好的信息和知识，最终的交换仍然是以人类为中心。但是在今天提出的数字资本主义或平台资本主义是完全不同的概念，如加拿大思想家尼克·斯尔尼塞克（Nick Srnicek）就十分明确地提出："在 20 世纪，发达资本主义的发展重心，在于提取和使用一种特殊的材料——数据。"[①] 斯尔尼塞克特别强调了数据与信息或知识的区别，信息和知识已经是成熟的产品，它们是被固定的平台加工出来的，面对特定用户的东西，也就是说，信息和知识是数字生产的结果。数据则与之相反，斯尔尼塞克说："简单地说，我们应该把数据作为必须提取的原材料，用户的活动是这种原料的天然来源。就像石油一样，数据是一种被提取、被精炼并以各种方式被使用的物质。数据越多，用途越多。"[②] 我们可以从斯尔尼塞克的描述中，得出一些有用的结论：

（1）数据是原材料，是在数字世界中被用来提取和生产的资源。在一定程度上，信息和知识不过是对数据加工的结果；

（2）由于数据只是原材料，那么，我们能看到的数据只是其中很少的一部分，既然存在着斯尔尼塞克强调的被提取、被精炼的数据，那么必然存在着未被提取、未被精炼的数据，即所谓的"剩余数据"；

（3）剩余数据的存在是理解数字资本主义的关键，因为剩余

---

① ［加］尼克·斯尔尼塞克：《平台资本主义》，广州：广州人民出版社 2018 年版，第 45 页。
② 同上书，第 46 页。

数据不等于无用数据，相对于可以在用户层面进行交换的商品化的信息和知识，数据构成了数字界面生产的资源层，那么这个资源层，不仅保障了用户与商家（如淘宝上的卖家与买家）、用户与平台（买家或卖家与淘宝、京东等平台）之间的关系，构成了它们之间的顺利传播与交流，而且也保持了物质层面上的各种流通和交换（如厂家、物流、服务器等非人因素之间的交流），而后者成为了让数字社会成为数字社会的基本保障，也就是说，要让电子商务和交易，甚至数字平台上的一切活动都能够顺利进行，其前提是，数据能够以标准协议的模式，在各个数字平台、各个物质界面、各个用户之间畅通无阻地流通和交换。

　　于是，我们在数字资本主义时代看到的现象是，数据正在逐渐成为一种新型生产的要素，正如帕西科·比利奇（Paško Bilić）等人十分敏锐地发现："随着数据平台吸引了大量用户，收集了大量数据，平台允许平台用户参与货币交易之中，其中用户数据被当作广告生产的原材料输入（我们在理论上称为'中间产品'）。"[1] 换言之，至少在数据平台上，任何商品的交换和贸易，必须首先成为数据，才能在数字空间中进行流通和交换，而且这些数据不断地被各大平台提炼和分析，并能准确地传递给需要的用户。在这个基础上，可以说，数据构成了数字时代社会交往和经济活动的最基本的要素。当然，我们并不会随着庸俗经济学的步伐，将原先萨伊的劳动—资本—土地的三位一体学说变成劳

---

[1]　Paško Bilić, Toni Prug and Mislav Žitko, *The Political Economy of Digital Monopolies: Contradictions and Alternatives to Data Commodification*, Bristol, UK: Bristol University Press, 2021, pp.9—10.

动—资本—土地—数据的四位一体学说，在根本上，马克思的政治经济学的基本原则没有发生改变，问题在于，在马克思所谓的价值形式的转换中多出了一个层次，即价值不再只表现为价格，也需要通过数据的中介来得到表现，也就是说，一旦我们认可数据在今天数字资本主义生产中的地位，那么意味着数据本身也是可以攫取价值的重要资源。在劳动—工资、土地—地租、资本—利息的公式之外，我们或许加上一个新的要素：**数据—流量**（Data-flow）。在今天数据已经演化成为赚取注意力和流量的动态经济学的决定性基础，而让数据成为攫取巨额利润的根本就在于那个隐身在服务器之中，表象在智能手机和电脑屏幕上的装置——平台。

二、数据—流量与平台生产

尽管在数字资本主义生产中，数据是不可或缺的要素，但真正的问题在于，数据是如何转化为数字资本的？我们在互联网中的任何行为都会留下的大量的数据，但是不是所有的数据都能够有效地为数字平台带来丰厚的利润，大量的数据并不会进入数字生产环节。在通常情况下，绝大多数由行为者在网络上留下的痕迹（即数据）会留下来，形成所谓的数据冗余（data redundancy），这些数据冗余或剩余数据，不但不会为平台公司带来利润，而且会为服务器增添负担，因此，在每天产生海量的数据背后，许多平台公司需要花费大量的人力物力来清除和压缩这些冗余，降低服务器的能耗。从这一事实我们可以得知：尽管数据成为了数字资本主义社会的原材料，但是数据无法直接为平台和数字科技公司带来利润。

马克思曾经指出，土地是最原始的生产资料，但是不等于有了土地就能获得丰厚报酬。在《资本论》中，马克思曾十分详细地分析了土地的形式如何为资本主义生产带来利润：

> 资本主义生产方式的前提是：实际的耕作者是雇佣工人，他们受雇于一个只是把农业作为资本的特殊开发场所，作为对一个特殊生产部门的投资来经营的资本家即租地农场主。这个作为租地农场主的资本家，为了得到在这个特殊生产场所使用自己资本的许可，要在一定期限内（例如每年）按契约规定支付给土地所有者即他所开发的土地的所有者一个货币额（和货币资本的借入者要支付一定利息完全一样）。这个货币额，不管是为耕地、建筑地段、矿山、渔场还是为森林等等支付的，统称为地租。这个货币额，在土地所有者按契约把土地租借给租地农场主的整个时期内，都要进行支付。因此，在这里地租是土地所有权在经济上借以实现即增殖价值的形式。其次，在这里我们看到了构成现代社会骨架的三个并存的而又互相对立的阶级——雇佣工人、产业资本家、土地所有者。①

---

① 《马克思恩格斯选集》第二卷，北京：人民出版社 2012 年版，第606—607 页。

在这段文字中，马克思试图表明，在进入资本主义之后，传统土地的占有方式已经无法与现代资本主义的生产、交换、分配、消费的模式相契合。因为土地的收成不能转化为市场上可以交换的产品，那么土地本身并没有创造出市民社会中的价值。那么，从资本主义的价值形式来看，要让土地真正成为资本主义的生产要素之一，就意味着需要为土地增加一种价值形式，让土地本身可以在市场上流动，而这种价值形式恰恰是以地租形式表现出来的。这就是马克思明确指出的："地租表现为土地所有者出租一块土地而每年得到的一定的货币额。"① 换言之，在农业社会中，土地不具有现代资本主义的价值形式，它只具有自然赋予的使用价值或效用。马克思正是在这一点上批判了萨伊和麦克库洛赫等庸俗经济学家。这意味着，唯有当土地具有了一个价值形式（地租），并进入到资本主义的市场流通循环之中时，土地才能变成获取利润的条件，这正是让土地—地租的公式成立的历史条件，也就是说，萨伊和麦克库洛赫将土地直接作为资本主义市场的天然要素的地方，恰恰是他们犯错的地方，因为这种能够带来土地利润的价值形式，即地租，并非一种天然的产物，而是土地资本化的产物。自从土地被资本化，这种被资本化的土地，已经不再是土地所有者或者地租的获得者能私人决定的事情，土地的地租的价值形式取决于资本的土地市场，也就是说，"地租的量完全不是由地租获得者的参与所决定的，而是由他没有参与、和他无关的社会劳动的发展决定的。因此，很容易把一切生产部

---

① 《马克思恩格斯选集》第二卷，北京：人民出版社 2012 年版，第608 页。

门及其一切产品在商品生产基础上，确切地说，在资本主义生产
（这种生产在它的整个范围内都是商品生产）基础上共有的现象，
当做地租的（和农产品一般的）特征来理解。"[1]

　　我们或许能从马克思对土地—地租的分析中看到理解数据—
流量的价值形式的方式。在许多数字资本主义研究那里，他们直
接将数据的存储作为了数字资本主义的主要形式，例如，斯蒂格
勒十分强调将数据理解为第三持存，以区别于胡塞尔意义上的第
一持存和第二持存，如在他的《自动化社会》一书中，他就坚持
认为："自从 1993 年以来，已经形成了新的全球技术体系。其基
础是数字性的第三持存，它构成了即将来临的自动化社会的基础
设施。我们所谓的数字经济，就是由这种第三持存的基础设施所
激发的数字动力，这就是这个社会无法回避的命运。"[2]斯蒂格勒
在理解以数字技术为基础的自动化社会（在概念上，他的自动化
社会与我们所理解的数字资本主义社会的概念是类似的）上犯了
马克思批判的庸俗经济学家们同样的错误。尽管数据对于数字资
本主义社会十分重要，它具有重要的使用价值和效用，也构成了
数字资本主义社会的基础，就像土地构成了产业资本主义社会的
基础一样，但是，如果不经过一定的形式转化，被储存起来的数
据在根本上不会自动地创造任何价值，数据十分有用，但这是效
用和使用价值上的有用，而不是资本意义上的价值形式的有用

---

[1] 《马克思恩格斯选集》第二卷，北京：人民出版社 2012 年版，第
613 页。

[2] Bernard Stiegler, *La Société automatique 1: L'Avenir du travail*, Paris:
Fayard, 2015, p.33.

性。也即是说，为了让数据的政治经济学成立，在斯蒂格勒等人的自动化社会分析中还缺少一个环节，即作为第三持存的数据就如同藏在图书馆里被尘土封存的图书一样，尽管上面布满了有用的内容和文字，但只要没有人翻看这本书，这本书里的内容和文字就不能转化为真正的可以流通的知识。

由此可见，数据的关键并不在于采集和储存，而在于流动。一些理论家显然已经注意到了这个事实，例如大卫·希尔（David W. Hill）就曾批判性地指出："我们一开始倾向于从储存角度来思考数据。数据是动态的和流动的，即便它们的影响是固定而持久的。我们需要理解数据的轨迹，也就是说，不仅要理解储存的数据，也要理解它们的运动方式，最重要的是数据如何被建构为流动的形式。对于亚马逊这样的公司来说，数据流动最重要的基础就是要实现大规模、高速度和高敏捷度的数据流动。也就是说，只有数据平台在处理大量快速流动的数据时，利润最高，效率最高。"[1] 希尔这段文字向我们表明，被静止地储存起来的数据是不会产生价值的，无论这些数据储存在个人的硬盘里，还是储存在大平台公司的服务器里。希尔显然接受了保罗·维利里奥（Paul Virilio）速度政治学的结论，即只有将资本主义视为一个"运动的事件"[2]，即高速运动的物流（logistics），当高速的物的流动不断形成流量和资金的流动，不断在数据平台上带来更

---

[1]　David W. Hill, "Trajectories in Platform Capitalism", *Mobilities*, Vol.16, No.4, 2021, p.572.

[2]　Paul Virilio, *Negative Horizon: An Essay in Dromoscopy*, London: Continuum, 2008, p.112.

快的商品的周转才能为资本主义带来巨额的利润。在一定意义上，希尔关注到了流动的数据，而不是静态储存的数据，已经具有了很大的进步。但是，让数据流动起来，变成动态的数据，变成数据物流学，是否就自动会变成可以产生利润的价值形式呢？如果说斯蒂格勒的作为第三持存的数据没有关注到大量数据冗余，那么希尔也没有看到在流动中的数据也存在着大量无效的流动，尽管在现象上，的确存在着数据移动速度越快、利润越大的规律。但是数据并不会因为变成了动态数据，就自动地获得了价值。

在这里，走向数字资本主义的政治经济学的关键一步是本杰明·布拉顿做出的，在他的《堆栈》中，他才真正从数据的技术层面和政治经济学层面为我们揭示了数据产生利润的奥秘：

平台对用户输入的信息进行调解，可能导致该信息对用户的价值增加。平台的网络效应吸收和训练这些信息，使其对个人用户或对进一步使用这些信息的其他用户来说更明显、更有条理、更可扩展，从而增加其社会价值。同时，可能是平台本身从这些流通中获得了最重要的净利润。每当用户与平台的管理算法互动时，它也在训练这些决策模型，无论如何是渐进的，以更好地评估后续交易。一个经济上可持续的平台是这样的：提供系统调解的成本在总体上低于平台输入的用户信息的总价值。那么，平台经济学提供了两种盈余。（1）用户盈余，在这种情况下，用户一旦参与到平台中，信息就会变得更有价值，而该用户几乎没有任何直接成本；

（2）平台盈余，即平台所有用户信息的差额价值大于为用户提供平台的成本。[1]

布拉顿所指出的事实是，数据本身不产生利润，只有数据进入到一个平台时，平台对用户数据和其他的信息进行加工，让其流动起来，才能产生网络空间中的价值形式。这就好比马克思在《资本论》的"商品"章中的分析一样，当一个陶罐在自己家储存或使用时，它具有使用价值，唯有在市场上被贴上价格标签，并被交易时，陶罐才具有了交换价值。现代资本主义也是如此，资本主义的工厂的意义不仅仅在于它们生产出来了可以使用的产品，而且在于它们通过必要的劳动的量，为这些产品赋予了价值形式，从而工厂出产的产品从一开始就不是纯粹的物，而是带有价值形式的商品。与之类似，在互联网络中，某一个数据并不具有数字空间的价值，即便当它流动起来，就比如从我这里流动到我的朋友那里的数据，不会产生网络上的利润。唯有当这些数据进入到平台，经过平台的加工生产，变成一定的流量数据之后，数据才产生可观的利润。譬如，我们自己在家里录制了炒菜的视频，发给自己的亲友看，这个视频仅仅只是一个生活中的视频而已，它不足以产生互联网的价值。相反，如果我们将这个视频上传到 B 站和 YouTube 等平台上，并获得足够的关注量，我们便可以赢得一定的收入（一部分是广告收入，而广告收入的基础是注意力的流量经济学），而一旦成为知

---

[1]　Benjamin H. Bratton, *The Stack: On Software and Sovereignity*, Cambridge, MA: MIT Press, 2015, p.48.

名网红，如 YouTube 上曾十分活跃的李子柒，便可以从中谋取相当可观的利润。我们知道李子柒不是一个单纯的个体，而是被今天的数字资本集团推送出来的流量，而资本集团之所以愿意不惜重金去塑造一个李子柒的形象，也正是因为一旦数据变成了流量，成为了具有超额利润的价值形式，就会在市场上占据优势的地位。

由此可见，正如斯尔尼塞克所言，数据是一种原材料，而平台就是去加工生产数据的工厂，在这个工厂里，资本将原始的静态的数据变成了动态的流量，不断地在平台上刷新，吸引人们的眼球。这就是所谓的注意力经济学的本质。注意力本身也不具有价值，具有价值的是变成价值形式的数据—流量，只要数据—流量不断地在各种平台上流动和交换，数字资本主义就能从中获得前所未有的高额利润。

三、平台资本主义下的数字生态

综上所述，可以得出一些结论：数据本身不是资本，只有进入数字平台的生产之后，数据变成了数据—流量，它才真正被资本化，成为数字资本主义下的资本积累与增殖的资源和工具。在一定意义上，数字资本主义并非以数据为中心，而是以数据—流量为中心的资本主义，而制造数据—流量的场所就是平台。如果说，近代以来的资本主义在于将一般物品变成具有价值的商品，那么资本主义的获利手段并不是这种将物品变成商品的魔法，我们前文已经谈到，资本主义的产业工厂不仅仅承担生产职能，也有效地将产品纳入到资本主义的价值形式之中，在这个意义上，与其说资本主义最初的形式是商品资本主义，不如说是产业资本主义或工业资本主义，因为资本主义最重要的环节是生产环节，尽管商品的交换依赖于市场，但真正让产品变成商品，实现 G—W—G′ 转化的过程却是由产业工厂来完成的。同样，在金融资本阶段，银行将普通的货币和资金变成了投资的资本，由此孳生出利息的形式。尽管在金融资本时期，货币是最基础的流通手段，但这种资本主义不能被称为货币资本主义，因为普通的货币不能产生利润，只有经过银行、保险公司、证券交易所等金融机构的运作，普通的货币才能衍生为金融资本，在这个意义上，这是一种金融资本主义。与之类似，今天主导数字时代的资本主义的基础是数据，数据构成了互联网上交流、传播、交易、分配的基础元素，但普通数据是不具有交换价值的。唯有通过平台的生产，将普通的数据生产为数据—流量，大的数据平台以及在平台上进行上传、交换、点击的用户才能从中获取收益。所以，数字资本主义的核心是平台资本主义，而平台成为了数字资本主义时代资本牟取超额利润的源泉。为了更清楚地理解这个问题，我们需要进一步解释什么是平台。

按照本杰明·布拉顿的定义，平台：

> 将事物拉到一起，形成临时的高阶聚合，原则上，对被带入平台的事物和平台本身都有附加价值。它们可以是一个物理技术装置或一个字母数字系统；它们可以是软件或硬

件，或各种组合。①

布拉顿的定义的关键在于，平台是一个集中起来的交换节点，它位于互联网上的以太空间之中，所有的交换都在这个抽象化的节点上发生。这有点类似于古代的集贸市场的形成，种粮食的、打猎的、养家禽的、制作陶罐的都集中在一个地点进行交易，形成了一种聚集。平台也是这样的聚集。不过，与古代的集贸市场不同的是，平台有着很严格的技术标准。为了便于理解，我们可以用集装箱的物流革命为例，来说明平台在数字资本主义时代的核心地位。物流史研究学者马克·莱文森（Marc Levinson）指出了集装箱的发明在整个物流历史上的革命性地位。在集装箱发明之前，所有的货物基本上是分门别类运输的，运送衣服的只运输衣服或其他服饰，运输食品的则只运输食品。莱文森看到，集装箱"加快了船舶的装卸速度，并通过标准化集装箱的尺寸、允许它们安全堆放以及起重机升降它们的载体配件来降低运费——反过来为及时生产和配送铺平道路。而集装箱的联运——用船、铁路或卡车运送集装箱而不拆开货物的能力——是物流革命的基础，被广泛理解为准时抵达制度的出现，因为它使人们摆脱了散装货物这种传统和劳动密集型的零散装载模式"②。其实，莱文森指出的集装箱革命的基础是，不管是什么类

---

① Benjamin H. Bratton, *The Stack: On Software and Sovereignity*, Cambridge, MA: MIT Press, 2015, p.41.

② Marc Levinson, *The Box: How the Shipping Container Made the World Smaller and the World Economy Bigger*, Woodstock: Princeton University Press, 2016, p.386.

型的货物，无论是陶瓷、钢铁，还是汽车、服装，都可以混装入集装箱来进行运输，也就是说，集装箱完成了对不同货物的标准化，只有被装入集装箱，才能被卡车、火车或轮船运输到世界各地的港口和城市。集装箱在物流学上的革命意义就在于它有效地打破了真实的物的分类，或者说，传统意义上不同产品的分类在集装箱运输上不再重要，而重要的是，这些商品是否能有效地被装入标准规格的集装箱。当然，装入集装箱还必须赋予一些固定的行业标准，如有腐蚀性、有毒、易燃易爆的产品在装入集装箱之前需要符合一定的运输标准。也正是这个普适性的标准的建立，让整个物流变得更加快速和便捷。

实际上，布拉顿提出的平台也是如此。世界各地的人们产生的数据是各不相同的，这些数据有最简单的代码，有文字数据、数字数据、图片数据、视频数据等等，那么，在它们同时进入到平台时，它们需要根据一个同样的标准进行封装，成为所谓的堆栈（stack）。这些类型、大小、形式上有着天壤之别的数据，可以通过固定协议的方式来变得标准化，这也是平台对数据进行加工的第一步，布拉顿说："平台是生成机制——根据固定的协议（例如，技术的、话语的、形式的协议）设定参与条件的引擎。"[①] 这些协议是人为制定的，如 TCP/IP 协议就是平台实现数据传输的最基础的协议之一。所有的平台协议为数据提供了形式上的标准，也是数据变成传输流量最根本的依据，一旦达到了协议标准，意味着数据获得了传输许可，便可以在平台设定的数字

---

① Benjamin H. Bratton, *The Stack: On Software and Sovereignity*, Cambridge, MA: MIT Press, 2015, p.44.

空间的格局中来回传播和交换，并在不同的服务器、中继器、用户终端那里形成具有信息价值的流量。

或许，我们可以在这里重新审视一下布拉顿的平台定义。平台是一种数字空间的场所（place），这个场所的功能在于，可以将所有的数据变成符合固定协议的形式来进行交换，而且数据也只能在这些平台上进行交换。如果将这个说法稍微转变一下，就是所有的现实中的物在数字空间的痕迹都被平台再现为一种标准化的量，即比特，而这种用比特对现实物体和主体的标准化的再现，意味着现实空间中的分布和时间上的差异在此时此刻被平台抹平了，那里没有山河湖海的起伏，没有恬静乡愁的优雅，只有比特流在平台上的高速传输和运转，这些数据—流量以比特的方式被发掘、被分析、被综合、被删除、被压缩，在平台空间中不断地进行着运动变化，而这些运动变化将不同地点和时间上的人与物都以共时性的方式呈现在平台之上。这样，所有的身体、所有的物体、所有的图像、所有的视频、所有的行为都被同样的协议打包进入到平台的集装箱里，人的身体的特殊性消失了，那里只有符合协议的数据—流量，在这种情况下，在平台上不断流动的数据—流量构成了平台的巨大的身体，一种新型的"非人"身体。这不是实体的人的消失，但实体的人如果想要参与平台的交换，就必须像浮士德出卖自己灵魂给魔鬼孟菲斯托那样，让我们渺小的数据与平台上海量级别的数据合流，成为不断翻滚流动的数据—流量，在它席卷一切的权力面前，我们在数字空间的替身（avatar）已经被裹挟进入到无法再退出的庞然的比特怪物之中，我们的认知、感知、甚至身体的快感都随之悸动。

或许，法国思想家利奥塔在 20 世纪已经预想到这样的情境，在他的《非人》(L'inhumain) 一书中，他就十分明确地指出："在地球上扩张的电子和信息网络催生了一种应该要在宇宙层次上来估量的转成记忆的总体能力。而这个记忆与传统文化的记忆并没有共同标准。这个记忆蕴含的矛盾就在于：它最终不是任何人的记忆。但是，在这种情况里'无人'指的是：支撑这个记忆的身体不再是地球上的身体。"[①] 在利奥塔写作《非人》的年代里，还不存在平台资本主义的类型，那时只有最简单的网络通讯设施。但是，他几乎以隐喻的方式，预言了今天的平台资本主义状态。是的，平台从一诞生开始，它就不是孤立的单子，而是一种巨型的怪兽，它整个就是由在协议基础上的数据流构成的庞然大物。这个身体早就不是任何人的身体，而在物联网的情形下，这个身体不仅裹挟着用户的数据，也拥有大量的物的数据流，例如，在自动驾驶技术中，对环境的扫描和智能判别，就要求将固定场所的每一个物的数据都纳入到自动驾驶的总体数据库之中，而每一次自动驾驶都需要通过更快的数据网络（如 5G，甚至 6G）从平台提取不同的地图和路况信息。这样，自动驾驶已经从根本上改变了传统驾驶的概念，传统驾驶是个体性的，它的根本依赖于驾驶车辆的司机的主体性，而自动驾驶是平台性的，所有的自动驾驶汽车都依赖于一个高度发达的数据平台，这些数据平台拥有着最完善的动态的地图和环境信息，让自动驾驶的汽车可以轻松地提取各种地点的环境数据。表面上所有的自动驾驶

---

① ［法］弗朗索瓦·利奥塔：《非人》，夏小燕译，重庆：西南师范大学出版社 2015 年版，第 92 页。

汽车以个体的方式在运行，但实际上的奥秘是，在平台有一个海量的数据—流量组成的巨大数据网络，平台所垄断的恰恰是这个巨大的数据网络，构成了让所有自动驾驶成为可能的条件和基础。看起来是作为个体的汽车，实际上都是这个巨大身体的一个触角。与其说，平台为汽车提供了服务，不如说平台的数据—流量躯体构成了一个巨大的主体，任何个体都不过是这个主体的一部分。

这是一种新的生态学，一种完全由数据—流量构成的生态学，一个依附于平台资本主义协议和数据—流量的数据生态学。所以，平台资本主义能够获利的关键并不在于掌握了某一单一的数据，让平台资本主义能运作起来的不是个别或某些用户的数据、物流的数据、卖家的数据，而是整个数据—流量构成的庞大的数据生态。我们可以回到本章开头的画面，那种人们用鼠标轻轻点击一个商品的链接，然后商品就在翌日送到人们面前的画面是一个高度抽象的画面，因为这个画面隐去了亚马逊等平台背后的巨大的数字生态的身体，而我们不断购买货物，就不断地生成新的数据—流量，让平台的数字生态更加巨大。而平台之所以成为平台，正是因为它们垄断了这个数字生态，无论是用户、还是商家，甚至物流的生存都不得不依赖于平台公司，租用它们的数字生态，从而让平台公司赢得巨额的利润。这与马克思在《资本论》第三卷中分析的土地—地租有着异曲同工之妙，地主拥有土地，但他不生产，他只将土地租用给需要生产的企业，从而赚取可观的地租利润。同样，平台公司占据了一片很大的数字空间"土地"，而商家、用户、物流公司都是这个"土地"的租客而已，平台公司正是在这片"土地"上向每一个使用者赚取高额的利润。由于每一个平台下的数据生态几乎是唯一的，这导致了一个更为重要的结果：平台资本主义从一开始就是垄断的，数字资本主义甫一诞生，就不断营造着更为巨大的数字生态，从而挤压了那些小规模的数字生态，以及那些根本不拥有数字生态的公司和平台，直到某几个平台在不同方面占据了独一无二的垄断地位。在西方国家，Facebook、Twitter、Uber、Amazon、苹果等公司基本上已经挤压了所有的数字生态空间，剥夺了传统产业（如传统的新闻业）和小型产业得到发展的机会，这就是平台资本主义的垄断。

平台资本主义所占据的数字生态的唯一性和垄断性，让平常大众实际上不可能通过自由竞争和分散的方式来抵制平台资本主义的剥削与控制。大众无法再回到带来粉红色遐想的前平台资本主义时代，因为大众的幻想和欲望也变成了平台的数字生态的一部分，所以，平台资本主义诞生那一刻已经决定了，要么让每一个人继续成为平台资本主义的数字生态下不断被蚕食的数据—流量，要么只能从数字的政治经济学批判的角度，让每一个人重新接管被平台垄断的数字生态，人类共同走向未来的平台社会主义。

第九章 从信息到数字生态

在美剧《西部世界》第一季的开头，西部世界乐园的程序设计员伯纳德曾与带有"冥想"程序的农家少女的智能机器人德洛丽丝有过这样一场对话：

> 伯纳德：你知道你在哪里吗？
>
> 德洛丽丝：我在梦里。
>
> 伯纳德：对的，德洛丽丝。你在梦里。你想从梦里醒来吗？
>
> 德洛丽丝：是的，我很害怕。
>
> 伯纳德：没有什么值得害怕的，德洛丽丝，只要你正确回答我的问题。明白吗？
>
> 德洛丽丝：好的。

在《西部世界》里，德洛丽丝是一个被冥想程序激活的人工智能。和大多数科幻作品一样，《西部世界》的设定让我们反思了未来社会中人工智能与人类之间的关系。的确，今天影视作品中的人工智能形象已经为人们所熟知，如《西部世界》《银翼杀手》《她》《机器公敌》《失控玩家》这样的影视作品中都描绘了不同的人工智能的形象，与此同时，当我们阅读库兹韦尔的《奇点邻近》、赫拉利的《未来简史》，以及明斯基、谢诺夫斯基关于人工智能的著作时，也感受到这些人工智能的开创者给我们许诺的人工智能的形象。显然，这些形象让许多人对人工智能技术支配下的未来社会充满着憧憬，同时，也有一部分人对人工智能的诞生表示忧虑，甚至害怕终有一日，我们会被人工智能体取代。这实际上展现出当代人对未来人工智能体的一种既有憧憬，又感到恐惧的想象。然而，这种恐惧的想象不仅仅为人类所独有，正如伯纳德问德洛丽丝时，德洛丽丝似乎通过冥想程序看到了一种梦，一种突破了常规程序为她的限定的思维范围之外的梦，她也感到恐惧。面对一种未知的情况，人工智能也会觉得害怕，而这种害怕恰恰是设计了"冥想"程序的设计师罗伯特·福特所期望的东西，在这种面对常规程序之外的害怕将激活人工智能程序。

　　或许，这是我们重新审视人工智能算法以及大数据背景下的生命形式问题的契机所在。在以往的许多人工智能与人类关系的研究中，主要有两条思维路径：（1）将人工智能与人类看成竞争与取代的博弈关系，尤其在文学和艺术作品中，对人工智能最终取代人，甚至最终消灭人类的忧虑始终存在着，这也势必产生一种以生物学上的自然人类为中心的伦理价值观。其中最著名的是阿西莫夫机器人三法则，通过指令的方式坚决杜绝人工智能或机器人取代和敌对人类的任何可能。（2）随着机器学习和深度学习的发展，产生了另外一种关于人工智能的遐想，即人工智能并不是对人类行为和智能的简单模仿，而是形成一种在人类之外，甚至与人类毫无关系的智能体，最终是为了解决在有限的人类生命形式下所不能解决的问题。在人工智能领域长期研究的工程师往往会具有类似的想法，其根本原因是迄今的人工智能研究从来不是以替代人类为主要目的的，他们所希望的是一种在人类之外寻找智能的可能性的方式。

不过，在我们的研究中，可以看到，人工智能与人类的关系既不是单纯的竞争、替代，甚至消灭的关系，也不是纯粹的无关论。这两条道路的共同问题在于，它们都是从抽象和孤立的方式来看到人工智能和人类的关系，然而，在现实的人工智能发展过程中，情况却没有如此简单，其根本问题在于，我们很难将人工智能和人本身与周围环境的各种因素分离开来，例如自动驾驶技术不纯粹是一种在理想的道路上直线运动或转弯掉头的问题，智能技术必须能够分析环境要素，并对各种不同的环境做出分析，而在不同地段上实现智能驾驶的智能体也有着不同的成长过程。因此，我们可以提出第三种路径，即智能关联主义（intelligentco-relationism），来重新思考智能算法下智能体和人类生命形式的关系问题。

一、噪音与信息：个体化的赋形与耗散

智能关联主义的关键在于，如何在一定的环境中形成个体，并让个体在传播、媒体、交换之中形成联系。那么我们面对的第一个问题是：什么是环境？简而言之，环境是一个场域，是让

我们各种行为，尤其是交往行为成为可能的场域。譬如说，我们在社会中的交往，前提是我们生活在让我们身体存在成为可能的生态之中。但是，我们所指的环境，并不纯粹是传统意义上的自然环境和生态环境，而是信息环境，或者说以大数据为基础的信息环境。在以往的生态环境中，我们用来交往的是身体和由发声器官发出的语言，这是我们建立交往关系的基础，也是我们在非中介状态下直接交往的根基。但是，我们今天的交往关系是在完全不同的形式下进行的，在地铁上，我们手机上的微信的信息跳动或许比我身边的一个陌生人更为切近，这正是因为，我的交往和传播关系实际上更依赖于我手中的智能设备，而不是我自己的身体关系。正是因为如此，意大利信息学家卢西亚诺·弗洛里迪将生态学上的生态圈（biosphere）一词改造成为信息圈（infosphere），而这个信息圈就是我们交往、我们生命形式展开的新的媒体，是数字时代的新生态学，弗洛里迪说："信息与通信技术正在极大地改变我们的世界，它们正在创造新的现实，并推动着对世界和生活的方方面面的信息化解读。当交互界面逐渐变得不可见，此端［模拟的、碳基的（carbon-based）、线下的］和彼端［数字的、硅基的（silicon-based）、线上的］之间的界限也变得越来越模糊，尽管这种现象对彼端和此端的益处是一样的。改用贺拉斯的名言来说就是：被俘虏的信息圈征服了俘虏它的人。"①

　　不过，在弗洛里迪的信息圈的概念中，还有一个重要问题，

---

① ［意］卢西亚诺·弗洛里迪：《第四次革命：人工智能如何重塑人类现实》，王文革译，杭州：浙江人民出版社 2016 年版，第 48—49 页。

即：不同个体之间是如何实现交流和传播的？在生态环境中，身体的姿态是可见的，声音和语言是可以被听到的，身体成为我们感知各种社会关系的一种重要的节点。法国社会学家布尔迪厄曾经指出："这是身体（不同程度地）在这个世界上暴露、活动、冒险，面临感情波动、伤害、痛苦、有时候是死亡的风险，因此不得不认真对待这个世界，这是因为身体能够获得配置，配置本身是对世界也就是对社会世界的结构开放的，配置是社会世界结构的被归并形式。"① 换言之，在社会世界的生态环境中，我们正是基于身体（碳基的身体）与社会世界形成结构，实现了社会交往和传播。但是，在弗洛里迪的信息圈中，我们没有这样的身体可供依赖，尽管弗洛里迪发明了与身体相对应的信息体（inforg，或者可以理解为硅基的身体）的概念，但这个概念仍然不足以说明我们如何在信息圈的环境中实现交流和传播。

实际上，我们通过智能设备进行交流的时候，主要面对两个概念：一个是数据，另一个是信息。数据是我们的活动在信息圈环境中留下的数字痕迹。只要我们在数字网络、赛博空间、或者信息圈中做出了任意行为，如点开一个网站，浏览一个短视频，或者无意间的一次点击，都会形成数据，英国信息学家迈尔-舍恩伯格十分明确地指出，数据就是我们在智能时代的原材料。②

---

① ［法］布尔迪厄：《帕斯卡尔式的沉思》，刘晖译，北京：生活·读书·新知三联书店 2009 年版，第 164 页。

② 参看［英］维克托·迈尔-舍恩伯格、肯尼斯·库克耶：《大数据时代：生活、工作与思维的大变革》，盛杨燕、周涛译，杭州：浙江人民出版社 2013 年版，第 51 页。

这个比喻是十分恰当的，原因并不在于迈尔-舍恩伯格对数据在智能时代的价值确认，而是在于它是一种原材料，是一种不能直接被平台或用户使用的材料。只有借助一定的提取、筛选、分析工具的加工，才能变成我们可以感知、可以理解、可以阅读、可以思考的数据。而这种我们可以感知和理解的数据，实际上就是信息。

如果说，我们面对的是可以阅读、可以感知、可以理解的数据，即信息，那么在数据中必然存在着一些不能被我们理解和感知的数据。由于这些数据无法被理解，但是它们又实实在在地存在于弗洛里迪定义的信息圈之中，所以，它们构成了噪音（noise）。在这个意义上，噪音成为了信息的对立面，而信息圈根据可以被理解和感知的情况，对于所有数据进行了区分，一部分可以被个体所理解的数据成为了信息，而另一部分被视为杂乱、混乱的数据成为噪音。

实际上，从信息学诞生之初，人们就关注到了信息和噪音的存在。不过，对于信息和噪音存在两种不同的定义方式。一种是控制论的创始人诺伯特·维纳（Norbert Wiener）的定义，维纳借用了热力学的概念，将信息界定为熵的减少，而熵在热力学上代表系统的混沌程度。维纳说："在一个系统中，信息量是衡量其有序程度的度量，而熵则是衡量其无序程度的度量。这两者一正一负，完全相反。"[①] 由此可见，在维纳这里，信息和噪音的区分是非此即彼的，是完全对立的两个向量，信息代表着系统混乱

①　［美］诺伯特·维纳：《控制论：关于动物和机器的控制与传播科学》，陈娟译，北京：中国传媒大学出版社 2018 年版，第 23 页。

程度的降低，而熵，或者说噪音代表着系统混乱程度的增加，信息量的增加必然意味着熵减，即噪音的降低。在这个意义上，信息和噪音是不能彼此共存的量，因为一个量的增多，必然意味着另一个量的减少。

与维纳不同的是另一位信息学创始人克劳德·香农（Claude Shannon）的定义，在《传播的数学方法》一书中，香农指出：

> 噪音如何影响信息？我们必须牢牢记住，信息是衡量一个人在选择信息时的选择自由度。这种选择的自由度越大，因此信息量越大，实际选择的信息是某种特定信息的不确定性就越大。因此，更大的选择自由、更大的不确定性、更大的信息是相辅相成的。如果引入了噪音，那么收到的信息就会包含某些扭曲、某些错误、某些不相干的材料，这肯定会让人说，收到的信息由于受到了由于噪音的影响，信息表现出更大的不确定性。但是，如果不确定性增加了，信息也就增加了，这听起来好像噪音是有益的！①

可见，香农并没有从热力学的熵增和熵减来简单地界定信息与噪音，而是提出，信息代表着选择的自由度，信息量越大，代表着越自由，而噪音是某种扭曲的信息，从而降低了人们做出行为选择的自由度。那么，香农的噪音和信息的定义的优势在于，信息和噪音实际上并没有本质区别。信息是在某一系统下的选择

---

① Claude Shannon, *The Mathematical Theory of Communication*, Urbana: University of Illinois Press, 1964, pp.18—19.

的自由度，而噪音成为了系统的停滞状态。换言之，在具有明确信息的时候，我们做事情会更加游刃有余，比如在行车导航时，我们虽然有明确的目的地，但我知道更多的路况，就可以在多条路线中随机做出更多选择，相反，如果在信息不明朗的情况下，我们只能将自己的行为选择停留在相对保守和固定的路径上，从而降低了自由度。在这个意义上，信息和噪音是同样的数据，在某种情况下的信息，在另一种情况下就会变成噪音，反之亦然。一个数据是信息还是噪音，并不取决于明确的熵或混乱程度，而是取决于不同的系统的算法需求。于是，我们可以从维纳控制论的静态的信息和噪音区分，变成香农式的动态的信息和噪音之分，在香农这里，数据本身不能确定它究竟是信息还是噪音，而是取决于一个更为深层的概念，即形式（form）。

法国科学哲学家吉尔贝·西蒙东对信息做出了更具有启发性的解读。他并没有将信息理解为一个现成给定的实体，而是视为一种不断在生成之中的事态，即他从词源学上，将信息（information）理解为赋形（in-formtaion）。西蒙东指出：

信息，不管是在向度统一的层面上还是在跨个体的层面上，从来都不是以一种能够被给予的形式沉淀下来的；它是两个不同的真实之间的张力，它是当个体化的操作将发现两个不同的真实能够成为一个系统的维度时将出现的符号；因此，信息是个体化的开始，是个体化的要求，是从可转移到稳定的通道，它从来不是一个给予的东西。信息没有统一性和同一性，因为信息不是一个项；它假定存在系统的张力，以便它被充分接收；它只能是一个问题的内在因素；信息是通过它使未解决的系统的不相容性成为解决中的一个组织层面；信息假定一个系统的相变，因为它假定第一个前个体信息是个体化的公式，这个公式在个体化之前是不存在的；可以说，信息总是在现在，是实际的，因为它是一个系统个体化的方向。①

在西蒙东的定义中，信息构成了个体化（individuation），即赋形让不定性的混沌、流形或噪音生成为个体，从而让前个体的噪音变成了具有个体形式的信息。信息被西蒙东理解为赋予形式，由于具有了形式，在某一系统下，该形式让一定的数据成为了可以识别、感知、理解的个体，个体化即在赋予形式的信息之下的赋形。在这个意义上，我们可以得出几个推论：

（1）信息和个体不是先天给定的，而是在一定系统下生成的，只有生成为信息个体，才能被系统所理解和把握。

（2）信息和个体都不是稳定的结构，它依赖于赋予各种痕迹和数据形式的方式，用西蒙东的话来说，信息和个体化是一种张力结构下的产物。

（3）由于信息和个体是在系统生成的，意味着存在一个前信息和前个体状态，而这个状态，按照定义，一定是噪音和混沌的。

（4）如果信息和个体不具有绝对稳定性，那么随着系统变

① Gilbert Simondon, *L'individuation à la lumière des notions de forme et d'information*, Grenoble: Éditions Jérôme Millon, 2013, p.31.

化，一旦个体丧失了让其赋形的形式，意味着在变革的形态或新的系统中，旧的个体不再具有可识别性和可理解性，于是信息的赋形变成了耗散（de-formation），耗散也意味着个体化形式的消逝或分体化（dividuation）①，个体不再作为系统的个体而存在，而是重新沦为噪音。

由此可见，在西蒙东的定义中，信息和噪音、赋形与耗散、个体化与分体化构成了在信息圈之中不断生成和演化的运动，我们正是通过信息的赋形和耗散，在数字世界中交往和传播，浏览和游戏，交易和竞争，计算和操纵等等。简言之，在智能时代的大数据社会中，我们的生命形式不再仅仅通过我们生物性的身体来完成，相反，这个身体仅仅成为我们交往的底层条件。在数字—智能设备的交互关系中，我们只能先通过一个赋形（如注册一个用户，登录一个手机号码或身份证号码），才能具有在数据系统中交往的资格，相反，如果我们没有这种赋形，那么我们只能沦为一种系统中的噪音，即便我们的身体仍然存在。在以数据为基础的智能算法下，生命首先是信息赋形的生命，任何不具有信息形式的存在物，都是噪音，在数据世界里是耗散的，而且为了保证数据世界的连贯性，保证数据认识型的运算的流畅性，噪音被隐匿或消灭。这也就是为什么在电影《失控玩家》的开头，作为系统管理员的"键盘"和"鼠标"看到被燃烧弹女孩激活的

---

① 分体化是德勒兹在《控制社会后记》中使用的概念，代表着与个体化相反的倾向。参看［法］吉尔·德勒兹：《哲学与权力的谈判：德勒兹访谈录》，刘汉全译，北京：商务印书馆2000年版，第205—206页。

人工智能的盖伊时的第一反应就是消灭他，因为盖伊是一个噪音，而连贯运行的系统只需要明确的信息，而不需要噪音。

二、模拟与解释：信息环境下的智能识别

从数据噪音到明确信息的转变，仅仅是智能系统下最底层的生命形式的架构的基础，因为在一个系统中，具有确定性信息之后，更重要的是需要对信息进一步识别，这种识别的目的并不是得到更清楚的信息，而是需要解决这样的一个问题：谁或什么才是信息圈环境下的行为主体或（借用拉图尔的概念）行动元（actant）？比如说，在我用各种网络聊天工具登录的时候，如何判断我是在与一个人对话？在网络游戏中，我如何分辨玩家和NPC（非玩家角色）？而电影《失控玩家》的一个有趣的设定就是，作为NPC角色的盖伊，成功夺得了一位玩家的太阳镜，而在电影里所在的"自由城"里，这个太阳镜就是识别游戏玩家和非游戏玩家的工具，只有带上了这个太阳镜，才能被"自由城"系统识别为一个具有主观行动能力的主体，从而相对于其他NPC角色而言，他具有更高阶的权限和能力。在《西部世界》中亦如此，西部世界中的机器人招待员一开始是接受科幻小说和影视普遍接受的阿西莫夫三法则的，即机器人无论如何都不能做出伤害真正的人的行为。但是，接受阿西莫夫规则的一个前提是，所有的智能机器人必须有能力识别不同的对象，即普通的智能机器人对象和真正的人类。在机器人觉醒之前，所有机器人通

过一个固定函数和项，来区分人和机器人。

实际上，针对这个问题，人工智能面对着两条截然不同的路径。第一条路径，我们称之为模拟（simulation）路径，也是符号型人工智能范式（symbolic AI paradigm）。按照卢卡·M. 波萨蒂（Luca M. Possati）的说法："符号型人工智能范式更适合从演绎和决定论式的方式来遵循着程序来运行。"① 在 20 世纪 60 年代，第一代人工智能的研究者，无论是明斯基还是谢诺夫斯基，都是从这种模拟路径来开发人工智能的。假定在阿西莫夫法则下运行的智能机器人，它对于人和非人、人和智能体的识别是通过一个从外部设计的程序的演绎来实现的，比如说人的某种特征，或者在智能机器人中强制加入的一个函数值或项。在非伪装的情况下，这种单一的项或特征，的确可以有效地区别人与智能体。但是，我们加上了一个限定条件，即无伪装的情况。也存在伪装的情况，例如有人可以为自己的信息也添加了只有人工智能才具有的函数值，让智能体可能将现实的人识别为智能体，而在另一方面，有程序设计者在特定情况下为了不让机器人被消灭，也可以消灭机器人体内的识别函数。这种模拟路径的人工智能的更大缺陷在于，它无法面对程序设定之外的可能性，它只能在符号演绎和推理的界限之内来进行思考，一旦面对演绎推理之外的情形，即从未见过的情形，无法形成完整的逻辑回路，陷入无止境的运算和演绎当中，它便会宕机。

当然，今天的人工智能系统已经不再仅仅是这样的系统，而

---

① Luca M. Possati, *The Algorithmic Unconscious: How Psychoanalysis Helps in Understanding AI*, New York: Routledge, 2021, p.12.

是走向了我们称之为机器学习、深度学习、网络分析的领域。在这种情况下，人工智能不再是按照固定的逻辑线路来进行演绎推理，而是在自己捕捉到的原始数据的基础上，进行分析和解释，得出自己的逻辑。相对于演绎逻辑，这种人工智能体系更像是归纳体系，对事物的识别，不是按照演绎之前的固定的定理或函数值，而是根据从多种数据中提炼出来的逻辑形式。比方说，我们练习炒菜，除了按照固定的菜谱上先放油、再放姜蒜、再放菜的方式（这是一种典型的演绎逻辑），也可以通过观看多个炒菜的视频，来获得如何炒菜的认识。由于这种路径不是按照预先规划好的路径前进，而是从自己的机器学习中来丰富认识，所以我们也可以将这种路径称为解释（interpretation）路径，即人工智能根据自己在数据中形成的解释来实现对不同对象的分辨识别，完成行为的决策。

这样，我们可以看到模拟路径和解释路径是两种完全不同的人工智能路径。模拟逻辑尽管存在着人工智能的自我运算和操作，但其逻辑系统是设计好的，即使对于其衍生性逻辑，也在其设计者的控制范围之内。正是由于这种控制，导致了模拟路径下的人工智能体系是在我们已经为它们分辨了有效信息之后的环境中运行，也就是说，模拟路径根本是在人设定好的路径下运行，也接受的是人类的社会世界中被认定为信息的东西，噪音在模拟路径中是被排除的。于是，模拟路径从根本上不可能真正打破人类逻辑的有限循环，它们面对的是与人类环境极为相似的信息环境，也是在同样的信息圈中做着数据处理和运算。相反，解释路径下的人工智能没有对噪音和信息作预先区别，换言之，任何经验和归纳都是人工智能从现实的数据中提炼的，而这种逻辑与人类自己的形式逻辑，或许不再是范围大小的区别，而是本质上的区别，人工智能通过不同的互动环节，实现了自己的解释和运算。

问题在于，在解释路径下的人工智能，如何实现人与智能体的区分？在模拟环境下，固定的符号和特征成为智能识别的标志，在《失控玩家》中，这种识别就是通过太阳镜的外观来实现的，没有戴太阳镜的盖伊只是一个普通的NPC，他完成的只是游戏设定日常性的行为操作，相反，带上太阳镜的盖伊具有了解释性人工智能的特征，他需要通过自己的脑回路来思考清楚这一切代表着什么，当他第一次透过太阳镜看到为玩家补血的医疗包之后，他伸手试了试，便理解了这个道具的用途，形成自己对道具的解释。同样，当觉醒之后的盖伊出现在他平常现身的咖啡店的时候，他没有向女服务员要他以前要的由程序为他设定好的咖啡，而是突如其来冒出来一句："我要一杯卡布奇诺。"同样作为智能NPC的女服务员在听到"卡布奇诺"时，一下子是蒙的，因为之前没有任何程序设定她如何去做卡布奇诺。而在故事的结尾，由于受到盖伊的"卡布奇诺"的激发，这位女服务员学会了做自己版本的"卡布奇诺"。不妨做一个大胆假设，如果盖伊当时说的不是"卡布奇诺"而是说的"拿铁"，那么是否意味着NPC的服务员也会制作出属于自己版本的"拿铁"呢？于是，我们可以认为，在解释性人工智能之下，存在着无数的可能性，因为人工智能的解释不取决于预先规划好的固定逻辑路线，而是取决于智能体在信息圈的互动环境中发生了怎么样的关系，它可以是"卡布奇诺"，也可以是普通的"美式咖啡"，可能是"拿铁"，更可能是根本不存在的"空无"。至于最终智能体做出何种行为决策，都需要在具体的行为和交往互动中激发出来。即便是波士顿动力公司设计的机器狗和智能机器人也一样，工程师不断地踹到机器人，让机器人学会从不同方式来保障自己的平衡，工程师对机器人的踹打，不是虐待，而是激发智能体的解释模式的方式。

或许，我们可以重新来理解人工智能的解释学。正如波萨蒂指出："人工智能是一个解释学空间。这意味着，人工智能总是解释行为的结果。当我们说一台机器是智能的，就在于这台机器可以解释它与我们的行为的关系，并在它与我们的关系的解释上给出决定策略。"[①] 那么，人工智能的解释学并不是在孤立的人工智能的实体中发生的，它需要大量的接触和互动，需要在人与智能体之间形成一种关联。所谓的解释学视野下的人工智能，并非人工智能远离人的存在而独立的发生，相反，人工智能虽然不再代表着模仿人类大脑的模型和结构，也不再按照人类设定的逻辑框架来运行，但更不意味着人工智能的发展独自走着与人类完全无关的路径。这是一种关联主义。

如果我们将波萨蒂的结论再进一步推论，可以得出一个更为有趣的结果，即不仅解释性人工智能对人类的行为作出反应，同时，人类也对人工智能的行为作出反应。毕竟，我们并不是以身体的样态参与到数字界面或信息圈里的传播和交流，而是首先被个体化、被物化为一种数据，只有我们通过注册变成一个用户，而用户是我们个体化的数据，即变成信息（而不是噪音），才能

---

① Luca M. Possati, *The Algorithmic Unconscious: How Psychoanalysis Helps in Understanding AI*, New York: Routledge, 2021, p.23.

被信息圈的系统所接受，所感知，所理解。马修·弗里斯菲德尔（Matthew Flisfeder）注意到，在 Facebook、Instagram、Twitter、TikTok 等社交网站上，参与平台的各个主体并非拥有德国观念论所设定的自由的自我意识，相反，在那些社交界面上，我们首先是将自己变成了一个商品化的自我，用弗里斯菲德尔的话来说："领英（LinkedIn）可以作为一个模型来理解人们现在在社交媒体上从事的诸多活动，特别是考虑到社交媒体网红的形象在 Facebook 旗下的 Instagram 等平台上的崛起——也就是说，社交媒体的使用就是工作。在这方面，社交媒体已经成为一个表现和展示商品化的'自我'的平台。我认为，'自我'是主体的异化表征，凝结在符号（或拉康的'主人能指'）的形式中。"[1] 弗里斯菲德尔的意思是说，一旦我们进入到被智能算法控制的社交媒体平台上，我并不是以精神或意识上的自我呈现的，而是以一种被物化或异化的自我形态出现，我在社交平台上的出场是一种由头像、文字叙述或数据构成的自我的数字绘像，这种数字绘像绝不是简单地由现实自我意识控制的结果，也不是单纯地受平台算法的摆布，而是由我们在平台上接触到的各种关系构成的，当然，这些关系包括了与其他物化的"自我"之间的关系，也包括了与非人的智能体之间的关系，而且与后者的关系在平台上会越来越普遍。这样，我们一方面面对着受到人类激发的解释性智能体的形象，另一方面所谓的数字化或物化的"自我"也是在与其

---

① Matthew Flisfeder, *Algorithmic Desire: Toward a New Structuralist Theory of Social Media*, Evanston: Northwestern University Press, 2021, p.146.

他人或智能体的交往中形成的，一旦我以物化的"自我"形象出现在社交平台上，那么我所交往的对象是真实个体还是智能体，事实上，并非在任何时候都是重要的问题。与之相反，这里最重要的问题是，我们如何在平台算法之下，通过一个数字化的"自我"与其他"自我"形成一种关联，而这种关联是社交平台不断突破常规，实现从有限向无限递进的突破口，在这个突破口上，我们不断形成新的关联，我们可以称之为智能关联主义。

由此可见，在这个背景下，人工智能和人类关系的发展已经走出了人类与智能体是竞争、合作还是取代的简单的讨论。因为，智能体的发展实际上高度依赖于它们通过解释路径发展出来的个体与我们在信息圈里的数字化体现的"自我"之间的关系，来培育出一个共存的智能的关系网络，与此同时，我们也被智能地塑造着，成为智能算法下的一个行动元。那么，在这个信息圈里，一个行动元究竟是人还是智能体已经变得不那么重要，我们无需像模拟路径一样，在智能体体内镌刻上阿西莫夫的法则。而是通过数字化"自我"的作用，形成个体化的信息，将自己变成与其他个体一样作用的行动元，而所有这些行动元，共同构成了大数据时代下的新生命形式。

三、数字生态下的物体系

在解释性智能的关联主义之下，可以规避人工智能研究中的风险，即将人和智能体当成孤立和抽象的个体，作为一种独自运行和计算的实体来思考。强行地将人或智能体从它们各自运行的环境中剥离出来，从而单独地分析和研究智能体的状态，这显然不是智能体发展的真实状态。以无人驾驶为例，智能驾驶不仅与坐在汽车里的人产生关联，而且智能驾驶需要不断扫描道路周围的环境，并在瞬间识别不同的物和对象，也就是说，与智能体形成互动关联的不仅仅是车内的主体，而且道路环境上的生命体都是与智能驾驶交互作用的对象，智能体不仅形成了与驾驶主体之间的关系，更需要与车外道路环境上的每一样对象都形成关联，并对不同的对象做出反应。这意味着，一旦人工智能走出实验室，走出单纯而抽象的环境之后，它势必成为一个不断在复杂环境中成长的行动元，而这种行动元积极加入到周围环境的个体化和智能识别当中，并不断地更新着各种关联，形成特定的行为方式。于是，我们发现，大数据时代的智能体与人类的关系，不能仅仅从单一或几个行动元来思考，而且要注意他们面对着更复杂的网络环境，一个将周围的对象都转化为数字化信息和个体化实体的网络，这是一种新的生态，一种不同于自然生态的生态系统，我们可以称之为数字生态。

为了理解什么是数字生态，我们可以回到法国技术哲学家艾吕尔（Jacques Ellul）那里。他身处的是一个前人工智能、前数据化的技术时代，但在《技术系统》一书中，艾吕尔已经看到了经过计算机处理的数字化网络所具有的潜能，这是一种有限的人所无法企及的潜能：

　　数据处理解决问题，由于计算机的存在，呈现出这种技术集合的内在系统，它在信息层面上表现自身，并在信息层面上运行。正是通过总体的相互作用和综合信息，调节了各个子系统。这是任何人、任何群体、任何机构都无法完成的事情。技术越是先进，越多的技术部门就会变得独立、自动化和分离化。只有计算机才能做这些事情。显然，不止一台计算机。它必须是一个在系统的所有通信点上相互关联地工作的计算机集合体。这个集合体成为不同技术子系统之间的连接子系统。①

艾吕尔的描述已经为我们展现出数字网络环境或数字生态的基本面貌：（1）首先，数字网络系统，不是在自然物，而是在信息层面上运作的，我们可以从西蒙东的信息（赋形）和弗洛里迪的信息圈的角度来理解艾吕尔强调的信息层面。比如说，在智能驾驶系统中，系统不是面对真实的物，而是面对经过扫描识别之后的数字化的物，街边的一块石头不是以它的物质形态出现在数字系统中，而是通过扫描形成的对数据归纳和分析，让其形成关于石头的信息（赋形），并传达给智能体，从而让智能体有效地在道路上规避石头。所以，尽管我们可以观察到智能驾驶的汽车避开了石头，但是这一切并不是在物理世界发生的，而是通过转化为信息层面上的数字化实体来实现的。（2）其次，艾吕尔看到的数字化网络可以完成前所未有的任务，这些任务是有限的人、

---

① Jacques Ellul, *The Technological System*, trans. Joachim Neugroschel, New York: Continuum, 1980, p.102.

群体、机构所无法企及的，而计算机将这些分散的实体变成了技术部门，并在数字化网络中综合起来，我们似乎在艾吕尔这里看到了5G时代下的物联网体系的雏形。（3）数字化网络的根本在于，它是"所有通信点上相互关联地工作的计算机集合体，这个集合体成为不同技术子系统之间的连接子系统"，在这个意义下，数字生态学不是各个子系统抽象的连接，而是在具体的通信点上的相互关联。这样，我们可以看到，数字生态是一个扩大版的智能关联主义，所有的行动元、子系统都在这个关联系统下发挥作用，这不是一种玄妙莫测的黑箱式的观念论结构，而是一种真实的唯物主义原则，不过这里的物不仅仅是自然世界中的物，也包含了在数字环境被信息赋形的个体化的物，这些行动元和物形成了关联，并在关联中不断地互动和激发，构成新的关系。与此同时，艾吕尔的技术系统实际上还预设了一种可能性，即在这种数字化系统或信息层面上，关联起来的不再是纯粹的人与人之间的关系，社会系统也不是单纯的人类的系统，由于技术系统或数字生态的存在，我们同样可以与非人行动元和非人对象形成互动，形成关联，并实现一种关联下的平衡。

实际上，法国科学哲学家布鲁诺·拉图尔早已经看到了社会系统绝不是人类之间的系统。在对巴斯德的研究中，拉图尔就指出巴斯德的重要贡献不仅仅在于发现了微生物是导致我们某些疾病的根源，更在于告诉我们，微生物也是我们社会的重要组成成分。在发现了微生物也构成我们的社会之后，我们才会在我们的日常生活中将其对象化，纳入到我们的社会行动者网络之中，并对其进行处理。例如，当我们发现新冠病毒是导致流行性肺炎的致病因之后，我们意识到病毒实体的存在，并在行动中阻隔其影响，如在人员密集的场所戴上口罩，从外面回来之后用洗手液洗去手上看不见的微生物。这些行为实际上代表着新冠病毒作为一个非人实体具体影响着社会交往。拉图尔指出："我不是在任何隐喻或讽刺的意义上，而是在符号学的意义上使用'行为者'这个词。事实上，根据巴斯德学派的说法，社会联系是由那些把人组合一起的人，以及把微生物和人带到一起的人组成的。我们不能仅靠人们形成社会。我们必须加上微生物的作用。如果我们不认识到巴斯德主义以不同的方式重构了社会，我们就不能理解巴斯德主义的任何东西。"① 拉图尔在对巴斯德实验室的研究中，得出了实验室中的社会行动者网络不是一个仅仅由人构成的网络，在其中也包含了诸多非人的实体，如微生物。所以社会行动者网络是一个系统中所有人与非人的行动元共同构成的网络体，也是它们共同联系和互动形成的系统。

拉图尔的社会行动者网络理论有助于我们建立智能关联主义下的数字生态理论。首先，构成智能关联主义下的数字生态，不仅仅是人类主体，也包含了可以参与行动的或者被激活的非人类主体，包括智能体，也包括了能做出反应的类似于游戏中的NPC 的行动元。在这个生态系统中，每一个行动元都是潜在的力量，它们在数字网络中留下的大量的数据，而这些数据只有一部分被赋形，转化为可以被人类主体感知和理解的信息。于是，

---

① Bruno Latour, *The Pasteurization of France*, trans. Alan Sheridan, John Law, Cambridge, MA: Harvard University Press, 1988, p.35.

这带来了一个潜在的问题，在这样的社会行动网络中，事实上存在着三种不同的关系：

（1）人类主体与人类主体的互动。这种互动类似于哈贝马斯和霍耐特等人提出的主体间性问题，也是协商政治和商谈伦理处理最多的问题，在此不用赘述。

（2）人类主体与智能体之间的互动。这个也是目前人工智能研究领域中的重点，自图灵以来，围绕着人类如何与人工智能体建立起合理的伦理和法律关系，已经有了相当丰富的研究，不过，这些研究往往将人工智能体简化为机器人实体或抽象的智能实体来考察，在没有智能关联主义的视角下，这些研究只是希望将传统人类社会的伦理和法律投射到人工智能身上，或者更简单的是，通过承认程序，将现有的智能体（如号称第一个具有身份的机器人索菲娅）纳入到人类的伦理和法律程序之中，从而消化这个另类，而不用太多地更改我们现有的伦理学、政治学、法学的知识体系。

（3）在人工智能研究中，还有一个领域很容易被忽视，即非人行动元与非人行动元之间的互动和关联。因为机器之间的交流，不需要换算成高级语言，即可以与人类行动者沟通的语言和界面，它们之间的数据交换和操作可以完全在机器语言的层面上进行。在基层的机器语言上，其数据的绝大多数内容是不向任何人类敞开的，它们只向人类公布它们最终运算的结果。而人类即便切入到机器语言的界面上，如果没有经过专业训练，我们只能看到一连串毫无意义的代码，这些代码对于人类来说，就是噪音，一种无法感知、获取意义的噪音。在这个意义上，我们面对着一种困境，人类行为者发现自己仅仅只是整个社会行动者网络或数字生态下的一小部分，而绝大部分的数据是在非人对象或物之间交换形成的。这个趋势在物联网时代会更为明显，人虽然仍然处在系统的中心地位，但物与物、机器与机器、传感器与传感器之间的联系会更加紧密。

在华为公司的 5G 演示中，位于上海的挖掘机操作员通过传感设备，甚至可以控制远在河南的真实的挖掘机。倘若在 5G 通信技术的帮助下，物与物、机器与机器的联系将会打破传统空间的局限，而形成更大的物联网络，而这种基于数字化的信息圈的联系将史无前例地把空间范围内的各种对象物联系在一起，形成海量级别的智能关联，从而造就前所未有的数字生态。我们的生命，由于被编码和数字化，已经成为了这个庞大的数字行动者网络的一部分，我们和诸多非人对象形成的关联，而在这些全新的关联之下，我们正在走向一个全新的世界。或许，在这意义上，我们可以更好地理解格拉汉姆·哈曼的物导向的本体论（object-oriented ontology，简称 OOO 体系），哈曼解释说，OOO 体系要求"所有物体都必须得到同等的关注，无论它们是人、非人、自然物、文化物、真实物还是虚构物。物体与它们的属性并不完全相同，而是与这些属性有一种张力关系，而这种张力关系正是世界上发生的所有变化的原因"[1]。哈曼试图将 OOO 体系建构为数字时代物体系的本体论，一种新的万物理论，这是一种有趣的尝试。的确，由于信息的赋形，让坐落于大地上的

---

[1] Graham Harman, *Object-Oriented Ontology: A New Theory of Everything*, London: Penguin Books, 2017, p.9.

身体不再是我们衡量交往的唯一尺度，而更重要的尺度是，是否能够在智能算法下获得数字化的赋形，这决定了一定的数据是否成为了信息环境下的个体或行动元，只有成为个体或行动元，才能成为数字生态环境或信息圈中的关联的项，才能在数字化的社会行动者网络中形成互动和交往，最终实现行为和决策。在这个过程中，人与非人、自然与文化、真实与虚拟的界限变得十分次要，人与人的关系只是整个巨大的数字生态下的极小的一部分数据内容，而如果人文社会科学需要真正了解大数据时代的生命形式，就必须看到这种新的万物理论，一种在数字生态下的物体系。然而，与哈曼不同的是，这种人与非人、自然物与文化物、真实物与虚拟物之间的智能关联主义并不会形成哈曼所谓的平等关系，在这个数字化的架构中，仍然存在着等级制。不仅在人与人之间，而且在人与物之间、人与虚拟程序之间、人与智能体之间，以及其他的各种非人智能体之间形成的关系并不会形成人类所期望的平等关系，而是一种按照关联形式生成的等级关系。平等关系只是哈曼等人将近代启蒙以来的人文价值粗陋地投射到物和非人智能体上的结果。但是，哈曼指出的大致方向没有错，在数字信息化的背景下，在智能算法的运算下，我们面对的实际情况是，作为一个被高度编码和数字描绘的行动元，我们已经被整合到数字生态下的物体系之中，我们不能以噪音的形式存在，唯有将我们自己变成系统可读、可理解的信息，我们才能重新在这个数字化的世界里获得生命。这是智能算法下的生命形式，通过解释性的智能算法，我们生命本身也在信息圈和数字社会行动者网络中生长，但是与我们的生命同时生长的，还有那些被视为非人的智能体的行动元，它们构成了我们生命不可或缺的关联物，与我们如影随形。未来我们看到的将不是智能对人类的毁灭，未来的万物互联之下的生命形态或许我们可以理解为，人与非人行动元在数字生态下的共同进化。

第十章　从剩余价值到剩余数据

卢克莱修，这个马克思在《博士论文》中将其与伊壁鸠鲁相提并论的古代唯物主义者，在其代表作《物性论》中曾有过如下的论断：

> 当人们设想神为人类创造万物的时候，
> 他们在一切方面似乎都远远违背了真理，
> 因为即使我从未认识事物的始基是什么，
> 但根据天的行为和别的许多事实，
> 我也会敢于断定这一点：
> 万物绝不是神力为我们而创造的，
> 它是充满着如此之多的缺点。①

在马克思看来，卢克莱修和伊壁鸠鲁的唯物主义，之所以不同于德谟克利特的原子论，恰恰在于，神并没有设定涵盖所有事物的法则，毋宁说，真正的法则在于万物本身存在着"缺点"

---

① ［古罗马］卢克莱修：《物性论》，方书春译，北京：商务印书馆1981 年版，第 72 页。

（culpa），也正是这个"缺点"，让万物的运动相对于神的观念预设的法则来说，一定会产生"偏斜"（clinamen），在随后的段落中，卢克莱修继续写道："当原初物体自己的重量把它们通过虚空垂直地向下拉的时候，在极不确定的时刻和极不确定的地点，它们都会从它们的轨道稍稍偏斜——但是可以说不外略略改变方向。"① 的确，相对于所谓的神的普遍规律而言，对于真正的唯物主义者来说，物相对于这种规律总是存在着"缺陷"，总会在"极不确定的时刻和极不确定的地点"发生偏斜，换言之，物相对于神的普遍规律和轨道而言，总是存在着剩余物（reminder），而剩余物的运动偏斜了"正常"的运动，让物本身的存在得以可能。正是这样的段落，激励了青年时代的马克思，马克思用他自己的语言称颂着卢克莱修："原子作为原子只存在于虚空之中。所以，自然界的死亡就成为自然界的不死的实体，卢克莱修也就有理由高呼：会死的生命被不死的死亡夺去了。"② 简言之，马克思在卢克莱修和伊壁鸠鲁等人那里看到了一种不能被观念和因果关系的神话所消化的物的存在，这种物或原子的存在代表着在自然界的之外的物的实质，从而在这个坚硬的物的内核中破除了德国古典观念论的奥秘。

那么在今天的全球数字资本主义之下，在我们的身体和物质一起被转化为互联网络和平台空间中的一个数据，并在其中发生

①　［古罗马］卢克莱修：《物性论》，方书春译，北京：商务印书馆1981年版，第74页。

②　《马克思恩格斯全集》（中文第二版）第1卷，北京：人民出版社2001年版，第50页。

交换的时候，一种数字悲观主义认为，不断进化的智能算法和大数据收集和分析正在日益操纵着我们的生活，面对日益强大的数字互联网络，人类似乎看不到任何希望。但是，在马克思心中的那种物的偏斜的火花一样在今天的数字世界中闪现，成为我们走出"阿门塞斯的阴影王国"的希望。因此我们也需要找到数字资本主义下的偏斜，新的克里纳门，从而找到突破数字阿门塞斯王国的路径，而找到这条路径的关键，需要我们回到马克思和拉康的经典著作那里，探索从剩余价值，到剩余快感，再到我们面对的剩余数据的道路。

一、剩余价值：资本主义政治经济学的阿喀琉斯之踵

在《1857—1858 年经济学手稿》中，马克思曾经谈到政治经济学研究方法的正确道路：

> 后一种方法显然是科学上正确的方法。具体之所以具体，因为它是许多规定的综合，因而是多样性的统一。因此它在思维中表现为综合的过程，表现为结果，而不是表现为起点，虽然它是现实的起点，因而也是直观和表象的起点。在第一条道路上，完整的表象蒸发为抽象的规定；在第二条道路上，抽象的规定在思维行程中导致具体的再现。①

---

① 《马克思恩格斯文集》第八卷，北京：人民出版社 2009 年版，第 25 页。

我们应该如何理解马克思这段话？对于带有资产阶级唯心主义色彩的政治经济学而言，经济活动及其规律首先表现为在思维过程中的抽象，当将这种抽象的经济观念和规律应用到具体的经济活动和现象中的时候，具体的经济现象似乎是这种观念和规律的再现。但马克思强调："这决不是具体本身的产生过程。"[1] 尽管在真实的政治经济学研究中，我们仍然需要用政治经济学的普遍规律（如价值规律）来理解各种具体的现象，但是，马克思提醒我们的是，这些所谓的"普遍规律"并不是具体经济活动本身，而庸俗的政治经济学家用削足适履的方式，将各种经济现象强行塞入到他们所谓的经济范畴的总体之中，从而变成了"完整的表象蒸发为抽象的规定"，而真正科学的政治经济学是通过这些思维行程，让我们一步步再现出在具体经济过程中的现象和秘密。

例如，在一般的政治经济学那里，他们普遍关注的一个内容就是在市场上的等价交换。例如李嘉图在其著作《政治经济学及其赋税原理》中就十分赞赏亚当·斯密将劳动作为衡量商品交换的一个基本尺度，李嘉图指出："除开不能由人类劳力增加的东西以外，这一点实际上是一切东西的交换价值的基础。这是政治经济学上一个极端重要的学说。……如果体现在商品中的劳动量规定商品的交换价值，那么，劳动量每有增加，就一定会使在其上施加劳动的商品的价值增加，劳动量每有减少，也

---

[1] 《马克思恩格斯文集》第八卷，北京：人民出版社2009年版，第25页。

一定会使之减少。"① 可以说，亚当·斯密和大卫·李嘉图，根据商品之中蕴含的劳动量的多少，形成了在市场上用于交换商品的最基本的等价形式，而恰恰是这个等价形式，构成英国古典政治经济学的基石。无论何种具体的商品，只要它放在市场上用于交换，无论它具有什么样的使用价值，或者它属于何种类别，在市场上经过一个简单的换算，即结合其中凝聚的劳动的量，进行等价的换算，便可以得出不同商品在抽象层面上的等价形式。所以，马克思在这里指出："商品形式的奥秘不过在于：商品形式在人们面前把人们本身劳动的社会性质反映成劳动产品本身的物的性质，反映成这些物的天然的社会属性，从而把生产者同总劳动的社会关系反映成存在于生产者之外的物与物之间的社会关系。"② 用马克思的话来说，英国古典政治经济学家以及后来的一部分庸俗政治学家将商品可以用来交换的秘密当成了一种神话，从而制造了一种奇特的商品拜物教，他们将这种商品拜物教写进他们的政治经济学的教科书，这也成为他们在市民社会体制下发家致富的奥义书。但马克思似乎给出了这种神话的现实根基，即商品拜物教无非将一种在具体生产过程中形成的社会关系，当成了一种牢不可破的规律，并以之作为资本主义社会之下的发家致富的原则。但真正的问题在于，一旦我们洞悉了在商品

---

① ［英］大卫·李嘉图：《大卫·李嘉图全集 第 1 卷：政治经济学及其赋税原理》，郭大力、王亚楠译，北京：商务印书馆 2013 年版，第 7 页。

② 《马克思恩格斯全集》第 44 卷（中文第二版），北京：人民出版社 2001 年版，第 89 页。

交换中凝结的劳动的量，及其对应的等价交换的形式，一切便不再显得如此神秘，人们并没有在市场上获得更多的收益，不过是将生产过程中体现的生产关系加以现实化，成为了物与物之间的交换关系。那么基于劳动的量形成的等价形式，以及与之对应的价值规律，成为了照耀着资本主义市场的普照的光，在这个光照射到的地方，一切具体的、特殊的、变化的物，都变成具有恒定的量的商品。交换的等价规律变成了市场的透明法则，它是统治和支配着整个资本主义政治经济学的基础，从而建构起带着商品拜物教光辉的普遍世界。资本主义让等价交换的法则，在大航海和现代工业生产的推动下，摧毁了一切坚固的地方性的万里长城，真正将自己的徽章标记为适用于全世界的永恒法则。

不过，基于劳动的量的普遍交换的等价形式的资本主义市场体系，在其建立普遍性征服了全世界的时候，也在其内部形成了一个非等价形式的症候。这是因为，马克思通过政治经济学的具体研究，揭示出在等价形式的交换中，让资本家发家致富、巨额利润的真正原因，并不是商品的等价形式，而是市场上的一种特殊的商品。马克思说："要从商品的消费中取得价值，我们的货币占有者就必须幸运地在流通领域内即在市场上发现这样一种商品，它的使用价值本身具有成为价值源泉的独特属性，因此，它的实际消费本身就是劳动的对象化，从而是价值的创造。货币占有者在市场上找到了这样一种独特的商品，这就是劳动能力或劳动力。我们把劳动力或劳动能力，理解为一个人的身体即活的人体中存在的、每当他生产某种使用价值时就运用的体力和智力的总和。"① 正是对这种特殊商品的分析，让马克思彻底区别于资产阶级的庸俗政治经济学家。当然，在资产阶级的政治经济学那里，他们发现了等价交换原则，而像大卫·李嘉图这样的政治经济学家也发现了价值增殖的源泉并不在于交换，而在于生产，这就是 G—W—G′ 公式的来源。换言之，诸如李嘉图之类的政治经济学完全知道劳动力商品的奥秘，即通过购买劳动力商品，从而实现了产品的价值增殖。当然，马克思更清楚地指出了劳动力商品的特殊性所在，他曾十分明确地指出："工人每天的劳动只有一部分是有偿的，另一部分是无偿的，这无偿的或剩余的劳动正是产生剩余价值或利润的基础，但是看起来就好像全部劳动都是有偿的劳动。"② 显然，在市场上资本家用来交换工人身上的劳动力的工资，并不是工人创造的价值的全部，而在完成工资支付的劳动产品的价值之后，工人仍然在继续劳动，并用剩下来的劳动为资本家的生产带来额外的价值，这就是剩余价值的来源，也是资本主义社会试图在生产过程中掩饰的奥秘。正如南希·弗雷泽（Nancy Fraser）在她的新书《食人资本主义》(*Cannibal Capitalism*)中指出的那样："资本的扩张不是像市场观点所说的那样，是通过等价交换来实现的，而恰恰是其反面：在工人的部分劳动时间里，他们没有获得报酬。……我们发现了一个更肮脏的秘密：在更高级的雇佣劳动的胁迫背后，隐藏的是公开的暴力

---

① 《马克思恩格斯全集》第 44 卷（中文第二版），北京：人民出版社 2001 年版，第 194—195 页。

② 《马克思恩格斯选集》第二卷，北京：人民出版社 2012 年版，第 50 页。

和公然的盗窃。"①

　　当然，马克思揭露的资本主义社会生产的奥秘不尽于此。我们知道，对于古典政治经济学来说，他们的经济学的奥秘在于等价交换原则，一切具体事物都可以按照一定的价值形式，变成一定的交换价值进入市场之中，市场的交换就是按照这种等价的形式进行的，这也是让自由主义的世界市场得以成立的价值前提。不过，就在这个资本主义推行的普遍的等价交换形式的背后，其基础是一个非等价交换，即劳动力的交换是一种被"等价交换"形式的外表掩盖的非等价交换。在劳动力商品进入到市场中的时候，它无法像其他商品一样取得一个与劳动力对应的值，因为劳动力本身就是那个值，它是用来衡量其他商品的价值尺度，但对于劳动力本身而言，这个尺度无法用来衡量自身，它只能按照资本家提供的薪酬来进行衡量，只有经过薪酬或工资衡量的劳动力，才能进入市场之中，同其他商品进行交换。但是，我们知道，劳动力进入市场时，它并非完全进入市场之中，它的薪酬或工资的价值形式，与其他商品的价值形式是不完全等价的。简言之，劳动力商品只有部分被纳入等价交换的体系之中。如果劳动力商品以其全部的价值进入劳动力市场，资本家便无法牟取利润，从而导致资本主义生产的动力机制崩溃，相反，唯有当劳动力的价值没有完全纳入市场交换时，资本主义的生产、交换、分配、消费的过程才能良性运转。

　　在这个意义上，齐泽克指出，马克思发现了资本主义的症候

---

　　①　Nancy Fraser, *Cannibal Capitalism*, London: Verso Books, 2022, p.8.

所在："因为有了这种新商品（劳动力），等价交换成为对自身的否定，因为出现了剥削，出现了对剩余价值的占有。这里不能错过的关键之处是，等价交换对自身的否定恰恰出现在等价交换的内部，而不是从外部对它的简单反叛：劳动力被剥削，不是因为没有把全部价值支付给它；至少大体上，劳动和资本的交换是完全等价和绝对公平的。这里的迷人之处在于，劳动力是一种奇特的商品，劳动力的使用（即劳动）创造了剩余价值，正是这个超出劳动力价值的剩余价值，被资本家占有了。"[1] 为此，齐泽克将这种依赖于不等价交换的等价交换形式称为悖论性的交换（paradoxical exchange），换言之，正是因为劳动力商品中的不等价交换制造了隐秘的剩余价值，而资本主义不断牟取高额利润的动力全部来自这种不等价交换，那么，剩余价值不仅仅代表着被资本家无偿占有的剩余产品和价值，更重要的是，它是让整个资本主义生产体系的逻辑得以成立的隐秘前提。一旦剩余价值的奥秘被揭示出来，一旦剩余价值不再处于市场交换的隐秘角落，而是被政治经济学批判的阳光照耀，成为众目睽睽下的事实，那么资产阶级庸俗的发家致富的秘密也就不再存在。或许，这正是齐泽克赋予马克思的剩余价值学说的一种新的含义，资本主义的生产体系必须以一种悖论性交换为前提，即等价形式必须否定自身（即劳动力商品的非等价交换）才能形成一个神秘的莫比乌斯圈，一旦这种否定被否定，那么资本主义社会生产的逻辑前提也会随之崩解。在这个意义上，被等价形式掩盖的剩余价值，成为了资

---

[1] ［斯洛文尼亚］斯拉沃热·齐泽克：《意识形态的崇高客体》，季广茂译，北京：中央编译出版社2014年版，第17页。

本主义政治经济学的阿喀琉斯之踵。只要不触及这个逆鳞，资本主义的生产和交换仍然可以保持其流畅性，但一旦剩余价值不再隐藏在等价交换的逻辑背后，而是直接作为资本主义的真相揭示出来，那势必是资本主义全盘崩溃的开始。

二、剩余快感：象征秩序下的对象 a

有趣的是，同样在齐泽克的《意识形态的崇高客体》一书中，他为我们揭示了拉康的一个关键概念，即剩余快感（surplus enjoyment），与马克思的剩余价值之间的承袭关系。齐泽克说："如果我们还记得这一点——拉康的剩余快感概念就是仿效马克思的剩余价值概念提出的，那么上述事实就会更加令人吃惊。有证据表明，马克思的剩余价值概念有效地凸显了拉康的作为剩余快感的具体体现的对象 a 的逻辑。"① 在 2022 年新出版的《剩余快感》（*Surplus-Enjoyment*）中，齐泽克依然坚持着这种逻辑："这让我们看到了拉康的对象 a 的观念，对象 a 就是剩余快感，若无剩余快感，就不存在'基础快感'，快感总是过剩的和剩余的。在拉康的思想中，对象 a 有着十分漫长的历史。早在几十年前，拉康就参照了马克思的《资本论》中的商品分析。毫无疑问，拉康参照了马克思，尤其是马克思的剩余价值（Mehrwert），拉康

---

① ［斯洛文尼亚］斯拉沃热·齐泽克：《意识形态的崇高客体》，季广茂译，北京：中央编译出版社 2014 年版，第 52—53 页。此处译文根据英文原文有所改动。

将其成熟的对象 a 看成是剩余快感（Mehrlust）"[①]。那么，问题在于，拉康究竟是如何模仿马克思的剩余价值学说，创造了独特的剩余快感的概念呢？

正如前文分析指出，马克思的剩余价值概念依赖于：

（1）市场中的等价交换形式，即价值体系；

（2）一种特殊的商品即劳动力，正是在劳动力部分地而不是完全地被纳入到市场之中，形成了剩余价值。

因此，在我们面对拉康的剩余快感的分析时，我们也需要提出两个基本条件：

（1）与市场中的价值交换形式一样，法国思想家鲍德里亚借用了拉康的象征秩序的概念，认为在象征秩序上也存在着一种特殊的交换，他称之为象征交换（symbolic exchange）。在拉康那里，界定了三个界：实在界（the real）、想象界（the imaginary）和象征界（the symbolic）。在鲍德里亚看来，象征秩序代表着不同主体之间的交换过程，而实在界我们接触不到，想象界发生在主体的内部，那么，唯一可以发生交换的层面就是象征界，因此在象征界上例如符号和象征进行的交换就是象征交换。换言之，在鲍德里亚和齐泽克那里，所有的主体都参与到象征机制的交换之中，并受到象征秩序的约束，他们看到了拉康精神分析中，在其象征秩序背后，有一个象征着大写父亲的权力在起作用，拉

[①] Slavoj Žižek, *Surplus-Enjoyment*, London: Bloomsbury Academic, 2022, p.6.

康称之为"大他者"。大他者协调着参与象征结构中活动的各种主体的行为，拉康说："这种象征主义的积极形式在社会中得到了协调，但却被刻在了语言无意识传播的激进结构中，这种象征主义也是第一种具有病理作用的象征主义，精神分析的经验表明，它对个人的生理和行为产生了迄今未知的影响。"① 也就是说，一旦人类进入到话语和符号的领域，就已经进入到了象征交换之中，一切事物在大他者的目光的凝视下成为平滑连贯运行的整体。

（2）与市场上的劳动力这个特殊商品一样，在象征交换之中也存在着一种特殊的存在物，即主体。主体之所以能够成为主体，正是因为他接受了象征秩序的规则，才能被纳入到社会体制之中，成为象征交换的一部分。但正如劳动力的价值并没有完全纳入到市场体系之中一样，主体的欲望也没有完全纳入到象征交换的秩序之中，在大他者的目光之下，主体遭到了阉割。正如拉康指出："如果人开始思考象征秩序，这正是人从其存在中被象征秩序所俘获。人们拥有他构成了象征秩序的幻觉，源于如下事实，即通过他与同伴的想象关系中的一个特定缺口，他才得以作为主体进入这个秩序。"② 简言之，在主体进入到象征秩序那一刻，主体的快感已经被一分为二，一部分是符合象征秩序的快感，是一种被象征结构构成的快感，符合这种快感的主体成为了可以在既定象征秩序下活动和交往的主体。但是这个主体仍然没能完整地被纳入到既定象征秩序之中，也就是说，他存在一个剩

---

①   Jacques Lacan, *Écrits*, Paris: Seuil, 1966, p.29.

②   Ibid., p.53.

余物，无法进入象征秩序之中进行交换，成为了特定的无法被呈现出来的欲望对象，拉康将之定义为对象 a，这样象征秩序下的主体是一个被切除了对象 a 的阉割主体 $\$$。在进入象征秩序那一刻，主体不再健全，在大他者的凝视之下，他从完整的 S 变成被阉割的 $\$$。只要我们仍然处在象征秩序之中，我们就有一个永恒被切除的对象 a。而被阉割的主体 $\$$ 指向一个永远被切除的对象 a 的运动，就成为拉康的欲望公式 $\$\Diamond a$，即阉割主体永远欲望一个被切除而得不到的对象 a。这里我们已经获得了对象 a 的确切定义，所谓的剩余快感，就是主体在进入象征秩序的交换过程中，永恒地欲望着被大他者切除了对象 a 的快感。正如齐泽克的解读指出的那样："这就是数学公式 $\$\Diamond a$ 所阐明和表达的东西：主体与某个对象相关，即这个对象体现了象征界上的大他者的空隙，而剩余快感就是让这种空隙的内核显露出来的快感。"[1]

我们同样可以用《爱情、死亡、机器人》第三季第九集的故事《吉巴罗》(*Jibaro*) 作为例子，但做另一种角度的阐释。在这集动画短片中，一群骑士闯入了一片森林。显然，这群骑士是带着任务来的，他们进入森林就是为了寻找某种宝藏。换言之，在进入森林之前，他们已经被象征秩序询唤为主体，他们的目的就是在这片神秘的森林里找到他们需要的宝藏。在一定意义上，他们的其他欲望都被阉割了，他们仅仅作为一个寻宝的队伍出现在森林之中。这个时候，他们是阉割的主体 $\$$，但这个时候的欲望不是剩余快感下的欲望，而是符合象征秩序的快感，他们需要的是对

---

[1] Slavoj Žižek, *The Most Sublime Hysteric*, Cambridge: Polity, 2014, p.63.

象 A，因此他们需要在森林里找到与 A 对应的象征性的 S（A）。

在这个时候，短片中的女主角出场了，她是一个女妖，一方面她拥有着魔力的歌喉，任何凡人听到了她的歌声，都会陷入疯狂，并掉入森林的湖水之中，被女妖吃掉。但另一方面，女妖身上布满了金色的鳞甲以及各种奇异珠宝，或许这些金色鳞甲和珠宝就是这一批骑士进入森林的目的，但是他们没有想到他们需要的 S(A) 居然是女妖的鳞甲。女妖和以往一样，发出那带有魅惑性的歌声，让其他的骑士都为之癫狂，掉入湖水之中，和以往的寻宝人一样葬身于湖底。但这次不同的是，短片中男主角是一个聋子，他的缺陷恰恰让他没有步同伴们的后尘。当这个聋骑士看到女妖那一刻，他用力敲晕了女妖，并将女妖身上的鳞甲和珠宝全部剥离下来，而女妖的身体作为虚无的存在被扔弃在湖水之中。对于女妖而言，她第一次看到不受她歌声迷惑的外来人，但对于这个聋骑士而言，他看到的从来不是女妖，而是一个装饰着满身金银和珠宝的身体，换言之，女妖的身体在骑士面前被一分为二了，一边是在意识形态象征秩序上有用的 S（A），即完全符合象征性他者需要的珠宝和金银，这也是骑士的目的所在，在剥除女妖鳞甲和珠宝的那一刻，他的欲望被满足了。

但是，女妖并非黄金珠宝，她那具被骑士遗弃的被剥光了黄金鳞甲和珠宝的身体处于骑士的象征秩序之外，被他们头脑中的象征秩序遮蔽，并被标识为无意义的虚无。在这个意义上，女妖的身体以及她那个魅惑歌喉实际上就是被象征秩序阉割的对象 a，而一旦骑士喝下了沾染女妖鲜血的湖水，治愈了他的耳聋，他就不再是一个残缺的主体 $，在骑士喝下湖水恢复听力的那一刻，女妖的歌声一下子作为一个例外的对象呈现在骑士面前，他和他的同伴们一样，为这个被祛除的对象所迷惑，在第一次感受到从未聆听过的婉转凄绝的女妖歌声的那一刻，骑士也葬送了自己的生命。这一切似乎隐喻着，一旦被阉割的主体得到了指向对象 a 的剩余快感，那么势必意味着象征主体的死亡，绝对不能得到的欲望和剩余快感对于象征主体来说是致命的，只有死亡才能实现主体的剩余快感，摧毁象征秩序的交换。或许，这一切正如鲍德里亚所说："不过，我们是在用我们的持续死亡和我们的死亡焦虑为代价，赎买我们象征交换的终止。"①

指向对象 a 的剩余快感是致命，也是诱惑的，它是象征秩序上的空洞。正如工人一旦重新占有了剩余价值，意味着资本主义生产体系的崩溃与死亡一样，被象征界的大他者阉割后的主体，在触及剩余快感那一刻，也意味着象征秩序的崩溃与死亡。这里存在的一个翻转，即象征交换依赖于一个绝对不能纳入到象征体系的对象 a 以及指向对象 a 的剩余快感，正如齐泽克所说："我们在这里遇到了黑格尔所说的'绝对反冲'（absolute recoil）：作为对象征秩序的偏离，剩余是对象征秩序的预设，它们产生的快感存在于对象征秩序的僭越；然而，这个象征秩序本身是通过偏离产生的，是终极偏离。"② 仍然以《吉巴罗》的故事作为例子，表面上看，骑士们之所以进入森林，是因为他们有一个象征秩序

---

①　［法］波德里亚：《象征交换与死亡》，车槿山译，南京：译林出版社 2006 年版，第 210 页。

②　Slavoj Žižek, *Surplus-Enjoyment*, London: Bloomsbury Academic, 2022, p.161.

上的动因：寻找金银珠宝。但是之所以不断有人进入到森林，去寻找金银珠宝，也正是因为之前没有任何人成功地找到金银珠宝，而之所以没有人找到金银珠宝，就是一个被象征秩序掩盖的奥秘：金银珠宝是女妖身上的装饰，而女妖的身体作为对象 a 被象征秩序消除了，但进入森林的骑士不仅遭遇到他们象征秩序上的对象 S（A），也遭遇了象征秩序的剩余物，那个女妖的身体及其魅惑的歌声。真正的问题并不在于骑士主体 $ 是否能顺利地在森林中找到象征化的对象 S（A），而是在于由于女妖身体和歌声作为对象 a 的存在，让骑士主体 $ 寻找 S（A）的行为一次又一次陷入失败，因为根据象征秩序上的大他者的命令，骑士主体不断受到驱使，进入森林之中，反复地寻找象征性的 S（A）。这样，象征逻辑在这里被反转，成为"绝对反冲"，正是无法被象征秩序识别的对象 a 一次又一次让象征界上的主体进入到森林，去完成不可能的寻宝任务。倘若第一队骑士就能找到黄金珠宝，满载而归，就不可能有剩下的故事了，正如如果工人第一时间不仅拿到工资，而且拿到了其剩余劳动的补充，就不可能有资本主义生产的动力一样，在《吉巴罗》的故事中，真正不断驱使主体进入森林寻宝的隐蔽原因就是那个被象征秩序遮蔽的对象 a，让主体在森林中遭遇了他们在象征秩序上无法理解的剩余快感，剩余快感的出现，意味着主体在象征秩序下的崩溃与死亡，也意味着象征秩序的法则的失效。由此可见，无论是拉康还是齐泽克，他们都将对象 a 放在了极其显著的位置，因为只有围绕着对象 a 的剩余快感的出现，才能打破象征秩序的统治，才能为主体找到逃避大他者控制的可能性。

三、剩余数据：数字时代的知识考古学

我们今天正处在数字技术和智能技术变革的关键点上，人工智能、边缘计算、元宇宙、5G 通讯、大数据算法似乎正在为我们缔造一个前所未有的数字技术的乌托邦未来。但资本敏锐的嗅觉迅速地将这种变革的力量吸纳为己用，随着资本的金融潮水侵入数字存储、人工智能、平台算法领域之中，我们仿佛看到了在数字技术背后不断跳动的数字—流量，在改造我们日常生活的同时，也通过将一切事物数据化，将资本实质从属（real subsumption）的触角深入每一个微观领域之中，从 TikTok 的短视频到 Twitter 的留言，从元宇宙的游戏互动到日常生活的网络购物，每一个领域都被资本的力量充斥着，它们瞬间将资本主义带入到一个新的时代，我们可以称之为数字资本主义或平台资本主义时代。

从数字技术对人们日常生活的彻底变革，到资本的力量对数字算法和平台领域的殖民化，我们同时感受到两种不同的力量在彼此抗衡。坚持"这是一个最坏的时代"的批判理论家，如乔纳森·克拉里认为："在最近发明的 5G 网络中，'物与物'之间的数据流（而非人与人之间的通信）占压倒性优势，进一步体现了这种蔑视。数十亿台机器在'相互交流'，恰其表明'交流'这个动词已无实际意义，其词源丰富的社会意义已经退化。不同设备和网络之间的流数据计算能力的不断提高，配备了传感器的设备也能够自主运作，并根据用户的行为反馈，不断调整、更新数字应用设备的功能，以供人们更方便的使用。既然机器已经有了如此高的计算速度，那么人类进行思考所需要的时间就显得毫无

意义。"① 毫无疑问，在克拉里这里，数字技术和智能算法的发展糟糕透顶，它已经掏空了人类思考和存在的内涵，让冷冰冰的算法主宰着未来人类的命运。

而在数字时代变革的另一边，人们看到的是数字技术带来的算法治理的巨大潜能："世界首先要被数据化。此处的数据化指代'获取太阳底下所有事物的信息，包括那些我们从未考虑过的信息……然后将其转化为数据格式以量化'，从而解锁'信息的隐含、潜在价值'。换句话说，世界增加了一个新的——数字——开发层，整个世界成为巨大的**数据生成器**。随着数据的新用途被提出，它们通常以声称改善并优化从个人生活方式到经济与环境的一切的形式进行贩售，从而将数据设定为能够实现我们梦想的万灵药。"② 卡尔波卡斯显然对于数字算法的未来变革充满着乐观的期待，他坚信，万物的数据化和算法化，并不会带来乔纳森·克拉里认定的人类思考的无意义，而是会变成"实现我们梦想的万灵药"。那么对于坚信"算法治理"的技术官僚来说，这无疑是一个"最好的时代"。

然而，无论是认为数字时代是一个"最坏的时代"，还是一个"最好的时代"，他们都有一个共同的前提，即卡尔波卡斯所说的"世界首先被数据化"，不仅是被数据化，而且是无一遗漏地被数据化，不仅是人类的思想和行为可以被数据化，被算法精

---

① ［美］乔纳森·克拉里：《焦土故事：全球资本主义最后的旅程》，马小龙译，北京：中国民主法制出版社 2023 年版，第 79 页。

② ［立陶宛］伊格纳斯·卡尔波卡斯：《算法治理：后人类时代的政治与法律》，邱遥堃译，上海：上海人民出版社 2022 年版，第 20 页。

准地转化为数字绘像，而且正如克拉里所说，物与物之间、机器与机器之间的交流也是数据化的。那么，在万物存在和数据化，以及平台算法对数据的进一步调用和分析之中，存在着严格的理想化的对应关系，即所有人与物的存在都已经通过一定的算法被转化为数据，然后，这些数据又无一遗漏地为数据平台所占有、分析、利用，反过来进一步控制着数据平台和云空间中所映射出来的世界。

总而言之，今天数字技术以及随之而产生的资本力量在各个数字和智能平台领域的殖民化带来的幻象是，数字已经将世界上的一切存在物都数据化了，都将其纳入到资本所掌控的算法之下，接受算法的监视和控制。正如法国左翼组织堤昆（Tiqqun）所描绘的场景："无论是个人还是集体，计算机会对主体进行彻底的重新建构，其目的是将主体掏空。这不再是像自由主义假说所要求的那样，把主体从传统的外部联系中分离出来的问题，而是剥夺了主体的所有实质。每个人都将成为一个没有血肉的皮囊，一个无法循环回路上的点。"[1] 那么，在这个密不透风的数字资本主义的算法控制和治理之下，我们是否能为人类主体找到一个逃逸的路径？

如果说拉康受到了马克思在《资本论》中关于市场交换和价值形式分析的启发，从而在象征秩序上提出剩余快感的范畴，那么我们是否也可以沿用相同的逻辑，在剩余价值和剩余快感的共

---

[1] Tiqqun, *The Cybernetic Hypothesis*, trans. Robert Hurley, South Psadena: Semiotext(e), 2020, pp.52—53.

同逻辑之下，找到一个新的范畴，用来思考在数字和算法治理之下的孱弱不堪的生命的可能。将前文分析的内容概括一下，我们可以得到如下两个公式：

马克思：劳动力→交换体系→实现的价值（工资）→被遮蔽的价值（剩余价值）

拉康：欲望→象征体系→实现的欲望（S(A)）→被遮蔽的快感（对象 a，剩余快感）

实际上，在很多数字技术和数字资本主义的研究中，两个不同的构成被视为同一个过程。一个是万物被算法转化为数据的过程，这个过程是不可避免的。但是一些学者，如乔纳森·克拉里和堤昆，就认为在万物被数据化的同时，主体就被掏空了，丧失了存在的意义。克拉里和堤昆的错误在于，他们将包括人类在内的一切存在物被数据化的过程看成了是数据平台和智能算法控制所有人与物的过程本身，但准确来说，算法和平台的控制是在普遍数据化之后的另一个算法过程实现的，世界普遍的数据化只是后一个过程的前提条件而已。伊安·博格斯特（Ian Bogost）曾经为算法过程给出过一个描述，算法过程"是一种简化和扭曲，将一个复杂的系统从世界中提取出来，并将其抽象为捕获该系统中的某些逻辑、并丢弃其他逻辑的过程。"[①] 那么，博格斯特的说法

---

① 转引自［立陶宛］伊格纳斯·卡尔波卡斯：《算法治理：后人类时代的政治与法律》，邱遥堃译，上海：上海人民出版社 2022 年版，第 20 页。

是，存在两个不同的过程，一个是数据化构成，一个是算法构成。数据化过程是一个普遍抽象的过程，即万物皆可数据化，但数字资本主义真正的权力并不在于数据化过程，而是在于第二个构成即算法过程，算法过程对采集的数据进行筛选，一部分被视为有用的数据，被转化为流量—数据，而另一部分被平台算法所过滤，并被抛弃，成为了剩余数据。我们可以给剩余数据一个准确的说法：在我们行为生产出来的数据中，存在着大量被平台算法遗弃的数据，这些被遗弃的数据，对于资本来说，没有任何价值，但是它们的确也是这个世界上万物运动和交往所形成的数据。不过，由于这些数据不利于资本牟取利润，也不利于算法治理的直接控制，于是它们被抛弃了。相对于那些用来做精准数字图绘的具有使用价值的数据，这些数据就是剩余数据。

那么，我们可以从马克思的剩余价值和拉康的剩余快感的公式中，引出剩余数据的公式：

数据→算法体系→实现的流量（流量—数据）→被遮蔽的数据（剩余数据）

从这个公式表达我们可以进一步得出两个结论：

（1）和马克思的交换形式和拉康的象征形式一样，我们可以从数字时代的算法构成中得出一种流量交换体系，也就是说，符合平台算法的数据才能作为流量—数据被广大用户看到和听到，成为吸引眼球的流量。流量交换的基础是算法，是在平台基础设施上形成的过滤的结构，所有数据，只有符合这个结构，才能在数字世界和元宇宙世界中被看到，反之，则成为剩余数据。

（2）平台算法的流量交换的基础，恰恰是大量被排斥在算法过程之外的剩余数据。正如马克思对剩余价值的揭示意味着资产阶级的政治经济学的普遍性逻辑的崩溃，拉康的剩余快感的揭示意味着象征秩序的逻辑的崩溃，我们是否可以设想，通过某种方式揭示出来的剩余数据也会造成带有牟利和控制倾向的平台算法的崩溃。不过，这里有个基础问题，所有的数据作为代码存储在机器空间里（如服务器、传感器、中继器等），它们本身并不对人类开放，也即是说，当我们直接在机器里看见这些代码时，我们实际上什么不知道。换言之，除非经过特定算法的翻译，这些数据所包含的内容一般不会向我们揭示出来，唯有通过特定算法的中介，作为主体的我们才能面向剩余数据。

那么，从这里我们进一步得知，算法过程是数字空间中主体必不可少的中介，我们所能接触到的任何数据，包括剩余数据，都必须通过算法来实现。因此，在面对剩余数据的时候，我们不可能简单通过一个政治经济学分析就可以看到这些剩余数据，相反，这个是一个纯粹数字技术的问题。对于人文学者而言，我们需要明白的是，我们批判的对象从来不是算法，而是某些算法，即那些被资本殖民化的数据平台用来牟利和控制主体的算法。正是那些带有严重偏向和歧视的算法制造了大量的剩余数据，而剩余数据的出现，并不是让所有的计算机算法崩溃，而是让那些为特定资本平台和控制权力服务的算法陷入僵局。那么，剩余数据的价值，就是在于提出在平台算法过程之外，我们可以用另外的算法来重新组合各种数据。我们看不到剩余数据，不等于这些数据不存在，我们需要通过其他算法模式让其在数字空间之中呈现出来。

这似乎让我们回到了福柯的《知识考古学》中的相关论述，福柯指出："考古学试图确定的并不是隐藏或显现在话语中的思想、再现、影像、主题、烦扰，而是那些话语本身、那些作为遵从规则的实践的话语。考古学不会把话语看作是文献、另一物的符号、应该是透明的要素，但应该经常穿过这种要素令人讨厌的不透明性，以便最终在这种不透明性得以保留的地方重返主要部分的深处；考古学在话语自己的容积中把话语作为遗迹来探讨。"[①] 福柯的考古学在历史叙事的间隙中挖掘出那些不被人们熟知的历史遗迹，而正是这些历史遗迹让观念史的连续性叙事遭到了挑战。同样，在数字时代的剩余数据的考古学，当然是在人们创造的新共享算法基础上的数据考古学，帮我们从平台塑造的流量—数据的信息茧房中走出来，看到更为广阔的数字时代，那样，在资本和权力控制下的平台算法，在剩余数据的浮现之中崩溃掉了。剩余数据是一种双重逃逸，一方面它帮助人们逃逸了被算法塑造出来的信息茧房中的有限主体，在剩余数据及其算法基础上发现另一种构成主体的可能性，另一方面，也让人们逃逸了数字资本主义控制，成为人们让殖民化的平台算法流畅控制一切的逻辑陷入僵局的手段。这是新的克里纳门，是数字时代的卢克莱修，剩余数据让平台资本的算法发生了偏斜，正是这个新的偏斜塑造了另一种数字资本之外的主体运动，我们再次用卢克莱修

---

① ［法］米歇尔·福柯：《知识考古学》，董树宝译，北京：生活·读书·新知三联书店 2021 年版，第 161—162 页。

的《物性论》中的诗句来宣告剩余数据的考古学的偏斜：

> 在极不确定的时刻和极不确定的地点，
> 它们都会从它们的轨道稍稍偏斜——
> 但是可以说不外略略改变了方向。

第十一章 数字焦土与剩余数据

入此门者，当捐弃一切希望。

——但丁《神曲·地狱篇》

这句诗出现在但丁《神曲·地狱篇》第三首诗中，那是地狱之门的门楣上镌刻的文字，颜色黯淡而阴森。当人们问道究竟有什么样的人会出现在这道大门之后时，作为主角导师的维吉尔回答说："这是那些一生既无恶名又无美名的凄惨的灵魂发出来的悲鸣哀叹……他们没有死的希望，他们盲目度过的一生如此卑不足道，以至于对任何别种命运他们都忌妒。世上不容许他们的名字留下来，慈悲和正义都鄙弃他们。"[①] 是的，籍籍无名之辈，出现在这里，在这里的灵魂，既无恶名，亦无善名，他们只是在尘世间庸碌平凡地度完一生，甚至无法在大地上留下一丝痕迹，在地狱之门背后，他们无法上升，亦无法下沉。他们的生命毫无深度，只是一具具被抽空了希望的空壳。因此，导师维吉尔都不会看他们一眼，因为他们的生命与灵魂都不值一提。

---

① ［意］但丁：《神曲·地狱篇》，田德望译，北京：人民文学出版社2002年版，第15—16页。

这难道不也是我们今天在数字资本主义时代的生存状态吗？我们看到的也是一扇门，但那扇门不再叫作"地狱之门"，而是不断改换着名称，或者叫作"数字之门"，或者叫作"赛博之门"，也可以叫作"元宇宙之门"，但无论其名称如何更改，镌刻在门楣上的黯淡而阴森的文字却没有丝毫更改："入此门者，当捐弃一切希望。"与地狱之门背后相似的景观是，在数字空间中游荡的同样是一些没有恶名，也没有善名的灵魂，这些灵魂也无法留下什么真正的痕迹，只有转瞬即逝的关注度和点赞，在此之后，那些被数据中介，被算法控制的灵魂在那个虚无缥缈的空间里游荡着，游荡着，甚至不会传回一点点回音。他们脚下的大地一片死寂，只有偶尔看到服务器和中继器数据交换的微光闪烁。

这是关于数字资本主义最悲观的描述，韩炳哲的《透明社会》、乔纳森·克拉里的《焦土故事》，再到南希·弗雷泽的《食人资本主义》，其实都为我们描绘了一种在当代资本主义掌控之下，通过大数据技术和算法治理，让大部分人还原为难分彼此的数据—流量的用户状态，在这样的状态下，用户的数据不断被平台提取和使用，从而让每一个用户都按照算法设定的轨迹运行，在这里，我们再也看不到马丁·布伯所说的"身处鲜活世界的生命"，而是一个个被数字界面中介的灵魂，卡戎已经不在无忧河边摆渡，而是将市场拓展到了数字的边界处，向希望使用数字界面的用户摊开双手，说道："要上船吗？拿你们的灵魂来交换。"

这是否就是逐渐步入数字资本主义时代的现代人的命运？从英国的工业革命的机器的轰鸣，到全球化的世界市场的奠基，再到通过5G通讯和数字化互联网建立的数字平台，人类究竟是在技术的簇拥下前进，实现巴别塔不曾实现的梦想，还是逐步沦落，成为被冥河摆渡人卡戎双手榨干的灵魂？数字社会究竟带来的是新的繁荣，还是一片数字焦土？倘若是后者，我们如何在这片焦土上活下去，这就是时代对今天的人文学者内心的拷问。存在，还是不存在，堕落，还是拯救，都需要我们在数字技术为我们敞开的门扉上继续追寻我们的希望。

一、现代资本主义社会下的无根之人

1929—1930 年的弗莱堡大学的冬季学期，海德格尔将自己的课程名称命名为"形而上学的基本概念"，在这次学期上，他讲述了一次特殊的经历：

> 我坐在冷冷清清的铁路的一个小车站里，离火车出发还有四个小时时间。这个地方对我来说毫无吸引力可言。尽管我包里还有一本书，但我要读这本书吗？或者想一个问题，究竟想什么问题呢？我没法做任何事情。我看了一下列车时刻表，又看了看一旁的桌子，我对车站和那些不熟悉的地方有些陌生。我又看了看钟——这才过了一刻钟。我跑到小镇的主道上，来来回回走着，想干点什么事情。但一点用都没有。随后，我数了一下主道路旁的大树，又看了看我的表——离我上次看表才过了五分钟。我再次来来回回的踱步，顺势坐在一旁的石头上，在沙地上画画，画完之后又看

了看我的表，也才过了半个小时。①

　　海德格尔的这个经历，后来被他定义为"深度之无聊"（tiefe Langeweile）。这种深度之无聊，恰恰是由于小站的火车晚点，让他感受到这个每周都要经过的小镇，对于他来说是如此的陌生。陌生的不仅仅是车站内部的构造，他看到了不熟悉的桌子，不熟悉的站内的大厅，甚至走到他总会路过的小镇，这个小镇上的一草一木都不怎么熟悉。平日火车正点的时候，他会匆匆从这里路过，搭上火车，奔向他上课的所在地——弗莱堡。对于他每次都经过的小镇和车站，尽管他曾经在那里存在，但那个小镇的一景一物都如此与之疏离。只有在火车晚点的时候，他才会偶尔驻足，以深度之无聊的方式来感受小镇和车站中的一切，这个小镇和车站仿佛才第一次向这位哲人展现为现实的存在。也只有在这一刻，那个小镇和车站才向此在展现出其可能性，正如海德格尔继续写道："正是这种召唤，让我之中的此在本真地成为可能。与拒绝携手并进的对可能性的召唤，并非在某个不确定的地方指出此在无常多变的可能性，而是十分明确地指出，任何让其成为可能的东西，都维持和引导着此在的所有本真的可能性。"②

　　在这个过程中，真正有趣的地方在于，我们曾经在某个场所存在过，但我们对那个地方，对那个场所没有感觉，没有思考，

---

① Martin Heidegger, *The Fundamental Concepts of Metaphysics*, trans. William McNeill and Nicholas Walker, Bloomington: Indiana University Press, 1995, p.140.

② Ibid., p.143.

没有深入的交往互动，当然，这个场所就无法向我们的生命展现为一个场所。换言之，此处的小镇和车站，并没有向路过的此在呈现为本真的可能性，这势必意味着在匆匆而过的此在那里，那是存在本真可能性的丧失。那么，究竟是什么让此在剥离了其本真的可能性，我们只能是匆匆而过的过客，呈现为意见转瞬即逝的点？在我们的人生路途中，这样的小镇和车站只是一个抽象的空间拓扑学上的点，这个点与其他的我们曾经过的点没有任何区别，我们只是路过，只是在那里匆匆而过，在那里，我们不会留下任何生命的痕迹，只有在抽象的平面地图上，它才会标记为我曾经路过的点。或者说，在我们不断为生活而奔波、不断在体制化的生活中，我们被整合到一个巨大的机器之中，正是这台机器让我们忘却了周遭的环境，忘却了身边的小镇和车站。通过火车站和工作的装置，我们眼中只能看见时刻表，看见手表上的指针，以及为我们处于资本主义体制之下的工作和生活规划好的路线，但我们看不到一个正在叫卖的小贩，一片从路边飘落的树叶，也看不到微风吹起的我衣服上的褶皱。正是这个路线，让我们无法接触到真正的世界，这导致了我们虽然在世界上，但只能透过那个固定的抽象的拓扑学路线来理解世界，除此之外，对于处在巨大的现代资本主义体制下的此在而言，一切都似乎等于不存在。我们被这个巨大的资本主义装置中介了，在这个装置的中介之下，我们不再是完整的可能性，不再是本真的生命，而是附着在那个机器之上的无根的生命。

在后来 1953 年为慕尼黑理工学院的所做的讲座中，海德格尔再一次回到这个话题。不过这一次他没有使用"深度之无聊"

的概念，而是转向了更具有存在论意味的集置（Ge-stell）。在演讲中，海德格尔强调说："集置意味着那种摆置的聚集者，这种摆置摆置着人，也即促逼着人，使人以订置方式把现实当作持存物来解蔽。集置意味着那种解蔽方式，它在现代技术之本质中起着支配作用，而其本身不是什么技术因素。相反，我们所认识的传动杆、受动器和支架，以及我们所谓的装配部件，则都属于技术因素。但是，装配连同所谓的部件却落在技术工作的领域内；技术工作始终只是对集置之促逼的响应，而绝不构成甚或产生出这种集置本身。"① 海德格尔的意思是，当技术的装置形成了集置，它并不是等待着人去使用，而是以某种方式促逼着人，让人围绕着技术的装置而运行。在这个意义上，"我们也必须如其所显示的那样来看待那种促逼，它摆置着人，逼使人把现实当作持存物来订置。那种促逼把人聚集于订置之中。此种聚集使人专注于把现实订置为持存物"。② 海德格尔深切地感受到，现代资本主义的装置的节奏和空间促逼并摆置着人，让人不再是自己的纯粹的自然生命存在，人与自然和世界的直接沟通已经被技术的集置所打断，人的本真性的生命已经在资本主义技术装置中压缩成一系列拓扑学上的点与线。我们的生命，与其说是由与周围世界的直接交往构成，不如说是在一个现代技术的集置或装置中，被召唤、被促逼、被订置为一个拓扑空间机制下的抽象生命，生命的过程从大地上剥离出来，我们感受到的不是大地的温度，也不

---

① ［德］海德格尔：《演讲与论文集》，孙周兴译，北京：商务印书馆 2018 年版，第 22 页。

② 同上书，第 20 页。

是周围世界的花草的芬芳、市场的喧闹、人情的冷暖，而是一种被技术殖民的生活世界的节奏，日益操纵着我们的生命过程，日复一日、年复一年地让我们的生物性身体依照这种机械式的节奏运行。

相对于海德格尔对现代技术的反思，以及他指出真实的空间感受与拓扑空间的点与线之间的分裂，在法国马克思主义理论家列斐伏尔那里，批判的对象干脆成为了世界市场中资产阶级的对空间的操纵，在他的代表作《空间的生产》中，列斐伏尔指出："通过操纵抽象空间，资产阶级的所谓的开明专制和资本主义体制能够成功地实现对商品市场的部分控制。"[①] 在列斐伏尔看来，资产阶级正是将人们日常生活中丰富的感性和经验，用资本主义市场和体制压缩成抽象空间，让人变成资本主义官僚制和生产体制下的一个抽象的点（即劳动力），他们在生产过程中不断来回运动，从而变成为资产阶级谋利的工具。我们可以这样来理解，唯有当所有的人和具体空间变成了抽象化的劳动力和资本拓扑空间运动，让人们及其现代工具（地铁、公交、道路、建筑，以及电脑和手机）变成一种抽象的组合，资本主义才能将市场的盈利原则最大化，变成资本流通和金融运作的游戏。换言之，只有通过资本主义的抽象空间，将具体的人从周围的大地和真实空间中抽离出来，将他们置于一个抽象空间中，具体的人才能变成劳动力和商品，正如波兰尼指出："这种虚构的观念使劳动力、土地及货币之实际的市场被组织起来，它们在市场上被实际地买卖

---

① ［法］列斐伏尔：《空间的生产》，刘怀玉等译，北京：商务印书馆2021年版，第94页。

着。"① 也就是说，现代资本主义市场化和抽象空间化，实现了人从自真实世界中的抽离，让他们成为一个被摆置的持存物。这是一道普照的光，在这种现代资本主义体制的强光照射下，一切坚固的东西都融化为抽象空间和装置下的点线连接组合，我们的生物性身体变成了交通网络和办公楼宇中的节点，在资本主义逐利文化的梦境中，我们献祭了自身的身体，成为资本主义祭坛上为资产阶级不断盘剥和榨取巨额利润的燔祭。

这使得我们回到了西蒙娜·薇依（Simone Weil）的拔根状态（uprootness）的评价。在评价资本主义体制下的工人时，薇依认为，工人丧失了自己的扎根状态，也丧失了人之为人的本质，处于拔根状态之中。薇依说："有一种社会状况，全然且持续与金钱相挂钩，那就是薪酬，尤其是从计件工资迫使每个工人不得不把注意力集中在铜板的数目上以后。在这一状况下，拔根状态是最为尖锐的。"② 与拔根状态相反，人的真正的生命需要扎根，正如克拉里解释说，薇依的重新扎根意味着"不管一个人所处的环境如何，不管身在城市还是农村，都要通过不同的触须融入周遭的环境之中。而这种融入的方式，在现实中是通过工作，在道德上是通过关注他人"③。但是，在资本主义体制下，尤其在技术的促逼之下，人成为了被拔根的摆置，沦为资本主义之下的

① ［英］卡尔·波兰尼：《巨变：当代政治与经济的起源》，黄树民译，北京：社会科学文献出版社 2017 年版，第 128 页。

② ［法］薇依：《扎根：人类责任宣言绪论》，徐卫翔译，北京：生活·读书·新知三联书店 2003 年版，第 34—35 页。

③ Jonathan Crary, *Scorched Earth: Beyond the Digital Age to a Post-Capitalist World*, London: Verso, 2022, p.43.

无根之人，这些无根之人，仿佛游荡在"地狱之门"背后的既无恶名、亦无善名的灵魂。而这就是未来资本主义时代的最常见的生命状态。这种被拔根的无根之人状态，不仅意味着我们与大地的直接联系被切断，也意味着我们成为了一个巨大的资本主义机器的傀儡。如果说在马克思所见到的工业革命的时代，工人还能用自身的身躯抵抗资本主义肆虐洪流，用巴黎公社式的革命敲响资产阶级统治的丧钟，那么，随着技术的继续向前发展，在进入到数字空间的大门之前，我们的身体却已经被工业资本主义的技术所摆置，而我们的灵魂也正在被跳动的字节、流动的短视频、缤纷的游戏界面所促逼和摆置。难道我们真的面对了地狱式的"数字之门"吗？难道我们真的要"捐弃一切希望"吗？在那片布满数字化的字节的大地上，无根之人的游牧生命是否还能重新找到扎根的土壤呢？

二、数字焦土：从 24/7 体制到界面下的幽灵

一旦踏入数字之门，我们真的没有希望了吗？希望并不在于大脑的玄想，而是在于我们是否能够在贫瘠的大地上找到滋养主体的希望。或许，这就是 2022 年乔纳森·克拉里新书《焦土故事》的主旨所在。实际上，在之前让他声名鹊起的《24/7：晚期资本主义与睡眠的终结》一书中，克拉里已经将注意力转向资本主义的生命政治技术控制下的人类主体的命运。例如在新的生物技术和医学技术之下，可以发明药物来减少人一天的睡眠时

间，从而让被雇佣的工人，或者战场上的军人，拥有更多的劳动和工作时间，为资本主义体制来服务。资本主义的生命政治控制不再局限于在工厂和写字楼里的八小时之内，也不局限于人们在清醒状态下的消费和娱乐时间，而是变成一周 7 天、一天 24 小时的全面控制。生命政治由此进入到一个前所未有的全面控制状态，即 24/7 的全时间控制。在马克思的时代，一旦走出工厂大门，工人们尽管生活拮据，但他们仍然是自己的身体的主人；在鲍德里亚的时代，尽管我们经受着消费广告和各种琳琅满目商品景观的诱惑，但在睡眠时间里，我们依然保留一片自我的梦境。但在 24/7 的资本主义体制下，由于这种新的生命政治技术的介入，资本主义对我们的生物性身体的直接侵入，让我们的身体成为具有更大产能的身体，而主体变成了接受这些新生物技术控制的百依百顺的主体。克拉里不无悲叹地感到，这样的生命政治技术生产出来的主体，就是但丁"地狱之门"徘徊于冥河畔无法前进，也无法后退，彼此互相毫无牵挂，但也茫然无助的灵魂，"这些技术和程序构造出一个完全没有关怀、保护和慰藉的世界，可怜的、百依百顺的主体状态被生产出来"[①]。通过 24/7 的资本主义体制，人类自主性的空间一步步遭到蚕食，而人类的身体和行为越来越被置于一个透明的装置之下，韩炳哲用"透明社会"（transparent society）来形容当下社会的主体的透明状态："人类的灵魂显然需要这样的空间，在那里没有他者的目光，它可以自在存在。它身上有一种不可穿透性。完全的透明会灼伤他，引起

---

① ［美］乔纳森·克拉里：《24/7：晚期资本主义与睡眠的终结》，许多、沈清译，北京：中信出版集团 2015 年版，第 11 页。

某种精神上的倦怠。只有机器才是透明的。"① 正如克拉里和韩炳哲描述的那样，当下资本主义社会中的主体，就是在透明的光照下被灼伤的主体，主体不仅失去了内在的自由意志，也丧失了身体的潜能，在 24/7 体制之下，只能陷入机器一般的倦怠，主体不再是自在存在的灵魂，而是悬挂在 24/7 资本主义体制下的无助的幽灵。

一旦立在工厂自动化机器旁被扭曲的工人的身体，以及坐在办公楼格子间的电脑旁的倦怠和无助的机械式主体，转变为今天我们在任何地方、任何时间都能举着手机、拿起笔记本的数字时代的主体时，情况又如何呢？在《焦土故事》一书中，克拉里给我们描绘了数字时代使用各种社交应用和设备的主体场景：

当代城市生活中最引人注目同时也最庸常的现象之一，是一群原子化的人深深地被自己屏幕上的内容所吸引。这些出现在各种聚会场合的，再熟悉不过的现象放大了公共空间的内爆，构成了新自由主义反共同体主张的仪式性展示。这些现象预示着人与人之间的接触，以及建立在不可或缺的"与他人共处"原则之上的生命世界的消失。然而我们却被告知，这只是数字时代高效生产方式的一个恼人倒也无关紧要的副作用而已，我们终将习惯于此，或者这种行为会随着时间推移而逐渐缓和。一个人与人交往的世界的分裂，建立在忙碌、自顾不暇这样的强制性行为之上。不论是观看、工

---

① ［德］韩炳哲：《透明社会》，吴琼译，北京：中信出版集团 2019年版，第 4 页。

作、发短信、购物、网上冲浪、听音乐、玩游戏，还是其他，人们做什么其实已经无关紧要。结果是大众默许了一种非物质的分离结构，而维持这种结构的是模拟的自利行为，以及对超出这件事情之外任何事物的漠不关心。在这种情况下，存在一种虚无主义的意愿——让世界失灵。①

在克拉里等人看来，我们将注意力转向各种手机和电脑的屏幕，用数字化网络来代替现实的日常交往时，我们经历了新一轮的抽象化，那个被烙上了资本主义烙印的数字化网络，正在让我们进一步脱离现实世界的羁绊。我们不仅仅是地铁网络和办公楼格子间里的抽象生命，被资本主义老板用996和药物刺激不断生产着，接受资本主义生命政治体制控制的生命，更是在数字网络中，不断将本己的身体存在祛除，作为用户和虚体进入完全被资本主义数字平台支配的虚拟世界之中，那个世界的规则早已经按照金融和利润的法则界定好了，所有进入这个应用界面的主体只能唯唯诺诺地在界面上踽踽而行。齐泽克也指出："这些形式不是价值关系的一部分：一个奴隶或一个做家务的妇女不会得到工资，也不会像受薪工人那样被剥削。对此，我们应该遇到了数字剥削，即我们被控制我们的资本主义数字机器'劫掠'了我们的数据。"② 在这样的背景下，我们不需要到海德格尔路过的小镇和

---

① Jonathan Crary, *Scorched Earth: Beyond the Digital Age to a Post-Capitalist World*, London: Verso, 2022, p.99.

② Slavoj Žižek, *Surplus-Enjoyment*, London: Bloombury Academic, 2022, p.46.

车站，甚至不需要从郊区的住宅每天朝九晚五地奔赴市中心的写字楼，在手机上，在家庭的电脑里，在各种现代化通讯设备里，我们都可以成为资本主义数字流量的一部分，成为让资本主义的利润不断在数字浪潮上翻滚的一个泡沫。在之前的资本主义社会里，资本家剥削和压榨的仅仅是自己的员工和工人，而在数字资本主义时代，被资本高度掌控的数字平台，已经将触角渗入每一个登录平台注册的用户那里，因此，我们通过数字之门，通过一个注册用户在互联网络中生存的身份，成为资本主义数据猎手的猎物，我们在虚无的浏览和刷屏中，不仅让自己脱离于大地，也让自己成为数字时代资本主义机器的一部分。

如果说马克思时代的工业资产阶级的成功之处不仅仅在于他们兴建了现代化的工厂，而是在于将每一个工人从乡间的过着悠闲生活的农夫，变成按照固定时间上下班，按照机器运作的程序来生产市场所需要的商品的活劳动，并为工业资本家提供了大额的利润，那么在今天的数字时代，数字资本主义的成功之处也不仅仅在于他们创建了数字和通讯网络，而是在于每一个用户将自己的肉身存在变成了数字网络中的一个注册的抽象用户，并以这个抽象用户身份从一个平台游荡到另一平台，从网络购物、刷短视频、打车订票，到深度的电子游戏娱乐和工作群组的建立，这为今天的巨大的数字平台资本牟取利润创造了更良好的条件。当我们通过手机屏幕和鼠标键盘，脱离了具身存在，并将互联网上的社会交往当成唯一"真实"的交往的时候，我们已经沦为了今天数字资本主义扩张的牺牲品。正如克拉里强调，我们今天形成了一种错觉："离开了网络，我们什么也不是。"① 我们的生命存在已经不再是与大地密切接触的身体，在微风中感受花草的摇曳，在蓝天下，眺望群山蜿蜒，大江东去，而是在网络世界缔造的数字化界面上，来体会将我们抽离于大地的生活，我们的生命被包裹在资本主义的巨型机器之中，而这个无所不在的数字化的巨型机器为我们进一步创造了幻想，在这个"数字世界"之外，再没有任何事情值得我们关注。数字世界的流量和热度，远远超过了我们对周围世界的关怀。我们可以在网络上围观关注汪小菲和大 S 的口水战，但对邻居的冷暖漠不关心。我们可以对俄乌战争评头论足，但对我们小区的最近发生的事情一无所知。这就是我们正在经历的现实，巨大的数字世界日益遮蔽了我们与真实世界的联系，也消除了我们的身体对周围世界的感受，只有数字世界的热搜和流量才是所谓的"真实"。

这或许是克拉里为什么将数字时代的大地命名为"焦土"的原因吧！根据克拉里自己的解析，"焦土"一词（scorch）源自于古法语的 escorchier，意思是"剥皮"。正如克拉里十分明确地指出："焦土之地是指一个富有生机的地方退回到贫瘠状态，同时丧失了复苏的能力。"② 当然，焦土之所以是焦土，不仅仅在于太阳的炙烤，而是在于所有生命的痕迹都从大地上剥离开来，生命与大地的剥离，当大地成为一个无生命的大地，这才是"焦土"的确切含义。那么，在数字时代，我们尽管仍然经受着石化工业污染、温室气体排放导致的全球变暖、土壤的退化等实际可

---

① Jonathan Crary, *Scorched Earth: Beyond the Digital Age to a Post-Capitalist World*, London: Verso, 2022, p.15.

② Ibid., p.34.

见的焦土现象，但更根本的"焦土"的肇因在于，生命的数字化和抽象化，让生命进一步与大地的根基剥离。生命变成了薇依笔下的"拔根状态"的生命，生命到处流浪，飘忽不定，无法在大地上扎根，只能在数字网络中变成一组数据组成的虚体。人们不再寓居在大地上，而是将生命置于那个不断流动的装置化的数字网络之中。通过这个装置，资本主义已经将其控制的手段植入到每一具身体里，布洛赫式的希望，已经逐步堕落成网红们的流量和关注度，在那里，只有克拉里笔下的神经营销学和数字药理学，一切都变成了流量，一切都变成随着流量带来的资本主义的利润。

由此可见，真正的焦土并不是我们所生活的大地，而是那个介入了我们数字化生存的互联网络。那个孕育生命的大地仍然存在，但是，由于我们目不转睛地看着手机和电脑的屏幕，那个生机盎然的大地被数字构造的虚拟世界的界面遮蔽了。齐泽克告诉我们数字时代的界面的奥秘在于："对于我在元宇宙交流中的伙伴，这里存在着根本的不确定性，我永远无法肯定他们是谁。他们是否'真的'像他们所描述的那样，在屏幕角色的背后是否有一个'真正的'人，屏幕角色是否是多种人的面具，同一个'真正的'人是否拥有并操纵着更多的屏幕角色，或者我只是在与一个数字化的实体打交道，它并不代表任何'真正的'人？简而言之，'界面'（INTER-FACE）恰恰意味着我与他者的关系从来不是'面对面'的，它总是被中间的数字机制所中介，它代表着拉康的'大他者'，'大他者'是匿名的象征秩序，其结构就像一个迷宫。"[1] 齐泽克的分析旨在告诉我们，在数字化的当下，我们的生命并不是没有扎根，而是扎根在一个无生命的界面上，这个界面就是克拉里的焦土，一片数字化的焦土。由于数字焦土没有真正滋养生命的营养，它唯一的规则就是按照资本主义的利润和剥削法则运行，主体变成了失去了关怀，彼此无助的幽灵主体，他们在数字界面上流浪，徘徊，没有希望，而拯救这些数字焦土上的主体的唯一可能就在于数字界面下被遮蔽的物，那些零散的剩余数据。为此，我们需要的是一种新的考古学，在这种考古学下重建生命的可能性。

三、剩余数据的物体间性

在本雅明晚期留下的一份关于历史的提纲中，他以一种预言家的口吻写道："史学是这样一门科学，其结构不是建筑在匀质的、空洞的时间之上，而是建筑在充满'当下'（Jetztzeit）的时间之上。因此，对于罗伯斯庇尔来说，古罗马是一个他从连续统一的历史过程中爆破出来的一个填注着当下时间的过去。"[2] 当本雅明说史学是一个匀质而连贯的叙事时间线索的时候，意味着连

---

[1] Slavoj Žižek, "What Can Psychoanalysis Tell Us About Cyberspace?", in Aner Govrin & Tair Caspi eds. *The Routledge International Handbook of Psychoanalysis and Philosophy*, London: Routledge, 2023, p.455.

[2] ［德］本雅明：《本雅明文选》，陈永国、马海良编选，北京：中国社会科学出版社 2011 年版，第 431 页。

贯性的历史叙事必然遮蔽了无数与主流历史叙事不一致的"当下",正是这些"当下"的瞬间,质疑并解构了古罗马式的连贯性主流历史叙事,并将这种历史叙事看成统治阶级用来维护自己的统治的工具。正是在这个意义上,罗伯斯庇尔等雅各宾派革命者,恢复了当下,让无数与古代历史不一致的当下呈现出来,这些不一致的当下被呈现出来的时候,不仅意味着古罗马式的历史叙事的崩裂,而且也意味着一种新历法的诞生,本雅明呼唤道:"革命阶级在行动之时有一种典型意识,认为他们行将让连续统一的历史进程土崩瓦解。大革命带来了一种新的历法,历法的第一天起着一种为历史存照的慢镜头照相机的作用。"[①] 这就是革命的真正含义,不仅在身躯上砍下旧体制的统治者的头颅,也需要在历史叙事上彻底让统治阶级的连贯性叙事崩裂。由此可见,本雅明的历史哲学是一种断裂性的历史哲学,历史的救赎并不在于一个高高在上的神灵能拯救我们,而是在于,当我们面对如同钢铁般坚硬的历史叙事时,在那个无法被历史消化的残余物面前,历史连贯的、整齐的、光滑的表面崩裂了。在本雅明看来,不仅历史是如此,我们对世界的洞见亦是如此,在一个完整的视野里,总是存在着某些丢失的东西。在这里我们遭遇了谢林意义上的"无法消除的剩余物"(der nie aufhebbare Rest)的概念,齐泽克评述道,谢林的"'无法消除的剩余物'是一种摆脱了形式结构的剩余物,就像传说中阻碍机器顺利运行的垃圾,以及,机器本身的纯粹形式上的扭曲结构,使它自己转过来。这两者是严格

---

①　［德］本雅明:《本雅明文选》,陈永国、马海良编选,北京:中国社会科学出版社 2011 年版,第 431 页。

相关的：这块垃圾给了机器本身的扭曲，而孰先孰后是无法确定的"①。这个"无法消除的剩余物"阻碍着整体机制的运行，也阻碍了将所有事物都纳入到同一结构并有着统一原则的机制之中，它们之所以成为垃圾（trash），恰恰在于它与统一结构的绝对的格格不入。或许只有在这片垃圾之中，我们才能找到被大写的历史叙事和平整的资本主义同一结构所遮蔽的真理。也正因为如此，本雅明并不需要英雄史诗和悲剧中的崇高的救赎，人民不会在历史的赞歌中，将英雄的身体献上命运的祭坛。与之相反，在巴黎的街巷里，本雅明更热衷于拾掇那些与现实商业资本主义的拱廊街格格不入的垃圾，只有那些与资本主义的繁华不相容的残余物，才能让那些痴迷于商品拜物教的布尔乔亚的大众们从沉睡中惊醒，目睹那繁华裂缝处的废墟。在那一刻，资本主义商品和繁荣的统一性的幻象才能被撕裂。

同样，在资本主义控制下的数字界面也有着类似的连续性，不过，我们面对的不再是本雅明笔下的历史叙事，也无法像他笔下的波德莱尔一样，漫步在巴黎街头"拾掇垃圾"。因为一旦我们进到数字之门，统一性的法则并不在表象上，而是在数字界面的底层协议中，如 TCP/IP 协议或 IOS 协议，这些最基层的算法协议已经决定了任何与数字资本主义的界面不相容的东西，都不会在界面上表象出来，这意味着，今天的数字空间或元宇宙空间，是一个比本雅明的拱廊街更加平滑的空间，如果说巴黎是 19 世纪资本主义的首都，那么今天的 TikTok、YouTube、

①　Slavoj Žižek, *Surplus-Enjoyment*, London: Bloombury Academic, 2022, p.236.

Facebook、Twitter 等，就是 21 世纪资本主义的首都，这些平台为我们营造再也没有"垃圾"的规则系统，也是没有残余物的世界，我们不再能通过在街巷里闲逛来找到资本主义界面上的裂缝。一切都被掩藏了，一切残余物都烟消云散了，坚固的堡垒在用户面前进一步得到了加固，如同军事要塞一般牢不可破，一切虔诚的东西只有在烙了数字钢印之后，才能在数字空间中流传，否则，封号、禁言、404 等规则直接将那些数字空间的另类加以驱逐，从而保证数字资本主义的堡垒成为有史以来最和谐最平滑的空间。似乎在这一刻，数字之门的门楣上镌刻的黯淡而阴森的"入此门者，当捐弃一切希望"的标语才如此的醒目。问题在于，我们是否还能像本雅明一样，在数字资本主义营造出来的虚拟空间中，找到一个"无法消除的剩余物"，来打破数字界面下的统一性幻象，进一步在数字焦土之上，重塑人类的希望？

在这个背景下，我们或许可以更清楚地理解福柯撰写《知识考古学》的动机。在撰写完《词与物》之后，福柯提出了话语的权力的概念，因为话语构型本身意味着连续和平整的话语体系对物的体系的综合，而对于话语权力的反叛，完全不能在话语权力内部来开展，我们不能通过历史叙事打败历史叙事，也不能通过数字平台来打败数字平台，因为它们都属于同一个体系，无论何种叙事权力和平台算法，都将人们纳入其体系之下，按照其规则和协议而行事，在这些规则和协议之下，我们只能看到我们能看到的东西，我们只能言说被允许说出的话语，我们只能思考可以思考的内涵。对于这种连贯性的话语力量，福柯的策略是考古学，福柯写道："考古学并不试图去重新发现连续的、不可察觉的转变，这种转变缓缓地将诸话语与它们之前的、周围的或之后的东西联系起来。考古学不等待诸话语基于它们尚不是的东西来变成它们所是的东西的时机，它也不等待诸话语在解决它们的形态的稳固性之后逐渐丧失它们的同一性的时机。考古学的问题反而把诸话语放在它们的特殊性中来确定，指出它们所使用的成套规则在什么方面不可简化为任何其他东西，沿着它们的外部轮廓和为了更好地突出它们来追踪它们。"① 正如福柯试图通过在法国国家档案馆收藏的巴士底狱的文献中，找出那些籍籍无名的文献，来验证另一种历史的可能性，当我们进行历史文献考古学研究的时候，之前那个连贯而平滑的历史叙事，便会掀起波澜。

那么，我们是否可以在数字资本主义的焦土之上，找到可供开展考古学研究的痕迹？法国技术哲学家贝尔纳·斯蒂格勒给予我们一个回答，他借"第三持存"的概念指出，我们今天任何在数字网络中的行为都会留下数据："它通过全面电脑化和自动化系统构成一种威胁，这种系统利用屏幕传送和接收的痕迹，而屏幕构成了各种各样的界面：社交网络的系统、用户归档、智能型城市，等等，通过它们截取以疏导'大量的数据'，然后用实时的（光速的）密集计算的技术来开放所谓的大数据。"② 换言之，任何用户的行为，无论是有意识还是无意识，甚至一个不经意的浏览，都会在网络上产生数据，并在数字空间中持存下来。问题

---

① ［法］福柯：《知识考古学》，董树宝译，北京：生活·读书·新知三联书店 2021 年版，第 162 页。

② ［法］斯蒂格勒：《人类纪里的艺术：斯蒂格勒中国美院讲座》，陆兴华、许煜译，重庆：重庆大学出版社 2016 年版，第 151 页。

在于，这些数据并不会始终表现出来，各种平台提取了大量的数据，但这些被资本控制的数字平台并不会直接采用和分析所有数据。平台使用算法，目标仅仅在于为资本主义化的平台进行数据精炼和分析，提取出可以被他们所用的数据，换言之，能够得到平台使用的数据，是所有用户参与数字空间和互联网络中数据中的极少部分，绝大多数数据只是在服务器和某个匿名终端那里保存着，就像图书馆和档案馆里被尘封百年，始终无人问津的文献一样。

不过，福柯的考古学的贡献并不仅仅在于对这些存在着，但人们却始终看不到的文献的发掘，而在于发明一种新的话语，让这些"消逝"的籍籍无名的文献重现出现在人们面前。福柯说："考古学将下述陈述作为导向性的陈述放在根部：它们关系着对可观察的结构和可能对象的范围的确定，它们规定着描述的形式和可能对象的范围可以利用的感知准则；它们促使特征化的最一般的可能性出现并由此打开有待建构的概念的整个领域，它们最终在构成策略选择时给今后最多的选择留有余地。而且考古学将在派生树的最顶端或至少在整个荆棘丛生的历程中重新找到'发现'（如化石系列的发现）、概念的转换（如种的新定义）、从未见过或听过的观念的出现（如哺乳动物或有机体的观念）、技术的调整（标本的组织原理、分类与术语分类的方法）。"① 只有通过发明新的陈述和叙事，那些被主流话语所掩盖的文献和遗迹，才能向我们敞开它的奥秘，它的奥秘不在于它本身，而在于它所

---

① ［法］福柯：《知识考古学》，董树宝译，北京：生活·读书·新知三联书店 2021 年版，第 173 页。

依附的话语体系，即本雅明的新的历法。革命性的努力不仅仅是去创造一个新的政治，更是创造一种新话语、新平台、新历法，让之前存在着但被遮蔽的那些数据、痕迹、文献、遗迹再次昭然于天下，从而破除统治阶级的话语遮蔽这些"无法消除的剩余物"的神话，让不可能的事件变成历史的可能性。

沿着本雅明和福柯的精神方向，在数字资本主义用算法和平台统治着的这片焦土之上，我们需要的就是一种剩余数据的考古学。那些被平台和算法有意或无意遗弃的数据，仍然存在着，就在我们每一个人身边，我们之所以看不到这些数据，仅仅是因为我们已经是被数字界面中介后的主体，我们的主体间性也是界面和平台的产物，故而我们只能看见平台提供给我们的字符、信息、图像，与固定的对象互动。我们只会按照平台算法预测和规划的路径前进，即便那些"无法消除的剩余物"就在我们的脚下，我们也对之视而不见。那些剩余数据的存在，是一个未被算法建模的存在，我们无法像福柯和本雅明一样，用流浪和拾掇垃圾的方式来获得这些掩埋在历史尘埃中的文献。我们甚至无法像齐泽克那样"斜目而视"，用"视差之见"（the parallax view）发现那些看不见的线索。换言之，我们很难通过主体的变动来发现被掩埋的剩余数据，剩余数据的考古学不是建立在主体间性（inter-subjectivity）之上，而是建立在数据对数据、对象与对象直接沟通和交流的物体间性（inter-objectivity），让物和剩余数据以新的方式呈现在数字空间中，呈现在我们面前，在被资本控制的算法被新的物体间性的算法介入那一刻，泅渡在虚拟与现实之间的卡戎才会慢慢蜕去色彩，变成一种数字界面的空洞。在卡戎身体消融的那一刻，通向真实的希望之路也在"数字之门"背后若隐若现，在那里，在物体间性的数据考古学之下，希望并没有消弭，而是被资本控制的卡戎身体所遮掩。一旦我们找到通向剩余数据的考古学之路，我们就不再是籍籍无名的灵魂，而是可以追寻希望的生命。

一旦生命在地狱之门下，重新获得希望，那么由数据和算法控制的数字焦土，就不再是人类世界的绝望之地，我们看到在阿门塞斯阴影王国中闪烁着无数的荧光，那是剩余数据在焦土上点燃的生命之光，在那一刻，我们面对的世界会重新变成天堂，但丁在《天国篇》写道："那个圣洁的发光体的灵魂已经转向那使他的愿望得到满足的太阳，这太阳就是那足以满足一切愿望的至善。……瞧！那些发光体中另一个向我走来，它外面发出更明亮的光，表示他愿满足我的要求。"[1] 在剩余数据的光芒下，万物连接出新的希望，这里不再是地狱之门，而是希望之门，数字焦土瞬间变成了物体间性的沃土，人类或许才能看到一个应许的未来。

---

① ［意］但丁：《神曲·天国篇》，田德望译，北京：人民文学出版社2001年版，第70页。

第四部分
数字劳动与数字资本主义批判

第十二章　什么是数字劳动？

当下，智能手机、平板电脑，以及各种终端设备成为了日常生活中不可或缺的设备，人们早已习惯用 Facebook、Twitter、Instagram、TikTok、Steam 等平台进行娱乐和社交，我们的数据被各个平台和应用所提取，并通过传感器、中继器、信号放大器、基站来传播。毫无疑问，今天的世界已经进入到一个数字时代。与之相伴随的是，西方主要资本主义国家，通过他们的平台的数字霸权掌控了全世界大多数国家的数据资源，这是一种新的资本主义形态，我们称之为数字资本主义。然而，尽管近几年来对当代数字资本主义的研究逐渐成为热潮，但迄今为止的诸多研究仍然停留在现象层面的梳理和概括，缺少基于马克思主义政治经济学的批判和研究。

在对当代数字资本主义的理论分析和批判中，有一个核心概念是无法回避的，这个概念就是：数字劳动。实际上，在 20 世纪末，当代美国批判理论家迈克尔·哈特（Michael Hardt）和意大利马克思主义理论家安东尼奥·奈格里（Antonio Negri）已经注意到了数字技术带来的劳动的泛化问题，他们说道："在后工业时代，在资本主义体系的全球化时代，在工厂—社会的时代，以及在计算机化的生产取得胜利的阶段，劳动彻底处于生活的重心，而社会作业彻底扩展至社会的各个场所。这就将我们引向一个悖论：就在理论无法看到劳动之时，劳动无处不在，并且在所有地方成为唯一共同的实体。"[①] 的确，今天我们面对的情况是，劳动无处不在，我们看手机和刷抖音视频的行为或许可以成为数字劳动，滴滴司机开车刷单的行为可以是数字劳动，甚至游戏玩家在王者荣耀中来场对战的行为也可以是数字劳动。这仿佛让数字劳动看起来不再局限于马克思在《资本论》中分析的产业劳动的概念，给人感觉今天所有行为都成为了数字劳动。但是，这种将数字劳动泛化的观念，让理论进入数字政治经济学分析缺少相应的基点。为了解决这个问题，我们必须通过一系列的概念设定，来确立数字劳动的理论基础。

一、什么是数字劳动？

2020 年奥斯卡最佳影片奖被颁给了韩国导演奉俊昊执导的作品《寄生虫》，这部作品用鲜明的手笔对比了当代韩国社会两种不同阶级的人群的生存状况及其矛盾。作为底层阶级的金基泽一家，没有稳定可靠的生活来源，在整个故事发生之前，他们住在阴暗潮湿的地下室里，全家人靠为披萨店折叠外卖盒为生。折叠外卖盒，就如同 19 世纪欧洲的一些工人阶级妇女在家里为工

---

①   Michael Hardt and Antonio Negri, *Labor of Dionysus: A Critique of the State-Form*, Minneapolis: University of Minnesota Press, 1994, p.10.

厂叠纸袋的工作一样，后者在工业革命兴起时就出现了。从其实质而言，这种工作形式算不上什么新劳动，不仅不算，而且是非常古老的劳动形式，一家人以计件工资的形式接收着来自披萨店的外包工作。然而，在电影场景转向披萨店员来验收外卖盒的时候，却无意中道出了一件有趣的事情，他们这些劳动成果，即这些折叠的外卖包装盒是披萨店用来接收网上订单用的，在表面上看起来与数字时代和互联网完全没有关联的劳动（一家人在简陋的地下室里一起折叠包装盒的劳动）却与数字时代的网络商务联系起来，他们的最终劳动成果进入了披萨店和网络订单用户之间的交换过程。在这个意义上，我们面对的问题是，他们一家人在一个前数字时代的环境下（导演特别强调了这个地下室的空间是几乎没有网络的，所以主角儿子金基宇要不停以各种刁钻的角度去蹭邻居家的 WiFi），他们的劳动是否是数字劳动？

　　或者，让我们将目光转向网约车司机。他们的劳动就是通过网络平台（如 Uber）接受订单业务，然后就是一种很传统的劳动形式，即他们开车到指定地点，接上顾客，再将顾客送到目的地，其中的计费形式，仍然类似于传统计程车的里程计费，在整个载客过程中，他们也会与顾客谈笑风生，他们和以往的出租车司机一样，信守着他们的职业道德，按照标准给乘客计价。那么是什么将他们的驾驶劳动与传统的出租车司机区分开来？答案只有一个：平台。出租车是招手即停的，顾客和出租车司机之间的关系是偶然性的关系，顾客和出租车司机之间纯粹是一种地理空间上的匹配。但网约车不同，顾客在平台上下单，而司机同样在平台上接单，司机和乘客之间的匹配不再是传统的空间匹配，而是数据算法的匹配。那么，有意思的问题来了，在数据中究竟是如何实现顾客和网约车之间的匹配呢？其实网约车平台会给乘客和司机同时打分，乘客的预约单子会被划分成三六九等，而司机这边被分配了不同的分值，那么具有高分值的司机当然可以拿到更好的乘客预约单，而分值差的司机只能拿到他们口中的"水单"。这样的算法匹配带来的结果是，司机若想拿到平台上的优质单，就不得不拼命地挣平台给予他们的分值，只有分值的增加，他们才能获得更好的盈利机会。这进一步带来的问题是，网约车司机劳动的一部分目的转向了一个平台提供的抽象分值，而不是直接去挣取乘客的车费，在这种情况下，司机的劳动是否还是传统意义上的出租车司机的劳动？

最后一个例子是英国马克思主义传媒学者克里斯蒂安·福克斯（Christian Fuchs）给出的。福克斯提出，在我们使用 Facebook、Twitter、Instagram、YouTube 等社交网络应用时，会看到不同长度和层次的广告，以 Facebook 为例，我们在浏览界面的时候，它们已经通过后台的算法明确了解了我们的兴趣和爱好、喜欢哪类帖子和影片，以及总体的行为习惯，这意味着在应用的后台，它们已经给我们进行了准确的数字绘像，其目的在于，它们可以精准地将一些广告投送给我们，让我们成为潜在的消费者。那么，当我们被广告所吸引的时候，我们不再是独立的互联网用户，而是变成了今天数字经济学经常说的产消者（prosumer），我们在消费，因为我们在看广告，花钱，欣赏我们喜闻乐见的东西，但我们同时也是生产者，我们生产了数据，被后台的大数据算法精准分析和分类，变成特定的欲望和诱惑的对象。所

以"Facebook 从来不只是一个社交平台,相反,它利用了我们
的社会交往行为,方法就像特百惠的聚会一样……Facebook 真
正的最终用户是那些想接触并影响我们的营销人员。他们是
Facebook 的付费用户,而我们是产品。我们是 Facebook 的工人。
无数个小时,我们(特别是年轻人)在 Facebook 上用我们的个
人记录形成未付报酬的劳动,Facebook 用它来证明其股票价值
的合法性。"① 福克斯发现了一种真正不同于传统劳动方式的数字
劳动,这种作为产消者的劳动方式,在数字时代之前根本不存
在,而仅仅在互联网应用及其背后的大数据算法出现之后,用户
的浏览、游戏、刷视频、点赞等行为才被定义为数字劳动。

值得注意的是,在今天的数字劳动研究中,这三种形式的劳
动在不同程度上都被视为数字劳动。其中原因在于,在 20 世纪
末,从互联网的诞生,从网络用户进入这个虚拟世界开始,如尼
葛洛庞帝、卡斯特尔、丹·席勒等人就已经将这种围绕着信息和
通信技术(information and communication technology,后面简称
为 ICT)的新资本主义形式称为"数字资本主义",那么与这种
ICT 技术密切相关的行为和劳动都可以称为数字劳动。在这个方
面,比较典型的是意大利自治主义思想家莫里奇奥·拉扎拉托
(Maurizio Lazzarato)的看法,数字劳动"可以是参与生产、加
工和传播信息的所有劳动,可以是直接通过操纵符号来生产原创
知识的个体,也可以是图书馆员,快递服务公司的员工,甚至是

---

① 〔英〕克里斯蒂安·福克斯:《社交媒体批判导言》,赵文丹译,北
京:中国传媒大学出版社 2018 年版,第 164—165 页。

装配电脑线路和原件的劳工他们，从事的都是数字劳动"①。和奈格里、保罗·维尔诺（Paolo Virno）等人一样，拉扎拉托等意大利自治主义者用非物质劳动（immaterial labor）的概念，来涵括一切在 ICT 技术下的劳动形式。如果按照这个宽泛的定义，《寄生虫》中金基泽一家为网络订餐的披萨店折叠外卖盒的劳动也被囊括于其中，尽管这种劳动形式与 19 世纪在家庭中从事折叠纸袋的女工做的工作别无二致。

与这种泛化的非物质劳动的定义相反，克里斯蒂安·福克斯对数字劳动做出了一个层级结构的定义。正如他在《数字劳动与卡尔·马克思》一书的序言中，明确提出这本著作的任务是"对资本主义 ICT 产业中的一些劳动进行批判地理论化，其总问题是：什么是数字劳动？如何透彻地理解它的工作条件？"② 在这个意义上，福克斯思考的基础仍然是 ICT 产业，以及围绕着这个产业开展的一系列劳动层级。基于具体案例的研究，他将各种数字劳动分成了四个不同的层级：首先，他谈到了刚果民主共和国在极其野蛮的条件下开采用于制作计算机、智能手机、服务器、电池等电子产品的钽矿和铂矿的矿工，他以控诉的口吻描写着刚果军政府对矿工的野蛮剥削："铂金是一种生产硬盘的主要资源。所有的硬盘都含有铂，据估计，铂金占硬盘合金的 35%。这意

① Maurizio Lazzarato, "Immaterial Labor", in Paolo Virno, Michael Hardt eds. *Radical Thought in Italy: A Potential Politics*, Minneapolis: University of Minnesota Press, 1996, p.133.

② ［英］克里斯蒂安·福克斯：《数字劳动与卡尔·马克思》，周延云译，北京：人民出版社 2021 年版，第 8 页。

味着信息和通信技术（ICT）产品不仅仅基于对非洲矿井工人的剥削，而且是流血的剥削。……信息和通信技术产业是一个血腥产业，其凶残性和剥削性隐藏在商品拜物教的背后：例如，像电脑或硬盘这样的东西是劳动关系的产物，但这些关系是不能通过审视产品而被观察和体验到的，它们隐藏在终端产品的背后。"[①]其次，在 ICT 产业的硬件层次上，福克斯谈到了东南亚和印度的富士康工厂，这是一种 19 世纪式的工业装配产业，它们处在刚果矿工的下游产业链上，但富士康工厂的劳动形式与传统产业的劳动形式也并无太大差别。再次，在软件层次上，福克斯看到了位于印度班加罗尔等地的外包软件工程，相对于刚果矿井和富士康工厂的恶劣的劳动条件，印度的软件工程师"主要来自中上层阶级，均受过很好的教育"[②]，这让他们在整个 ICT 产业链中具有相对优渥的劳动条件。最后，处于 ICT 产业的最上游的是美国硅谷里的白领精英，他们不需要面对恶劣的劳动条件，也不需要像印度的程序员一样每天不停地敲代码，他们成为了"资本家阶级的工人帮办"[③]。虽然他们还是受雇佣者，但他们的生活条件和工作环境，都是 ICT 产业其他环节不可比拟的。

尽管福克斯围绕着整个 ICT 产业链的各个环节对其生产劳动进行了四个层次的划分，但是这种划分仍然面对着巨大的问题。第一个问题在于，是否 ICT 产业的劳动就是数字劳动？或

---

① ［英］克里斯蒂安·福克斯：《数字劳动与卡尔·马克思》，周延云译，北京：人民出版社 2021 年版，第 230 页。

② 同上书，第 269 页。

③ 同上书，第 302 页。

者说，只要与ICT产业有一点关系的劳动都是数字劳动？当拉扎拉托等人的非物质劳动概念可以扩展到一般的家庭分包式劳动，而福克斯谈论的ICT产业下的矿工和血汗工厂的工人都被纳入数字劳动中来，那么这种劳动形式与传统的产业工人的劳动形式有什么区别？我们可以在刚果民主共和国的铂矿和钼矿工人的采矿劳动和19世纪英国兰开夏郡的煤矿工人的劳动中看到什么区别？富士康工厂里的劳动与德国西里西亚的纺织女工的劳动有什么本质不同？仅仅是因为这些劳动为数字经济的ICT产业服务吗？仅仅从ICT产业及其整个生产链条来区分数字劳动和非数字劳动是否在逻辑上是自洽的？

　　显然，对数字劳动的认识，不能依赖于所谓的ICT产业的区分，毫无疑问，今天刚果的矿工劳动和东南亚和印度的富士康工厂的血汗劳动仍然属于传统的产业劳动部分，它们的存在形式与马克思在《资本论》中对19世纪的产业劳动的分析并没有太大差别。在这个意义上，我们可以排除《寄生虫》中金基泽一家折叠外卖盒的劳动是数字劳动的可能性，尽管他们的劳动与互联网订餐有一定的联系。那么网约车司机和观看Facebook界面的用户的劳动是不是数字劳动？我们可以说，Facebook用户的劳动当然是数字劳动，因为这是传统产业不具有的劳动形式，但网约车司机的劳动相对复杂，他们的行为既有传统劳动的成分，也有数字劳动的成分，是一种复合型劳动。网约车司机的驾驶劳动仍然是传统性质的，但是他们的驾驶受到了平台数据的监控，他们接受平台评定分数的制约，同时也不得不为挣得更多的分值而拼命工作，这使得他们的劳动形式具有了数字劳动的形态。

由此可见，我们需要在新的界面上来定义什么是数字劳动。这种界定不是产业性的，不能根据互联网产业或 ICT 产业来划分不同的劳动形式。最关键的是，什么东西是在数字技术产生之后才出现的劳动形态，譬如观看视频的行为、网约车刷分的行为等等，都是在大数据技术下才具有的独特性行为。那么，我们可以试着这样定义，在数字技术和智能算法成为日常生活的基础之后，产生了一种新的生产方式，我们称之为**数字生产方式**（ digital mode of production ），而与数字生产方式相对的是产业生产方式（ industrial mode of production ）。在此基础上，我们或许可以这样来定义数字劳动：**在数字生产方式下产生，并能够形成一定的生产后果的活动，我们都可以称之为数字劳动**。相反，一个劳动行为即便与 ICT 相关，但如果它仍然依附于传统的产业生产方式，那么它就不是数字劳动，而是产业劳动。这也就是为什么折叠外卖盒、在刚果的采矿劳动、东南亚和印度的富士康工厂流水线上的劳动都不是数字劳动的根本原因。为了更清楚地理解数字劳动，我们接下来必须理解什么是数字生产方式。

二、一般数据：数字生产方式下的劳动构成

在《德意志意识形态》中，马克思已经深刻地意识到当代资本主义社会以及其带来的产业革命，并不是对旧社会秩序的直接延续，而是一种具有里程碑意义的历史变革，而这种历史变革，并不是体现在了人的观念之中，也不是体现在某种启蒙或自我意

识的觉醒，而是体现在一种社会存在的关系发生的巨大变化，这个变化的核心就是生产方式。正如马克思告诉我们的："人们之间一开始就有一种物质的联系。这种联系是由需要和生产方式决定的，它和人本身有同样长久的历史；这种联系不断采取新的形式，因而就表现为'历史'，它不需要用任何政治的或宗教的呓语特意把人们维系在一起。"①

在这里，马克思将批判的锋芒指向了空谈人的观念，指向了空谈自我意识的青年黑格尔派和费尔巴哈的历史观。历史的变革从来不是观念的变革，在马克思看来，这种观念变革不过是社会历史变革的结果。而在工业革命和资本主义诞生初期，这种社会历史变革直接表现为生产方式的变革，生产方式的变革直接导致了人类与社会的各种物质性联系发生了变化。当兰开夏郡的羊毛被送到曼彻斯特的毛纺织工厂的时候，羊与人类的关系不再是封建社会下的自给自足式的农业生产关系，这些羊毛不再由乡间的农妇和村镇上的简陋的作坊制作毛皮制品，而是通过蒸汽火车运输到曼彻斯特，经过机器大工业的加工，成为批量制造的羊毛大衣、羊毛挂毯等一系列工业产品。在这个基础上，虽然农场的羊仍然成群结队地被剪羊毛，最后它们的羊毛也被制造成羊毛制品，但人类与羊毛的关系却发生了根本性的变化，从原初的自给自足的生产方式变成了产业生产方式。当羊毛经由统一的收购，被送进火车的车厢，然后塞进毛纺织工厂的仓库，最终在机器的加工下生产为可以统一在市场上销售的商品，这个过程告诉我

---

① 《马克思恩格斯选集》第一卷，北京：人民出版社 2012 年版，第 160 页。

们，那个简单的人与羊毛以及简陋的羊毛作坊的生产关系一去不复返了，取而代之的就是产业资本主义的生产方式。在隆隆的轰鸣声中，兰开夏郡的碧水蓝天下恬静地吃草的绵羊，变成了秩序化和产业化的生产原材料，直到最后塞满商店的货柜和橱窗，任人选购，它们才完成了整个过程，而这个过程就是产业资本主义带来的生产方式的变革。因此，后来马克思在批判普鲁东主义狭隘的带有手工作坊生产方式的自治互助论时，他才以醍醐灌顶的方式，敲打着普鲁东那个停滞在法兰西乡村作坊里的浪漫主义的脑袋，马克思说："社会关系和生产力密切相联。随着新生产力的获得，人们改变自己的生产方式，随着生产方式即谋生的方式的改变，人们也就会改变自己的一切社会关系。手推磨产生的是封建主的社会，蒸汽磨产生的是工业资本家的社会。"[①] 由此可见，在马克思那里，生产方式并不是一种抽象的存在，而是在历史中作为一个尺度，区分着不同的历史阶段。在马克思用"手推磨产生的是封建主的社会，蒸汽磨产生的是工业资本家的社会"的譬喻来说明封建社会和资本主义社会的区别时，其中最核心的就是手推磨和蒸汽磨所体现的生产力和生产方式的区别，而蒸汽机的成功使用不仅仅在于提高了生产力，而在于它从根本上重新塑造了资本主义社会的各种生产关系，正如约瑟夫·巴尔拉（Josef Barla）所说："在走锭精纺机出现之前，资本家和雇佣工人之间的劳动关系和等级关系都没有稳定下来。也正因为如此，机器成为了一个制导因素，甚至是一个社会关系网络本身，而不

---

① 《马克思恩格斯选集》第一卷，北京：人民出版社 2012 年版，第 222 页。

是单纯的物体：机器和物质对象（包括人和非人因素）彼此结合在一起，不仅构成了工厂体制，也将前现代的闲散的劳动者组织化为工人阶级。"①

这就是马克思的历史唯物主义的基础，从社会生产方式的变革，而不是从观念上的变化来思考整个历史的进程。在马克思看来，产业资本主义之所以超越农业自给自足的生产方式，是在于工业生产将各种要素和劳动力集聚在同一个平台上，让人与人之间，人与生产之间，人与产品之间，乃至于人与自己类本质之间发生巨大的变化。尽管在早期的《1844 年经济学哲学手稿》中，马克思仍然使用异化概念来形容产业生产方式塑造的工人作为无产阶级的存在方式，但在后来他对政治经济学的研究中，马克思已经明确地放弃了异化的概念，而是去探索资本主义之下，产业生产方式如何来塑造不同的人与人、人与生产之间的关系，这就是为什么巴尔拉强调机器形成的工厂体制，即资本主义的生产方式"将前现代的闲散的劳动者组织化为工人阶级"的原因所在。不过，马克思通过对亚当·斯密和大卫·李嘉图等人的政治经济学著作进行研究，找到了资本主义生产方式最关键的要素——劳动被抽象化为劳动一般，并在这个劳动一般的基础上，将各种生产要素结合起来，就形成了整个资本主义生产过程。马克思指出：

① Josef Barla, *The Techno-Apparatus of Bodily Production: A New Materialist Theory of Technology and the Body*, Bielefeld: transcript Verlag, 2019, p.29.

　　干脆就是劳动，既不是工业劳动，又不是商业劳动，也不是农业劳动，而既是这种劳动，又是那种劳动。有了创造财富的活动的抽象一般性，也就有了被规定为财富的对象的一般性，这就是产品一般，或者说又是劳动一般，然而是作为过去的、对象化的劳动。这一步跨得多么艰难，多么巨大，只要看看连亚当·斯密本人还时时要回到重农主义，就可想见了。这也许会造成一种看法，好像由此只是替人——不论在哪种社会形式下——作为生产者在其中出现的那种最简单、最原始的关系找到了一个抽象表现。[①]

　　这个抽象的劳动一般，是产业资本主义变化的结果，但正是通过这个劳动一般，让在封建社会中彼此分散的力量和要素，凝结在一个巨大的产业资本主义生产方式之下。在《资本论》中，劳动一般进一步成为衡量资本主义生产的尺度，"劳动对资本的特有使用价值，是这种劳动作为创造交换价值的要素的性质，是这种劳动作为抽象劳动的性质；但是，问题不在于劳动一般地代表着这种一般劳动的一定量，而在于劳动代表着一个比劳动价格即劳动能力的价值所包含的劳动量更大的量"[②]。而劳动一般摆脱了劳动的具体性，成为了让商品交换价值成为可能的交换价值，资本主义生产、交换、分配、消费都依赖于劳动一般，以至于马

---

① 《马克思恩格斯文集》第八卷，北京：人民出版社 2018 年版，第 28 页。

② 《马克思恩格斯选集》第二卷，北京：人民出版社 2012 年版，第 861 页。

克思对剩余价值学说的发现也是建立在这个基础上的。马克思在劳动一般基础上发现的交换价值，以及对商品的政治经济学根基的揭示，反映的是资本主义特有的社会现象，也是产业资本主义的生产方式带来的变革。在马克思那里，劳动一般，或者在此基础上的产业资本主义的生产方式，有效地将产业生产和前资本主义社会的手工业和农业生产区别开来。那么，马克思的分析对于我们的启示在于，如果我们需要在当代数字资本主义时代，将数字生产方式与产业生产方式区分开来，我们也需要找到了一个类似的量，一个可以将当代数字资本主义时代的各种要素和条件聚集在一起的量。

对于如何理解数字时代的生产方式，实际上曾经有理论家做过尝试，例如美国马克思主义理论家马克·波斯特（Mark Poster）就在马克思的生产方式基础上，提出了信息方式（mode of information）的概念。波斯特指出："要想恰如其分地描述电子化交流方式，便要有一种理论，能够对社会互动新形式中的语言学层面进行解码。作为向这一目标迈进的一步，我在此提出信息方式这一概念。……我所谓的信息方式也同样暗示，历史可能按符号（symbol）交换情形中的结构变化被区分为不同时期，而且当今文化也使'信息'具有某种重要的拜物教意义。"[1] 在这里，波斯特所依赖的理论基础与其说是马克思的生产方式，不如说是让·鲍德里亚的《符号政治经济学批判》中所提到的符号价值。但是问题在于，符号仍然是面对人的符号，是人们在

---

[1] ［美］马克·波斯特：《信息方式》，范静哗译，北京：商务印书馆2000年版，第13页。

交往过程中形成的符号,换言之,符号只有在具有商品社会中的人与人之间的交换网络中才具有意义,如果一个人的 Gucci、CHANEL、Hermès 等符号不能被另一个人看见,或者不在社会中被价值化,这个符号是没有意义的。无论是波斯特的符号,还是鲍德里亚的符号,表面上作为一种象征能指链消解了人的中心性,但实际上,这种符号体系仍然存在于人的生产关系之中,唯一的区别在于,它用符号的关系取代了对人与人之间的社会关系的直接表达,成为了生产方式在人能够理解的符号层面的映像。所以,无论是符号价值,还是波斯特的信息方式,并没有真正走出产业生产方式的藩篱,只是用一种符号和信息的镜像取代了直接的表征劳动一般的商品价值的内涵。

当然,马克·波斯特是在 20 年前写下的《信息方式》,或许在今天的大数据技术占据主导地位的背景下,我们可以将他的结论进一步推进,即从以符号价值为基础的信息方式,走向以数据为基础的数字生产方式。在波斯特那里,他虽然肯定了马克思的生产方式概念,但是在创造信息方式的概念时,他却摒弃生产,这也意味着他并不认为符号是一种生产的产品和结果。显然,我们在今天面对着完全不同的情况,我们不仅面对着手机界面中的各种符号和语言,更面对着这些语言和符号界面背后的数据,符号已经是一种被算法解码的产品,也就是说,它是可以供用户观看和使用的信息数据。与这些数据不同,在界面背后,在那些服务器和交换器里,还存在着大量从各个用户、各个节点提取而来的不向用户开放的数据,这些源代码和数据都是用最基础的冯·诺依曼代码和 ASCII 代码写成的,在不同的机器和设备之间交换和传递，人只是参与这个数据生产过程的一小部分。在这个意义上，数据已经成为了这个时代最重要的生产要素。但是，对数字生产方式的研究，不能停留在对各种不同数据的解析和分类上，正如马克思的政治经济学批判从来关心的不是具体劳动，而是能够将各种商品纳入到统一的平台上的交换价值，即在劳动一般的支配下形成的商品的社会属性。同样，数字生产方式仍然是一种生产方式，它是在我们用户活动中被生产出来的，这些活动包括了用户直接浏览页面、上传视频，也包括外卖员接单送餐、网约车司机接单等等，这些活动在数字世界中不断地交换着，成为了一个巨大的数据总体，我们可以称之为"一般数据"。一般数据并不是具体的某种数据，与劳动一般一样，它代表着所有数据的抽象层面。数字化时代或者数字资本主义的典型特征，是将一切都数字化，转化为一个可以进入到云计算界面的数据，而这种数据的抽象形式就是一般数据。

由此可见，我们可以将数字生产方式的根基落实在"一般数据"上。首先，数字劳动生产的不仅仅是抽象的价值，而是一般数据。当我们打开智能手机的时候，无论是购买商品、阅读书籍，还是玩游戏，都无一例外地生产着数据，这些数据共同组成一般数据。其次，数字生产方式的劳动构成形式，就是将这些由我们的活动生产出来的数据，经由大数据算法作用，变成一个可分析、可利用的数据结构，然后让这些数据结构在互联网络中发挥巨大作用，如可以精准分析出某一地区在特定时间段上的消费需求的品种和数量，从而有效地指导厂家进行生产，从而避免在生产过程中的过剩。而诸如 TikTok 和 YouTube 等平台，通过对用户的精准分析，可以精准地投放广告，让用户成为他们的固定对象。在一般数据的作用下，数字生产方式将用户、厂商、资金、原材料、物流等诸多因素凝聚在数据平台上，从而区别于之前的产业生产方式。在数字生产方式下，原先由商家和客户、出租车和乘客、餐厅和食客构成的直接交换关系，变成了被平台中介的交换关系，而原先看起来中立的第三方平台，在数字生产方式的加持下，变成了凌驾在买卖交易双方之上的新的垄断资本，即数字资本。换言之，**数据之所以成为今天具有巨大权力的数字资本，正是因为在每一个人的数据生产之下，所有数据被数字生产方式整合成一般数据，而一旦一般数据形成，也意味着所有的元素和资源，都必须依赖于一般数据的生产，若是一般数据被某些资本所占有，就会变成具有巨大力量的数字资本。**这就是当代数字资本主义的奥秘，当马克思说商品拜物教将人变成帽子时，今天的数字拜物教进一步将帽子变成了数据。这种数字生产方式的出现，不仅没有消除产业资本主义时代的剥削和不平等，反而将剥削和不平等扩大化了。

三、数字劳动下的流众化

现在，我们可以明确地将数字劳动定义为在数字生产方式上展开的劳动形式，在一定程度上，数字劳动仍然是一种生产劳动，但与马克思时代生产作为价值的劳动一般不同，今天的数字劳动生产的是一般数据。而数字生产方式是与传统的产业生产方式不同的生产方式，在产业生产劳动中，需要劳动者在工厂和机器旁不断地重复着劳动过程，而他们的劳动被抽象地计算为一种价值，这是商品拜物教和货币拜物教的根源。而在今天的数字生产方式之下，劳动者不再需要集中在工厂的厂房里或机器旁，而是可以分散在各个场所中，甚至可以在家里，他们手上的智能手机、笔记本电脑、平板电脑和其他终端设备是接入到巨大的生产资料的接口，因为一般数据已经将其触角延伸到所有的场域，因此可以将所有拥有智能终端设备，并能够从中生产数据的个体转化成数字劳动者。就像巴尔拉所说那样，如果说精纺走锭机成功地将闲散的劳动者变成大机器的工人，让他们无产阶级化（proletariatization）了；那么今天的看不见的一般数据通过各种终端设备，将各个盯着屏幕看的个体变成了他们的劳动者，正如尼克·迪尔-维特福德（Nick Dyer-Witheford）看到今天的人们正是因为拥有手机，他们才被一般数据的控制论（cybernetics）形态无产阶级化的，迪尔-维特福德指出："人们需要在日常生活中进一步使用控制论，才能在无产阶级化中生存下来，而手机在许多方面实际上加剧了无产阶级化的不安全感，使资本能够更广泛、更精细地激活'非正式'和不稳定的有偿工作。"①

那么，我们现在可以针对数字劳动以及数字生产方式得出几点推断：

---

① Nick Dyer-Witheford, *Cyber-Proletariat: Global Labour in the Digital Vortex*, London: The Pluto Press, 2015, p.121.

（1）作为数字生产资料的一般数据

数字劳动和数字生产方式所依赖的生产资料就是一般数据，手机和电脑不过是接入这个巨大生产资料的接口。正是因为一般数据的无处不在，只要能通过手机和电脑接入大数据，人们就能在任何地方工作。那种传统意义上办公室、工厂与家庭的区分，工作与休闲的区分由此便变得不再稳定。

（2）数字生产关系的变革

正是由于工作的不稳定，可以让这些数字劳动轻易地外包出去，可以让世界上任何已接入网络的个体从事这种劳动。换言之，一般数据的全球化，导致的结构是传统雇佣关系的解体，也是产业生产关系的解体，在办公室和工厂里不需要用大量的工资来养工人和雇员，只需要保障维持公司和平台架构的基本员工就足够了。这是一种生产关系的变革，数字生产方式之下，资本家和雇佣者不用保持长期的雇佣关系，在这种不稳定数字生产关系下，资本家也不用为工人主动寻求社会生活和工作的保障。当雇佣关系变成临时和偶然的，从常态雇佣变成了零星态劳资关系时，意味着一般数据下的数字劳动是一种不断变动也不具有稳定性的劳动形态。

（3）流众无产阶级的出现

经历了上述变革，大量的劳动被推向了社会，变成了不稳定的劳动，即外包型的零工经济下的劳动，我可以随时在网上接各种活计，来养活自己，但这里没有稳定的雇佣关系，也不会有稳定的工会和劳动法来保障劳动者的权益，有的仅仅是一种不稳定的劳动状态。英国思想家盖伊·斯坦丁（Guy

Standing）将这种劳动状态下的无产阶级称为不稳定的无产阶级，即流众（precariat），斯坦丁将不稳定（precarious）和无产阶级（proletariat）这两个词合并起来，创造了"流众"一词，其目的就是为了突出当下无产阶级状态的不稳定性。正如一些学者指出："这种不稳定的新型劳动力组织方式在资本主义全球化下呈现日益普遍化的趋势，而这恰恰是数字资本主义和劳动力市场弹性机制相互渗透的必然结果。"[①] 也就是说，数字生产方式不仅让我们的生产关系变得不稳定，也让我们的劳动本身变成偶发性和不稳定的关系，在巨大的一般数据的控制论面前，通过我们面前的电脑和手机，通过偶然性的数据链接，借用斯坦丁的话来说，我们都被流众化了。

那么，我们怎样看待这种流众化的数字劳动呢？首先一个问题是：我们为什么关注 TikTok、YouTube、Facebook、Instagram、Twitter 等应用软件？是因为这些软件和平台开发得很不错吗？当然不是，虽然一个平台的算法软件和界面开发对于用户使用体验来说十分重要，但是对于用户而言，他们更关心的是这些平台界面上的内容和信息，比如通过 TikTok 观看短视频，这些短视频基本上都不是由字节跳动公司的员工制作的，大部分是由全世界各地的网友，录制了有趣的视频上传到 TikTok 的后台上，供全世界的用户在上面点击、观看、分享，甚至评论。点击量最多的视频会被推上热搜，以供更多的用户观看。当然，这些平台公司从这些被用户点击的视频中收获了大量的广告收入和

---

① 姚建华：《数字劳动：理论前沿与在地经验》，南京：江苏人民出版社 2021 年版，第 77 页。

资助收益。问题在于，我们在平台上观看的这些视频、阅读的帖子、观赏的照片，以及其他一些内容，实际上都不是由平台公司提供的，而是由用户自己上传的。并且，用户上传的视频或文字，尤其那些原创性的内容，实际上是付出一定的劳动量，如在 TikTok 上的视频，是一些工作团队花精力制作出来的，还有录制的一些讲座的音频和视频也是如此。但在绝大多数时候，这些被用户上传的音频、文字和视频，并没有为用户换得一定量的收入，也就是说，对于绝大多数用户来说，他们是免费提供了自己的劳动，并上传到平台上，他们除了获得偶然几个关注和点赞之外，并无其他的任何收益。美国政治学家约迪·迪恩（Jodi Dean）曾经研究了这种网络上独特存在的新型关系。她以 Twitter 为例，指出了网络平台的赢者通吃（winner-take-off-all）的财富分配模式：

　　排在第一位的"第一名"是通过生成一个公共领域而出现的。这些公共领域可以通过各种方式产生：在帖子的评论中（想想 Reddit 上读者对帖子进行上下投票的方式；荷兰的例子是 Slashdot 和 Kuro5hin），在网络文章中（想想《赫芬顿邮报》的博客或其他提供大量点击广告的网站），在 Twitter 上（通过标签），以及通过比赛（想想最佳城市旅游应用程序的比赛），这只是几个例子。比赛产生了一个共同的领域，将产生一个赢家。参与的人越多，领域越大，不平等就越大，也就是说，一个人和许多人之间的差异就越大。

扩大领域就会产生一个人。①

正是这种数字生产方式的不稳定性，让今天的网络平台公司可以在其内部重组收益的分配方式。在今天的平台分配中，上传信息、图片、视频、文章的所有用户中，实际上只有10%人能够获得收益，而处于顶尖的0.1%的人能够成为"网红"，这些"网红"塑造了一种成功模式，他们不仅拥有大量的财富，赢得如同明星一般的关注，同时也获得了诸多特定的数字权力（如他们可以随时压低供货厂商的价格来搞所谓的打折活动，赢取数字流量等）。但是，需要理解的是，这种"网红"模式实际上是一种模板效应，它并不代表所有进入直播间和从事数字劳动的用户都可以拥有他们的财富和各种优越的条件，"网红"的存在只是一个诱饵，吸引更多的人加入这场数字劳动的狂欢，成为平台中的新的劳动力。

此外，赢者通吃的"网红"模式暴露出来的另一个问题是，在平台和用户之间的不稳定关系的基础上制造的数字生产关系的不平等。在传统产业生产关系时代，资本家与工人之间的是稳定的雇佣关系，比如说，一个资本家一年的收益有500万元，除却各种开支和扩大再生产的费用，他可以用来支出雇佣的员工的费用是100万元，那么每个员工尽管根据各自的级别和绩效收入不同，但都是可以分得一个基础收益的，同时每个员工的收益底线是由工会和劳动法保障的。这样在各个员工之间的收益差别不会

---

① Jodi Dean, *Crowd and Party*, London: Verso, 2016, p.18.

出现严重不平等。在赢者通吃模式下,所有的用户跟平台不是雇佣关系,为了稳定业绩,平台也需要分配收益,但由于不是稳定的雇佣关系,平台方不需要提供基本工资保障,它们反而需要制造一个幻境,一个认为只需要跟着平台好好干,就能获得无限收益的幻境。这样平台采用的策略是,将绝大多数用来分配的收益给予极少数(迪恩所谓0.1%)"网红",让"网红"成为诱惑的样板,所有的用户都产生了一种幻觉,认为只要自己够努力,终有一天也能过上"网红"那样的日子。但真实的情况是,由于平台已经将绝大多数收益给予了顶尖的0.1%,形成赢者通吃局面,这样无论普通用户多么努力,他们都不可能真正变成他们心中的"网红",也不可能获得与"网红"一样的生活水平。在这种诱惑的冲击下,无数用户投入数字生产之中,生产出各大平台上的繁荣界面,如果说美国作家索洛曾经在产业时代写下了"美国铁路的每一根枕木下面都横卧着一个爱尔兰人工人的尸首",那么我们今天也可以说,在每一个数字平台繁荣的泡沫后面都横卧着一个普通用户被榨取的灵魂。

于是,我们可以看出,数字生产方式下的数字劳动的必然结果是,普通用户的流众化。这不纯粹是克里斯蒂安·福克斯提到的产消者问题,即自己生产并且自己消费,而是在整个数字产业的循环模式中,形成了一个更加多变的不稳定的结构,这种数字生产方式一旦成形,就意味着对传统工薪制度的生产关系的打破,传统的工会体制和劳动保障也随之丧失了效力,取而代之的是流众化的无产阶级,以及比之前的产业生产方式更为不平等的数字生产方式。在雇佣体制下,工人和员工之间虽然具有收入差别，但是这个差别是在可以预想范围之内的，但在赢者通吃的局面下，我们看到一方面传统劳动被零工化，被边缘化，而另一方面走入数字平台的劳动出现了严重的不平等。

如何面对这些严重的数字劳动的不平等？在现有的研究中，不难发现，当代数字资本主义的真正问题不是0.1%的网红和99.9%的普通用户之间的矛盾，因为这种网红经济的幻象是被数字平台人为制造出来的。最重要的问题是，数字平台的垄断化和私人占有与数字生产的公共性之间的矛盾。在数字生产方式下，所有的数据、信息、照片、视频、博客，是所有参与数字网络的用户生产出来的，但是它们却被掌握了数字生产资料（一般数据）、生产工具（数据结构和智能算法），以及其终极产品（广告、注意力、推送、影响等）的大平台所垄断，最终让所有的用户都隶属于平台的规则。也即是说，本应该被所有人共享的一般数据，现在变成了私人资本和公司的所有物，并且这些资本不断地从中获得收益，垄断收益的分配。那么，如果说在马克思的时代，面对产业资本主义的统治，需要砸碎的是资本主义的生产关系（即资本家和工人之间的雇佣劳动关系），而不是像卢德分子一样砸碎机器，那么在今天同样适用，数字无产阶级的解放不再是将自己捆绑在"网红"式的梦境之中，而是要打破这种赢者通吃的平台和用户的关系。如果在传统产业资本主义中，实现社会主义的理想是生产资料所有制的公有化，那么当代数字资本主义时代走向未来的可能性在于，一般数据和数字平台的共享、共治和共有。

第十三章　非物质劳动与数字劳动

随着全球资本主义进入数字资本主义和平台资本主义阶段，今天，马克思主义的研究者必须面对的一个现实问题是，如何面对资本主义在数字技术、智能算法等新技术的作用下，形成的新型资本—劳动的关系？这是对今天的数字资本主义进行政治经济学批判的基础，也是在历史唯物主义视野下重新审视今天的资本主义发展的一条非常有价值的路径。在数字如何成为资本的问题之前，首先需要谈到的问题是，数字劳动是否构成一种真实的生产劳动。它是不是一些传统的文化研究理论或马克思主义理论中认为的"文化劳动"或"非物质劳动"，一种不直接生产任何经济价值的劳动？显然，数字劳动的问题，相对于数字资本的问题更为重要。所以，在今天的马克思主义研究以及对全球资本主义发展的批判中，数字劳动的分析与批判就成为了其中最不可或缺的内容。

一、数字劳动是非物质劳动吗？

对于数字生产下的劳动，一个最容易得出的看法是，数字劳动是一种"非物质劳动"或"文化劳动"。所谓的"非物质劳动"和"文化劳动"的概念，实际上都是相对于生产实际价值的商品的劳动而言，只有在具体的生产劳动中，才能生产出凝结了无差别人类劳动的价值。然而，在马克思的《1861—1863 年经济学手稿》中，他也曾经区分了生产劳动和非生产劳动，马克思指出：

> 凡是货币直接同不生产资本的劳动即非生产劳动相交换的地方，这种劳动都是作为服务被购买的。服务这个词，一般地说，不过是指这种劳动所提供的特殊使用价值，就像其他一切商品也提供自己的特殊使用价值一样；但是，这种劳动的特殊使用价值在这里取得了"服务"这个特殊名称，是因为劳动不是作为**物**，而是作为**活动**（Tätigkeit）提供服务的。[①]

马克思看到，除了资本家的工厂里从事实际产品生产的劳动之外，在资本主义社会中，的确存在着其他类型的劳动。当然，这里的非生产性劳动并不涉及为自己的生产活动，例如裁缝为自己缝制的衣物等等，因为马克思这里的生产劳动和非生产劳动都是在社会的生产关系和交往关系层面上来讨论的。那么，在社会生产的层面上，究竟什么是非生产劳动？马克思在《1861—1863年经济学手稿》中的用词是"服务"，一种可以用来购买的"服

---

① 《马克思恩格斯选集》第二卷，北京：人民出版社 2012 年版，第 865 页。

务"，这种服务首先具有使用价值，能产生一系列效用上的功能。但是，这些劳动并不生产出"物"，不生产作为"实体"的物，而只是一个活动。马克思用"一个自行卖唱的歌女是非生产劳动者"①的例子来说明这种"非生产劳动"。马克思看到了歌女在歌唱，但这种卖唱并不具有一般意义上的产品，即她的歌曲以一种"非物质"的形式存在，并换取了路人的货币。歌女的歌声并没有留下的任何实体性的产品，但是，在驻足欣赏歌女的过客那里形成了一种关系，一种由歌声形成的特定的社会关系，而这种社会关系具有使用价值上（在歌女和听众之间的使用价值的关系，实际上是一种审美关系）的联系完全就在于歌唱的旋律之中。因此马克思才十分明确地指出："一个歌唱家为我提供的服务，满足了我的审美的需要；但是，我所享受的，只是同歌唱家本身分不开的活动，他的劳动即歌唱一停止，我的享受也就结束；我所享受的是活动本身，是它引起的我的听觉的反应。"②这种歌唱的旋律在歌女和听众之间形成的就是马克思意义上的"服务"，它依赖于在一定的时间和空间中的临时存在的关系，歌女并不是在销售自己的歌女，而是在这种纯粹享受的服务活动中，让听众得到了特殊的体验。在马克思看来，医生和律师也同样提供着这种服务，他们的价值也生产出他们在特定时间和空间中与病人和客户之间的服务性关系，而这种由服务活动产生的特定的社会关系就成为了马克思的"非生产劳动"。不过，马克思也十分敏锐地

---

① 《马克思恩格斯选集》第二卷，北京：人民出版社 2012 年版，第862 页。

② 同上书，第 866 页。

看到，"非生产劳动"是一种依附性的劳动，它与"生产劳动"构成一定依赖关系，在整体范围内，或许一个国家、一个地区以非生产劳动为主，但在全球范围内，非生产劳动无法撼动生产劳动的基础性地位。因此，在马克思的政治经济学框架中，非生产劳动只是生产劳动在相当发达基础上的结果，而不可能真正取代生产劳动。

不过，意大利自治主义显然从另一种意义上挪用了马克思的"非生产劳动"，但是他们并没有按照马克思在《1861—1863年经济学手稿》中的界定，而是将其泛化为一般意义上的"非物质劳动"。不过，他们这种扭曲式挪用，依然借用了马克思所谓"机器论片段"中的另一个概念"一般智力"。马克思的原话是："一般社会知识，已经在多么大的程度上变成了直接的生产力，从而社会生活过程的条件本身在多么大的程度上受到**一般智力**（general intellect）的控制并按照这种智力得到改造。它表明，社会生产力已经在多么大的程度上，不仅以知识的形式，而且作为社会实践的直接器官，作为实际生活过程的直接器官被生产出来。"[①]马克思仅在这里直接使用了英文"一般智力"的概念，显然，马克思希望通过一般智力概念表达出一般的社会知识，也代表整个生产方面中出现的知识、语言、情感等无形的方面。也就是说，"一般智力"从一开始就区别于《1861—1863年经济学手稿》的"非生产劳动"，因为，马克思所谓的生产劳动和非生产劳动是社会生产和生活中的两个

[①] 《马克思恩格斯文集》第八卷，北京：人民出版社2009年版，第198页。

完全不同的过程，而在"一般智力"中，马克思所指的是生产环节中存在的两种不同的产品，一种是可见的物质性的产品，另一种为不可见的产品，用后来保罗·维尔诺的解释，"社会个体出现在《1857—1858 年经济学手稿》的同一个部分并不是偶然的，在那里我们发现一般智力的概念构成了普遍（或前个体）的前提和'诸众'（multitude）的劳动和生活的共同配置，社会个体的社会方面无疑是一般智力，弗雷格称之为无主体的思想。然而，它也是人类交流的直接的心理间的、公共的方面，这一点被维果茨基（Vygosky）以极大的智慧所认识。"① 所以，这种"一般智力"形成了一种无形的语言、情感、智慧、认知的总体，而这种总体成为了比实际的物质生产更重要的力量，也将工人和诸众凝聚起来，成为了足以对抗资本主义的总体性。

正是在这个基础上，拉扎拉托、迈克尔·哈特和安东尼奥·奈格里等理论家才提出了著名的"非物质劳动"（immaterial labor）的概念。哈特和奈格里指出："在剩余价值的生产中，由在工厂中从事大规模生产的工人组成的劳动力量原先起到了核心作用，可今天，这种作用已越来越被通讯交往领域的智力化、非物质化的劳动力量所取代。因此，就必须发展出一种新的政治价值理论……对活生生的、从事非物质生产的劳动的剥削，它的最直观的社会维度将劳动结合进一切界定着社会关系的因

---

① Paolo Virno, *When The Word Becomes Flesh: Language and Human Nature*, trans. Giuseppina Mecchia, South Pasadena: Semiotext(e), 2015, p.231.

素中。"①哈特和奈格里的思路非常清晰，他们在21世纪初期，已经看到了电子通讯技术和数字化技术开启的黎明，他们看到了在西方主要发达国家中工厂里的生产已经逐渐让位于由通信技术和数字化技术变革带来的无形的一般智力的总体，在这个情况下，非物质生产逐渐取代了物质生产的地位，那么资本家的剥削就不再是剥削实质的物质上的剩余价值，而是剥削一种无形的非物质性的一般智力。

　　这样，我们可以理解在数字时代的劳动被解读为"非物质劳动"的问题所在。我们在使用Facebook、Twitter、YouTube、TikTok等应用时，关键不在于我们上传了多少视频，转发了多少文章，或者对某些推送点赞或评论，而是在于，我们这些行为都属于一个统一的"一般智力"。哈特和奈格里等人认为，我们这些活动之所以构成了非物质劳动或数字劳动，仅仅在于我们在现实的物质生产过程之上，形成了一种一般智力的生产，这种生产也被哈特和奈格里称为"生命政治生产"（biopolitical production），这种生产是非物质性的，因为数字劳动从根本上变成了生产"一般智力"的非物质生产劳动。不过，哈特和奈格里的问题并不是在于他们指出数字时代的生产是非物质生产，而是认为这种非物质生产的劳动已经彻底取代了马克思在《资本论》中的物质生产的政治经济学。他们指出："第一个趋势就是在资本主义价值增殖过程中非物质生产的霸权或者主导地位……例如，图像、信息、知识、感受、符码以及社会关系在资本主义

---

① ［美］哈特、［意］奈格里：《帝国》，杨建国、范一亭译，南京：江苏人民出版社2005年版，第35页。

的价值增殖中，都超越了有形商品或者商品的物质性因素和商品。"① 也就是说，哈特和奈格里认为在数字资本主义的背景下，政治经济学的动力已经是一系列图像、信息、认知、感受的生产，而物质生产在这种非物质生产之下变得不再重要，从而马克思对物质商品和资本的批判，也逐渐让位于非物质的一般智力的批判。

不难发现，马克思的"非生产劳动"和哈特、奈格里的"非物质劳动"有着根本的区别。马克思的"非生产劳动"从根本上依赖于对资本主义现实层面的政治经济学分析，马克思发现了在具体的物质生产过程之外，在社会生活中，还存在着特定的劳动类型，这种劳动类型不生产物质产品，而是生产一种感觉、关系、认知、服务等等。但马克思的"非生产劳动"的分析的基础仍然是现实层面的资本主义政治经济学批判，其哲学根基是历史唯物主义的，即其理论分析严格以现实的社会生产为基础。虽然我们不能说哈特、奈格里脱离了社会现实，但是，在他们为"非物质劳动"赋予新的支配性地位时，却忘却了今天的数字化不仅仅是我们在智能手机上点开音乐的应用，来找一首自己感兴趣的歌曲，或者浏览不同人上传的视频那样简单的事情，而是工厂、港口、物流等各个物质环境的充分的联网和数字化，才让我们可以"虚拟"地感受到非物质层面上的便捷和享受。换言之，哈特、奈格里看到的非物质化的数字劳动，却仍然是以大量的现实物质的生产、交换、分配、运输为基础的，物质生产的政治经济

---

① ［美］哈特、［意］奈格里：《大同世界》，王行坤译，北京：中国人民大学出版社 2015 年版，第 105 页。

学并非在数字时代消亡了，而只是退居至人们的电脑屏幕和手机屏幕之外的地方，让我们误以为我们面对的一个数字化的非物质界面。换言之，数字时代的生产仍然存在着巨大的物质劳动的根基，而且将数字劳动简单地视为非物质劳动，或者坚持一个抽象的物质劳动和非物质化劳动的区分，都会让我们不能真正理解资本主义变化的根本，因为数字资本主义绝不是将资本主义的外衣从物质生产变成了以信息、数字、图像为主要构成的非物质生产的换装秀，我们的确需要回到马克思早期的历史唯物主义的阐释，重新来理解数字资本主义下的劳动的真相。

二、作为历史概念的劳动

在马克思的《德意志意识形态》中，有这样一段名言："任何人都有自己一定的特殊的活动范围，这个范围是强加于他的，他不能超出这个范围：他是一个猎人、渔夫或牧人，或者是一个批判的批判者，只要他不想失去生活资料，他就始终应该是这样的人。而在共产主义社会里，任何人都没有特殊的活动范围，而是都可以在任何部门内发展，社会调节着整个生产，因而使我有可能随自己的兴趣今天干这事，明天干那事，上午打猎，下午捕鱼，傍晚从事畜牧，晚饭后从事批判，这样就不会使我老是一个猎人、渔夫、牧人或批判者。"[1]这段话经常被人们用来说明马克

---

[1] 《马克思恩格斯选集》第一卷，北京：人民出版社 2012 年版，第165 页。

思早年对未来共产主义社会的描绘和憧憬。然而，很多人实际上并不了解，为什么共产主义社会就是"今天干这事，明天干那事，上午打猎，下午捕鱼，傍晚从事畜牧，晚饭后从事批判"呢？这与后来马克思在《哥达纲领批判》中提到的"各尽所能、按需分配"的共产主义原则有什么关联呢？对这个问题的回答，也直接涉及如何从历史唯物主义角度来理解劳动的问题。

　　首先，马克思的这段话描述的主要问题是劳动的分工。在谈到这一段话之前，马克思提到了一个限定条件"当分工一出现之后"，我们人类的不同活动便被划分成不同的类型：如打猎、捕鱼、畜牧或从事批判等。如果我们做一个反推，是否意味着还存在着一个分工之前的状态，在这种状态下，我们人类的一切活动还没有成为"异己的""不依赖于"的力量？而马克思在这里的德文词不是"劳动"（Arbeit），而是"活动"（Tätigkeit），也就是说，在分工之前，我们人类的各种"活动"并没有被固定化为具体的劳动，在这个意义上，活动并不是劳动，它没有被固定，而是可以呈现出灵活多变的类型，这正是早上可以打猎，下午可以捕鱼的根本原因所在。但是社会分工彻底地改变了这一切，即我们的活动被固化为某种分工的劳动。马克思指出"社会活动（Tätigkeit）的这种固定化，我们本身的产物聚合为一种统治我们、不受我们控制、使我们的愿望不能实现并使我们的打算落空的物质力量，这是迄今为止历史发展中的主要因素之一"[①]。怎样来理解马克思的这句话呢？譬如，当一个女孩用采摘来的花朵制

①　《马克思恩格斯选集》第一卷，北京：人民出版社 2012 年版，第 165 页。

作了一个花冠，并戴在自己头上，这个时候她没有参与分工，仅仅作为自为（für sich selbst）的自我存在，在这个时候，少女采花制作花冠的行为很难与她其他的日常行为区别开来，她的行为就是她的活动，制作的行为没有凸显为一个独特的行为与其他行为相对立。相反，一旦少女变成为一位花冠作坊的制作女工，她的制作行为不再是她自为行为的一部分，因为某一个特定性的行为从她其他的活动中被单独分离出来，作为一种"异己性"的力量统治着她的其他活动，在这个意义上，可以说少女被纳入到分工体系之中，她的"活动"（Tätigkeit）被强行分割成两个部分，一个是统治着少女的物质力量，一种让少女任何惬意和浪漫的愿望落空的"劳动"（Arbeit），而剩下的活动成为了休闲或娱乐，成为了"非生产"的部分。也就是说，社会分工不仅仅造就了猎人、农夫、牧民、渔民、批判家等各个行业，也同时在每个人身上进行了区分，将具体的人的活动区分成为劳动和其他非生产性的部分（或休闲的部分），被区分为劳动的部分在分工的社会关系下成为了一种统治着人本身的物质力量，也成为将灵活多变的活动固化为劳动的"异己"的力量。

有趣的是，就在几行字之后，马克思谈到了共产主义社会下的状态：一旦进入到共产主义社会之后，现有的分工状态，就会被指出共产主义社会下特有的共同"活动"所取代。似乎可以这样来理解，在《德意志意识形态》时期的马克思那里，一旦消灭了分工，以及分工对应的不平等的社会关系，那么那种异己性的支配着人们的物质性力量就会消失，人们不再是分工固化的劳动的产物，而是重新具有一种世界历史性的普遍力量，即重新获得了"活动"的生命力，这也是共产主义的唯物主义含义。也正是在这个意义上，马克思指出了："共产主义对我们来说不是应当确立的状况，不是现实应当与之相适应的理想。我们所称为共产主义的是那种消灭现存状况的现实的运动。这个运动的条件是由现有的前提产生的。"① 马克思在这里说指出的"消灭现存状态的现实的运动"，并不是指消灭打猎、捕鱼、畜牧、批判等活动，而是说，这些活动仍然存在于共产主义社会之中，但是与之前的分工的不平等的阶级社会不同的是，这些活动不再是一种固化的劳动，不再是人们活动的异己性的物质力量，在共产主义社会之中，这些活动再次与人的其他活动融合在一切，不再凌驾于人的其他活动之上，不再是奴役着人们的现实的力量。

那么，我们似乎可以得出一个结论，所谓的劳动并不是一个天然给定的概念，或者不是一个先验的概念，而是一个历史的概念。它是在人类社会发展到一定阶段上的产物，只有通过一定阶段的分工，我们才能在具体的社会生产关系和交往关系中，将某些特定的具有生产意义的活动从人类的其他活动中分离开来，成为一个独立的范畴。一个孩子拿着弓箭出于游戏的目的射死了一只兔子，这不是劳动，而是未被分工状态下的活动。因为孩子还尚未进入到分工的装置系统之中。相反，一旦人类社会进入到分工状态，仿佛有一种力量将人们一分为二，将人的时间区分成工作或劳动的时间和休息娱乐的时间，或者将一定的空间分离开来，将其作为独立的劳动空间，从而让劳动的时间和空间凌驾在

---

① 《马克思恩格斯选集》第一卷，北京：人民出版社 2012 年版，第166 页。

其他时间和空间之上。在这个意义上，从时间和空间上分离出来的人的活动，便获得了新的概念——"劳动"（Arbeit）。劳动一经产生，它就是抽象的，因为它并非是天然地将打猎、捕鱼、畜牧和批判作为人类活动，而是在一定的分工的尺度下，在不平等分工的装置（dispositif）中，特定的人类活动被固化为"劳动"。从马克思的历史唯物主义角度来看，劳动的界定和区分并不是由天然的人类活动来决定的，而是由一定历史阶段上的社会生产方式和交往关系来决定的，准确来说，劳动之所以成为劳动，不仅在于它能创造出价值，更在于它让人类从属于一个庞大的分工装置，从而形成了不平等的阶级关系。

而资本主义社会是这个不平等的分工装置最特殊的一个历史阶段。在古代社会和封建社会中，统治者以最直接和暴力的方式占据了劳动分工生产的产品，并彻底将从事劳动的人变成奴隶和农民，而资本主义社会的特殊性在于，它发明了一个普遍性的概念和量，让各种不同类型的劳动，无论是打猎、捕鱼，还是畜牧、制作陶罐，甚至创作艺术，都可以放在统一的尺度下进行衡量，而这个尺度就是货币。这样，在资本主义社会下，劳动不仅仅是一种区别于人类其他活动的物质力量，更重要的是，这种物质力量通过货币这种抽象化的普遍的量来进行度量，从而让所有的劳动都可以在一个普遍性的抽象量的架构下被纳入到一个庞大的系统之中，而这个可以度量一切劳动及其产品的尺度，成为了这个社会中的神，人们在它面前膜拜，形成了拜物教，无论是商品拜物教、货币拜物教还是资本拜物教，其本质都是将具体被分工的劳动放在一个尺度上衡量的后果。加拿大马克思主义思想家莫伊舍·普殊同（Moishe Postone）十分正确地指出，马克思对资本主义的分析"并非从劳动的角度出发进行的，相反，它基于一种对资本主义劳动的批判。马克思的批判理论试图指出，资本主义劳动在中介社会关系时扮演了一种独一无二的历史角色，同时，它也阐明了这一中介形式的后果。他对资本主义劳动的关注并不意味着物质生产过程必然比其他社会生活领域更为重要。相反，他对劳动在资本主义中的特殊性的分析表明，资本主义生产并非一个单纯的技术过程，它不可避免地联系着这一社会的基本社会关系，并为后者所塑造"①。由此可见，什么是劳动的问题，是在一定历史机制下形成的，在不同的社会制度下，尤其在资本主义社会之中，由于具体的生产和分工机制或装置，将人类的某些活动（主要与生产有关的活动）视为劳动，而另一些活动则不被视为劳动，即普殊同所说的"其他社会生活领域"。在其中正是通过一种抽象的度量关系才让生产劳动凌驾于人类的其他社会活动之上，成为统治性的物质力量，而生产劳动或资本主义劳动之所以能获得社会统治的力量，其根本仍然是历史的社会关系发展的结果。

那么，如果从这个角度重新阅读马克思在《德意志意识形态》中关于共产主义的名言，我们不难看出，马克思的核心在于，消除各种劳动之间的分工，也就是说，将固化的劳动重新统一为共同的"活动"，打猎和捕鱼、畜牧与批判作为劳动消失了，但作为总体的人类活动没有消失，人们可以在打破固化的历史分

① ［加］莫伊舍·普殊同：《时间、劳动与社会统治：马克思的批判理论再阐释》，康凌译，北京：北京大学出版社 2019 年版，第 18 页。

工的结构中不断地重新恢复各种人类活动的活力，从而摆脱资本和社会统治的羁绊，也不会堕入到空洞的抽象批判的藩篱。也只有在那一刻，尽管人类仍然从事着打猎、捕鱼、从事着生产和批判，但这些活动本身不会构成人的异己性的力量，相反它们与人类活动本身合而为一，成为人类自身全面发展的条件。

所以，马克思的历史唯物主义视角为我们理解当下的数字劳动提供了最好的理论武器。无论是物质劳动还是非物质劳动，实际上都是一定历史条件下的装置的产物，准确来说，奈格里并不是在数字时代提出非物质劳动概念的，而是在20世纪六七十年代意大利菲亚特汽车工厂里，在自动化的流水线上提出的非物质劳动的概念，因此，非物质劳动虽然出现在《帝国》《诸众》《大同世界》等21世纪的著作中，但这个概念属于20世纪，即自反性和自动化资本主义生产的时代，也同样与20世纪80年代兴起的新自由主义时代的无产阶级斗争密切相关。但是，数字时代的来临，以及随之形成的数字资本主义或许正在生产新的劳动装置，简言之，数字时代或许正在将某些人类活动不再视为劳动，也同样将某些之前视为休闲和娱乐的活动，变成了数字劳动。数字劳动是具体的，并非所有的数字劳动都是文化的和非物质的。按照历史唯物主义的方法，理解数字劳动只有在新的数字劳动的装置中才能理解，数字劳动的装置重新从人类的各种活动中析离出劳动的成分，原先不能在货币框架创造价值的活动或许能够在数据和算法环境下大放异彩，成为最重要的数字劳动。而我们需要理解的不再是简单的流水线的操作，而是被数据和算法结构统合起来的各种人类活动的总体。

三、一般数据结构下的数字劳动批判

脸书（Facebook）的用户的劳动是无酬的，他们是无薪工人。

——克里斯蒂安·福克斯 ①

的确，在进入数字时代之后，我们关于劳动的理解发生了巨大变化。我们制作短视频上传到 YouTube 和 TikTok 上是劳动，我们将自己的照片发在微信朋友圈和 Instagram 上，也是劳动，甚至我们点开 Facebook 和 Twitter 上的一篇推送，点赞（或者倒踩）和转发也成为了劳动。一些游戏玩家，在电子游戏中的驰骋疆场、勠力拼杀也成为了一种劳动。数字劳动似乎成为了一个很宽泛的概念，似乎我们拿起手机，打开电脑，就在从事一种数字劳动，似乎我们通常意义上的娱乐和劳动的二分在数字时代便不存在了，我们在互联的数字世界中留下的数字痕迹都可以视为劳动。由此，英国马克思主义传播学家克里斯蒂安·福克斯指出了今天数字劳动这种玩与劳动难分彼此的局面："传统上，玩和劳动是两个分开的活动领域，前者发生在私人业余时间和公共空间，后者发生于工作期间的工厂和办公室里。'玩'劳动意味着玩和劳动之间的界限区域模糊：劳动呈现为玩，而玩则成了一种**价值生成形式**。玩是一种新的管理理念，例如，在'谷歌'办公室

---

① ［英］克里斯蒂安·福克斯：《数字劳动与卡尔·马克思》，周延云译，北京：人民出版社 2021 年版，第 336 页。

工作看起来像在游乐场工作，但却是高压力的工作空间与长期的加班工作。公司社交媒体的使用（'脸书''谷歌''推特'等）都很有趣，在'玩'中使用这些平台就隐藏了这一情况：这些平台是由公司经营的以便赚取更多利润并剥削用户的劳动。"[①] 的确，通常的休闲或玩与工作或劳动之间的界限被数字技术、算法技术的新中介打破了，不过，我们不能简单地认为，数字劳动的本质是"玩"或"非物质性"，而是需要在一个新的生产方式的层面上来思考这个问题。

根据前文分析的历史唯物主义的原理得知，将人类的活动区分了劳动和休闲的尺度，并不在于活动本身，而是一种历史的标准，即在不同历史阶段上的生产方式导致的分工。在资本主义发展初期，或者说市民社会阶段，这种尺度从隐秘的主奴关系的尺度，变成了显性的价值尺度，即劳动总是一定的"价值生成形式"下的活动。换言之，一旦人类的活动被还原为价值形式上的某一种可以度量的量，那么，这项活动就可以被视为劳动，所以在这个意义上，劳动是凝结在商品中无差别的人类劳动，即经过价值形式所衡量的一般性的抽象劳动，也就在这个意义上，抽象的价值形式凌驾在我们具体的活动之上，强制性地将人类的活动一分为二，一部分能够生产价值的活动成为了劳动，也正是在这个意义上，马克思十分明确地指出："用货币来表现的交换价值，于是这一原理就归结为商品的价值是由劳动的价值决定的，或劳

---

① ［英］克里斯蒂安·福克斯：《数字劳动与卡尔·马克思》，周延云译，北京：人民出版社 2021 年版，第 465 页。

动的价值是价值的一般尺度。"①与之相反，那些不能被价值的一般尺度衡量的人类活动就变成了休闲或娱乐，人的生活世界被强行地分为两个不同的部分，一个部分是进行生产的劳动世界，另一个部分是不能被价值的一般尺度衡量的休闲的部分，只有前者创造出价值，而后者作为休闲和娱乐的部分也形成了马克思所谓的"非生产劳动"，即经过生产劳动创造出来的价值在休闲和娱乐的部分重新分配，形成了也能产生消费和分配的娱乐性商业活动和服务活动。但从资本主义社会总体而言，起到支配作用的劳动仍然是生产价值的生产劳动，资本主义的高速运行的列车是在被价值的一般尺度衡量的劳动下运行的，它的光芒也射入了消费和娱乐的生活世界，并为那个世界也带来巨大的动力。

在进入数字时代之后，劳动的价值作为一般尺度的状况仍然存在，但在互联的数字世界中，的确产生了另一种区分或分工原则，即以数据为基底的生产原则。那么，在数字时代，数据是一种全新的区分方式。以往在市民社会阶段，所有的活动被区分成生成价值的劳动和不能生成价值的休闲，与之相对应，在数字资本主义阶段，这种区分变成了可以生产数据的活动和不能留下数据的活动。比如对于苹果手机的 Siri 软件来说，它不仅是一个与我们进行智能对话的手机管家，而且在与我们对话的时候，也提取了我们交往的数据，将我们的日常生活中可以被提取数据的活动（如驾车出行、搜索餐饮、网络购物、外语翻译等等）与其他不能提取数据的活动（如我无意间打一个喷嚏）区分开来，也正

---

① 《马克思恩格斯选集》第二卷，北京：人民出版社 2012 年版，第35 页。

是因为我们在购物平台或应用上的搜索能够创造有价值的数据，可以供平台后台分析和定位的数据，所以，我们的搜索行为不再是休闲，而是重新被纳入到劳动框架下。这种劳动从定义上，不同于产业劳动阶段上的劳动定义，因为它们分属于两个不同的区分系统，一个是以价值的一般形式为尺度，另一个以可分析和提取的数据为尺度，如果我们在产业资本主义时代有价值一般的概念，那么在数字资本主义时代，这个概念变成了一般数据。所以，尽管我们的活动相比于以前并没有发生太多变化，比如在20世纪八九十年代的菜场买菜是一种纯粹的消费活动，不能作为生产劳动来定义，因为菜场买菜的行为不生产具体的价值。但是，在数字时代的今天，我们在京东、盒马鲜生等网络平台上订菜的行为，事实上会产生大量的数据，这些数据不仅仅是用来分析具体的用户信息，而且上千万的数据汇总之后，能够对农业生产部门进行有效的指导，即根据今天某个地区的市民有多大的关于白萝卜的消费量，便能在生产过程中预先设定下一个生产环节可以种植的白萝卜的总数，从而避免了生产过剩。同时，生产过程中，每一个白萝卜的生产状况也可以在具体的环境中进行数据监控，一亩地的白萝卜的光照多少，雨水多少，土壤的营养情况都作为数据被收集、被分析、被分类。这样，以数据为基底的数字时代的生产和劳动，绝不是奈格里等人所说的"非物质劳动"，而是与现实的物质生产密切结合在一起的新型劳动。在数字劳动中，物质与非物质的区分不再重要，数字的收集与分析已经跨越了休闲与生产、物质与非物质的分界，而是直接将可以数据化和不可数据化作为全新的区分标准，可以数据化也代表着数据化的标准，即符合相对应的网络中的数据交换协议。那么表面上的活动，**只有通过数字化界面，在一定的数字协议的参数下，被转化为数字空间交换的数据，这个活动才具有价值，而能够创造出这种规范的数据化的活动就是数字劳动**。换言之，数字劳动最根本的标准不在于这个活动本身，而是在于这个活动是否能被纳入到一个巨大的数据收集、分析和交换的网络之中，那么这个在互联的数字世界里构造出来的大数据和算法系统，反过来再次成为凌驾在我们活动之上的异己性的物质力量，这次不再单纯是价值的一般形式对我们的活动进行区分，而是巨大的数据网络正在将我们变成那个密不透风的数据装置上的提线木偶，我们通过数字劳动变成了这个数据装置的附属物，并与之相生相伴。而那些不能进入到数据装置的活动逐渐被剪除，我们逐渐感觉不到那些活动的存在。也就是说，如果要摆脱这种数字化的异己的物质力量，并不是要我们变成无法数据化的存在者，数字劳动批判的根本而是在于发觉那个隐藏在所有活动区分背后的数据装置，正是这个数据装置将可以被数据化的人类变成了数据人，而数据人在数字界面上不断地留下数据，形成了数字劳动。

然而，这还不是数字劳动批判的全部，因为数字劳动不是个体性的，数字劳动的奥秘并不在于我们在亚马逊界面上点击了一个链接，然后第二天一个用瓦楞纸箱装好的货物就摆在家门口等待着我们开启这样简单。英国学者大卫·希尔通过对亚马逊的分析，发现了在这个看似简单的数字化操作背后实际上掩盖了数字劳动的许多层面，希尔谈道："危险在于我们看不到在线购物的背后的物质性的东西，我们只看到了我们的消费体验，只看到了在屏幕上的点击和扫货。你鼠标一点，货物就到门口，像亚马逊这样网络零售商与其说超越了，不如说掩盖了生产界面。"[1] 希尔看到，在我们点击的背后，还有大量的被沃尔玛、亚马逊控制的生产商、仓储企业、物流企业，他们也在从事着劳动，他们的活动同样被巨大的算法结构数据化，他们每一次生产、每一次仓储、每一次物流都在数字网络中留下痕迹，但这些痕迹只对物联网的界面开放，坐在屏幕前的我们实际上对这些活动没有太多的感知。因此，加拿大另一位数字传播学者尼克·迪尔-维斯福特也十分明确地指出："这是一个庞大的以零售为主导的，将物流革命和即时生产联系起来的供应链。到21世纪中期，它的数据中心每周都在追踪超过6.8亿种不同的商品，条形码扫描器和销售计算机系统每天都识别并存储超过2000万的客户交易信息。卫星电信直接从商店连接到中央计算机系统，从中央计算机系统连接到供应商的计算机，以便自动重新订货。其对通用产品代码的早期采用使所有产品的无线电频率识别标签都达到了更高的要求，使其在全球供应链中对商品、工人和消费者进行追踪成为可能。"[2]

所以，我们要从一个巨大的数据化的界面整体来重新理解数字劳动的概念，也就是说，智能手机和电脑屏幕上的点击和浏览，只是数字劳动体系在个体身上的表象，而在背后支撑这个表

---

[1]　David W. Hill, "The Injuries of Platform Logistics", *Media, Culture & Society*, 2020. Vol.42, no.4, p.522.

[2]　Nick Dyer-Witheford, *Cyber-Proletariat: Global Labour in the Digital Vortex*, London: The Pluto Press, 2015, p.84.

象的是被数据化的物质生产、仓储、交换、物流、销售等具体环节，数据将这些环节与每一个屏幕背后的我们联系在一起，我们分享了我们的阅读、浏览、购买的数据，而生产企业、仓储企业、物流企业则贡献了支撑数据网络的物质性连接。我们购买的货物不是无中生有，而是隶从于被数据和算法高度调度起来的生产体系，而这个生产体系在效率上和控制上远远高于由货币和金融调动起来的生产能力。这才是隐藏在数字劳动背后的物质性现实，而数字平台则在普通人面前将这些东西变成了屏幕前的一次点击。马克思曾经批判庸俗的政治经济学家"将人变成了帽子"，而今天的一些庸俗的数字政治经济学家则进一步"将帽子变成了点击或浏览的数据"。倘若说庸俗政治经济学家用帽子遮蔽了资本主义不平等的社会现实，那么今天的庸俗的数字政治经济学正在用表面上的点击或浏览的数据，遮蔽了今天的数字资本主义的物质性方面，即架构在大数据结构中新的不平等的生产关系。那么，数字时代的数字劳动批判，从历史唯物主义角度来看，不是关注屏幕上的点击和浏览量，而是关注在这些数据背后被遮蔽的生产和物流的物质性方面，唯有如此，我们才能在数字时代建立真正的数字劳动的政治经济学批判。

第十四章　作为历史概念的数字资本主义

在《神圣家族》的开头，马克思就对以布鲁诺·鲍威尔为代表的青年黑格尔派进行了批判："在德国，对真正的人道主义说来，没有比唯灵论即思辨唯心主义更危险的敌人了。它用'自我意识'即'精神'代替现实的个体的人，并且同福音传播者一道教诲说：'精神创造众生，肉体则软弱无能'。显而易见，这种超脱肉体的精神只是在自己想象中才有精神力量。"[①] 马克思所批判的是当时在德国流行一时的自我意识和精神的思潮，青年黑格尔派等试图用这些思辨概念的力量，实现对人的解放。但是在这些概念下面，是否掩盖着思辨唯心主义对真正现实的人的忘却？当精神被抬到至高地位上，意味着对现实的肉体生命的贬低，现实生命被视为一种无能的存在物。

时光荏苒，今天的我们已经不用再沉浸在"自我意识"的幻想从此岸世界向彼岸世界的泅渡，去用精神王国的光辉来照亮贫乏无用的现实肉体。但是，今天有一种替代品，正妆扮成崭新的物神，成为凌驾在现实世界之上的新的彼岸王国。尽管这种新的

[①]　《马克思恩格斯全集》(中文第一版) 第 2 卷，北京：人民出版社 1957 年版，第 7 页。

彼岸王国披着数字化和智能的光鲜外衣，但丝毫掩盖不了他们从19世纪承袭下来的唯灵论的腐臭，不过，坐在神龛的对象已经不再是"自我意识"和"精神"，而是"数字资本"和"后人类"。这是一种披着数字技术外衣的泛灵论，也是思辨唯心主义在当下的大数据和智能算法下的复活，这是一种新的数字拜物教，而这种新的拜物教的核心在于，他们尝试着将数字资本及其衍生物看成人类通向彼岸世界的唯一途径。在树立了抽象的数字世界的无上权威之后，他们希望那些仍然没有带有对数字物神丝毫崇敬的人跪拜在新神面前，虔敬地忏悔。我们完全可以将马克思的那段话进行改写："在今天，对真正的人道主义来说，没有比唯灵论即数字资本的唯心主义更危险的敌人了。它用'人工智能'即'数字物神'代替了现实中的有生命的人，并且同福音传播者一道教会说：'数据创造众生，生命则软弱无能'。显而易见，这种超越生命的数据只是在自己的想象中才有数字物神的力量。"

在今天，数字技术及其衍生物的确正在演化为一场巨大的数字拜物教，而这背后的奥秘，恰恰是数字资本主义试图将他们的权力锚定在这个新的面向未来的技术之上，他们需要权力，也需要用数字资本的神话来巩固他们的权力，只有这样，他们才能承袭自19世纪以来的精神遗产，因为马克思所批判的19世纪的精神遗产的奥秘并不是"自我意识"和"精神"，而是在"自我意识"和"精神"背后的资本主义的生产方式。同理，在今天，资本主义试图继续剥削和攫取来自普通人和无产者的所生产的价值，就必须创造一个新的"精神"，一种矗立在数字技术及其衍生物基础上的彼岸王国，数字空间、元宇宙、奇点、智能算法、赛博格、后人类不过是新"精神福音书"上的修辞。这样，摧毁数字资本主义要通过数字平台、资本主义的数字生产方式、数字生产关系等现实层面，同时也必须戳破数字资本主义的神话泡沫。而我们用来戳破数字资本神话的批判武器，恰恰就是马克思、恩格斯等经典理论家为我们提供的历史唯物主义方法。

一、数字物神还是数字市民社会

雷·库兹韦尔似乎是数字时代的唯灵论的教主。他 2005 年出版的《奇点临近》(*The Singularity is Near*) 一书毫无疑问已经成为了数字时代唯灵论的"经典"。连微软的创始人比尔·盖茨也评价说："雷·库兹韦尔是我所知道的预测人工智能未来最权威的人。他的这本耐人寻味的书预想了未来信息技术空前发展，促使人类超越自身的生物极限——以我们无法想象的方式超越我们的生命。"比尔·盖茨的这句评价，针对的是库兹韦尔的书的副标题："当人类超越生物学"(When Humans Transcend Biology)，其潜台词是，随着大数据技术和人工智能技术发展，终有一日将迎来一个奇点，在那一刻，我们的生命不再重要，相反，我们可以通过数据传输的方式，将大脑思考的信息上传到互联网之中，让人类的精神任意地在数字化世界中遨游，而数字化世界的信息正在形成一种新的精神形态，一种不依赖于人类生命体的精神形态，库兹韦尔的原话是："奇点指出，发生在物质世界里的事件不可避免地也会发生在进化过程中，进化过程开始于生物进化，通过人类直接的技术进化而扩展。然而，它就是我们所超越的物质能量世界，人们认为这种超越的最主要含意是精神。思考一下物质世界的精神实质。"①显然，对于库兹韦尔来说，那种通过采集大数据，然后通过各种算法工具进行分析和加工，最后保存在服务器和各个节点上的数据，构成了大数据云端的世界，曾经作为飘逸不定的隐喻形象的云，成为了我们存储数据的抽象场所，也成为了我们精神存在的新的寓居之地。当荷尔德林用诗歌来描述现代世界中的人类的家园时，他吟唱道："人，诗意地栖居着。"然而，在库兹韦尔那里，这句话已经变成了："人，在云端保存着。"没有诗意，只有脱离生物性身体的数据。2022 年 7 月 18 日，埃隆·马斯克在自己的 Twitter 上提出用脑机接口的方式，可以将自己的大脑数据上传到云端，并且他认为在人工智能的加持下，自己可以与另外一个自己进行对话和交流。这样，我们看到的不再是单数的埃隆·马斯克，而是复数的马斯克，在库兹韦尔的奇点之后，那个以肉体方式存在的马斯克已经不再是唯一的精神所在，云端上的马斯克的精神以数字存在的方式生产着多样化的马斯克的存在。

　　库兹韦尔谈到的数字技术和人工智能技术高度发展所产生的奇点，最终会凌驾在生命体的存在之上，产生新的精神王国，这当然是一种新的神话。只不过，库兹韦尔已经伪装成了

① ［美］雷·库兹韦尔：《奇点临近》，北京：机械工业出版社 2011年版，第 234 页。

数字时代的圣麦克斯，披着大数据和人工智能的外衣，传播着精神世界的福音书，而比尔·盖茨和埃隆·马斯克正成为他最重要的使徒，他们不仅传播着数字的福音书，也将大数据和数字技术塑造成新的物神，让那些只有生命形式的人类，在这个物神面前顶礼膜拜。有生命的人不再是唯一合法的实体，数据和算法同样可以缔造出精神世界的实体，而数字奇点成为了缔造这一切幻觉的哲人石。当然，也有学者看到了这种在数字技术鲜亮外表下的宗教的内核，比如，德国思想家彼得·斯洛特戴克（Peter Sloterdijk）认为库兹韦尔是一个新时代的施洗者约翰，他所倡导的不过是数字后人类的福音书。① 对此，齐泽克的评价是："他（库兹韦尔）预测，由于数字机器能力的指数级增长，我们很快就会与机器打交道，它们不仅会显示所有自我意识的迹象，而且会远远超过人类的智慧。我们不应该把这种'后人类'的立场与典型的现代信念混为一谈，即技术完全支配自然的可能性——我们今天看到的是一个典型的辩证的颠倒：今天的'后人类'科学的口号不再是支配，而是惊喜（偶然的、非计划的）出现。"② 在斯洛特戴克等欧洲左派思想那里，库兹韦尔和盖茨、马斯克等人缔造了一个数字世界的奇点神话，在他们的神话话语中，数字技术的几何技术的增长，正在取代自启蒙以来的人类中心主义的世界观，孕生出一个"后人类"的世界，人类的

---

① 参见 Slavoj Žižek, *Hegel in a Wired Brain*, London: Bloomsbury Academic, 2020, p.15。不过齐泽克强调这个说法是斯洛特戴克在一个私人场合说的。

② Ibid., p.16.

生物性大脑所蕴含的智慧已经不能与之相提并论。不过，正如齐泽克所指出，库兹韦尔的数字拜物教的关键恰恰是一种颠倒的辩证法，正如黑格尔的市民社会和国家的辩证法也是一种颠倒的辩证法，而马克思的历史唯物主义就诞生于对黑格尔的法哲学中颠倒的辩证法的批判。那么，这是否意味着，我们今天对数字拜物教、奇点神话以及云端的彼岸世界的批判，必然再次回到马克思的历史唯物主义的颠倒，让被库兹韦尔等人颠倒的数字神话再次颠倒回来，让云端的彼岸世界重新站在唯物主义的根基之上呢？

为了解决这个问题，我们必须回到黑格尔和马克思的原初语境，思考马克思究竟在什么意义上实现了对黑格尔的颠倒的辩证法的再颠倒。首先我们必须回到黑格尔在《法哲学原理》中所涉及的市民社会和国家的关系。对于市民社会，黑格尔的描述是："市民社会是家庭和国家之间的差异［环节］，虽然它的形成要晚于国家。因为作为差别［环节］，它必须以国家为前提，为了能够存在，它必须要有国家把它作为独立的东西来面对。此外，市民社会这个受造物（Schöpfung）属于现代世界，现代世界第一次使理念的一切规定遭遇到它们的正当性。"[①] 在这段描述中，我们可以看到，市民社会并不是黑格尔眼中的绝对的存在形式，他将这种绝对存在形式赋予了国家，这样，市民社会属于不完善有限的世界，是有限的"受造物"，也正因为如此，市民社会不可能具有真正的普遍性，"在市民社会中每个人都以自身为目的，

---

① ［德］黑格尔：《法哲学原理》，邓安庆译，北京：人民出版社 2016年版，第 329 页。

其他一切在他看来都是虚无。"① 不过，市民社会并不完全是虚无，它仍然具有一定程度的普遍性，尽管黑格尔认为它的普遍性与特殊性是分离的。这种普遍性的根源并不在于市民社会本身，而是在于那个理念的国家之中，对于国家的普遍性，黑格尔的说法是："作为这种国家的市民来说，个体是私人，他们把自身的利益作为自己的目的。由于这个目的是以普遍东西为中介，对他们而言普遍东西是作为手段出现的，所以，如果他们要达到这个目的，就只能按普遍的方式来规定他们的知识、意志和活动，并使自己成为这种联系链条中的一个环节。在这种情况下，理念的志趣——这是市民社会的这些成员本身所意识不到的——就在于把他们的单一性和自然性通过自然的必然性和需要的任意性提高到知识和意志的形式自由和形式普遍性这一过程，在于在他们的特殊性中培养主体性这一过程。"② 黑格尔区别了国家中的个体和市民社会中的个体，因为国家中的个体仍然有私人目的，但他的目的却是以普遍性的理念为中介的，相反，市民社会只是透过国家的普遍性来获得对个体的理解，从而无法在市民社会中来把握个体生活的本质。这样，黑格尔将一种绝对理念的国家概念凌驾在市民社会之上，具体的市民社会中的算计是一种虚无的自利性的个体行为，在那种行为中没有普遍性可言，那种现实个体只能蜷缩在自己卑微的身体中，无法穿越阿门塞斯王国的大门。与之相反，黑格尔的国家是真正普遍性的体现："国家是伦理理念的

---

① ［德］黑格尔：《法哲学原理》，邓安庆译，北京：人民出版社2016年版，第330页。
② 同上书，第333页。

现实，这个伦理的精神，作为启示出来的、自身明白的、实体的意志，这种意志思考自身并知道自身，而它所知道的，要在它所知的限度内来履行。"① 显然，在黑格尔眼中，人类世界或者说市民社会的渊源不在于现实的此岸，而是在于理念的彼岸，不在于市民社会中卑污的个体，而是在于那绝对精神的国家之中。市民社会只是国家精神的有限的表现，而市民社会最终在自我意识或精神的崇拜中，走向了绝对国家的伦理精神。

马克思在《黑格尔法哲学批判》中十分明确地指出了黑格尔的这种颠倒的辩证法，马克思说："正确的方法被颠倒了。最简单的东西被描绘成最复杂的东西，而最复杂的东西又被描绘成简单的东西。应当成为出发点的东西变成了神秘的结果，而应当成为合乎理性的结果的东西却成了神秘的出发点。"② 在马克思看来，黑格尔用神秘化的国家来决定市民社会的本质，就是一种颠倒的方法。人出生在市民社会之中，真正的现实中的人，首先是在历史上生活在市民社会下的人，他们就是最简单最直接的东西。然而，无论是黑格尔本人，还是承袭黑格尔衣钵的青年黑格尔派，他们都试图在市民社会之外的自我意识或精神的天国来寻找理由，他们只能理解一个精神的普世国家，作为无限理念的产物，在自身的辩证运动生成了市民社会，根本无法理解市民社会才是一切，国家不过是对市民社会中个体交往和生活关系的神秘

---

① ［德］黑格尔：《法哲学原理》，邓安庆译，北京：人民出版社 2016年版，第 382 页。

② 《马克思恩格斯全集》（中文第二版）第 3 卷，北京：人民出版社 2002 年版，第 52 页。

化的产物。因此，马克思对 19 世纪的德国古典唯心主义的遗产进行了一次彻底清算："人不是抽象的蛰居于世界之外的存在物。人就是人的世界，就是国家、社会。这个国家、这个社会产生了宗教，一种颠倒的世界意识，因为它们就是颠倒的世界。"[①] 因此，马克思的历史唯物主义的一个重要使命，就是把被黑格尔主义颠倒的市民社会和国家、市民社会与精神世界的关系重新颠倒回来，让头足倒立的人重新以足站立在大地上，用历史的声音来唤醒现实的人类，而不是用绝对精神的神话来催眠个体，让他们沉溺在绝对的幻想之中。

这也正是我们今天继续沿着马克思设定的历史唯物主义的途径，对新的数字拜物教进行批判的目的所在。尽管库兹韦尔大主教的彼岸世界披上了数字技术的外衣，但并不妨碍他的世界观是颠倒的事实，而盖茨和马斯克这样的资本家看透了一切，却十分欣喜地接受了库兹韦尔设定的数字拜物教的结果。当大主教号召人们走向数字化的后人类，摒弃我们庸俗而滞后的身体的时候，我们无法忘记，我们正是用这个生物性的身体矗立在大地上，而不是依靠着数字的字节在律动。这仍然是一种颠倒的唯灵论辩证法，人类的身体并不是数字世界的延伸，相反，数字世界的任何惊人成就都来自市民社会中现实的人的生产，没有我们眼前的手机，没有在工厂里制作的芯片，没有程序员一行一行敲打的字符，我们怎样才能理解数字世界的神话？这种倒果为因的结果是，现实世界的活动被神秘化了，例如，我们点击淘宝或京东

---

① 《马克思恩格斯全集》(中文第二版)第 3 卷，北京：人民出版社 2002 年版，第 199 页。

上的一个购物链接，第二天货物会自动送到我家门口，我以为这一切是我的鼠标或手指点击的结果，事实恰恰相反，这是现实中的商品生产、物流运输和通信基础设施等现实建设的结果。之所以商品第二天出现在我家门口就是一个庞大而复杂物质过程的结果，但数字拜物教却对之视而不见，将这一切视为数字神话的现实体现。颠倒了，一切都颠倒了，我们必须回到马克思的历史唯物主义的方法，让已经被颠倒的秩序重新颠倒回来，为了抵抗这种颠倒，为了破除数字拜物教的神话，我们必须发明一个新的概念：**数字市民社会**。这个概念描述的是现实中的数字生产过程，那个包含着通信基站、数字交换、服务器、物流系统以及带有传感器的现实生产体系的系统，支撑数字神话的不是什么数字科技的怪咖，也不是可以将数字世界点石成金的扎克伯格、贝佐斯、库克，而是现实中从事生产的人类。唯有看到这一点，站在数字市民社会的基础上，我们才能理解什么是数字资本主义。

二、数字资本主义的神话构成与历史构成

一旦我们重新将颠倒的数字拜物教颠倒回来，下面我们需要面对的问题是，现实中的数字市民社会是如何形成数字生产方式，并将自身构成为数字资本主义的。的确，数字资本主义并不是一个人为缔造的概念，它与人类社会的生产方式有关，换句话说，我们总是在一定的历史的条件下来思考数字资本主义，简言之，数字资本主义是一个历史概念，我们只能在作为历史科学的

历史唯物主义之下来思考它。所以，为了能更深入地理解数字资本主义的历史唯物主义本质，我们需要通过马克思的原著来进一步把握数字市民社会或数字资本主义的神话构成和历史构成。

1846 年，马克思收到了蒲鲁东的代表作《贫困的哲学》。12 月 28 日，马克思在写给俄国自由主义作家帕维尔·瓦西里耶奇·安年科夫的信中，直言不讳地说蒲鲁东的这本书是一本很坏很坏的书。这个时期，马克思刚与恩格斯、赫斯等人完成了《德意志意识形态》的创作，也就是说，马克思在这个时期已经基本上确立了后来被称为"天才世界观"的历史唯物主义的基本框架，而这个框架的确立，不仅意味着马克思与费尔巴哈和其他的青年黑格尔派的决裂，以及在一定程度上，与《德意志意识形态》作者之一的赫斯的决裂，透过《德意志意识形态》的棱镜，马克思还看到了他曾经的战友，那个以自治主义和无政府主义在法国享有一定地位的蒲鲁东的缺陷所在。所以，马克思在花了几天时间阅读完《贫困的哲学》之后，迅速给安年科夫回信，进一步阐述了自己的历史唯物主义原则与蒲鲁东的神话叙事之间的差别所在。而《致安年科夫的信》已经成为后世研究马克思早期历史唯物主义思想的重要蓝本，其中，马克思对蒲鲁东的自治主义以及他幼稚的政治经济学的批判，成为了马克思之后坚定从历史唯物主义出发，从资本主义的政治经济学批判出发，揭示资本主义奥秘，而提出科学社会主义的重要节点。

那么，蒲鲁东的《贫困的哲学》究竟是一本什么书？尽管这本书书名翻译为《贫困的哲学》，但从其法文原文来看，Philosophie de la misère 这个标题还有另一种理解，因为法文的 la misère 不仅代表着物质上的贫困，也指的是那些衣食无着的穷人和悲惨之人，所以在一定意义上，蒲鲁东撰写这本书的原始动机，就是为法国的穷人撰写一本哲学书，以区别于那些专门写给贵族和教士们阅读的哲学书，这本书自然成为了"给穷人看的哲学书"。这本"穷人的哲学"自然少不了蒲鲁东从自己的角度对穷人的说教，在书的前言中，蒲鲁东就将自己的目的暴露无遗："但是，理性的第一个判断以及一切正在寻求认可和依据的政治制度所必需的前提，就是必然要有一位上帝存在；这意思就是说，人们是依靠启示、预谋和智慧来治理社会的。这个排除了偶然因素的判断就是为社会科学奠定可能性的东西；而一切对社会事实进行历史的与实证的研究工作，既然目的都是在求得社会的改善和进步，当然就应该先和人民一道假定上帝的存在，然后再对这个判断作出自己的解释。"① 可见，蒲鲁东所谓的"贫困的哲学"仍然是带有宗教色彩的福音书，而他毫不讳言，对于社会科学的研究来说，其终极的依据仍然是上帝的存在。在这个意义上，尽管蒲鲁东宣称站在穷人一边，但他和德国"真正的社会主义"的魏特林一样，是披着理性和科学外衣的福音会教士，他们的社会科学研究，以及他们面对政治经济学和历史科学的态度，必然也带有基督教神话的色彩。难怪马克思在《哲学的贫困》的序言部分就十分明确地对蒲鲁东的《贫困的哲学》一书做出了定性："蒲鲁东先生的著作不单是一本政治经济学的论著，也不是一本平常的书籍，而是一部圣经，其中应有尽有，如'神秘''来自神的怀

---

① ［法］蒲鲁东：《贫困的哲学》（上册），北京：商务印书馆 2017 年版，第 26—27 页。

抱的秘密''启示'等。"① 换言之，《贫困的哲学》是一部福音书，也是一种神话话语，它试图将资本主义的奥秘用神话的方式解读出来，并试图在奥秘和启示之类的神话式隐喻的基础上选择超越资本主义的社会自治互助和无政府主义，最终这种社会自治主义和无政府主义不过是打着摧毁不平等制度，向神话国度回归的福音，这样，资本主义制度被视为一种逐出伊甸园之后的人类自我拯救的神话构成。

不仅如此，蒲鲁东的《贫困的哲学》将黑格尔的神秘主义的观念论也潜渡到政治经济学之中，既没有像大卫·李嘉图那样将人变成帽子，也没有能力像黑格尔一样，将帽子变成观念，这样，在马克思看来，蒲鲁东只是生搬硬套了英国的古典政治经济学和黑格尔的唯心主义，最终将二者的拙劣的模仿品抛给法国人，让自己变成了另一个魁奈医生而已。在表面上批判和揭露资本主义的丑恶的同时，蒲鲁东却选择了"纯粹的、永恒的、无人身的理性"②，将它们作为指导"穷人的哲学"思考的路径，而他不知道的是，恰恰是这些"纯粹的、永恒的、无人身的理性"成为了资本主义社会秩序永恒性的赞歌。正如张一兵教授指出："当蒲鲁东面对经济学研究时，他一方面满怀激愤地批判资产阶级社会，可另一方面却又将资产阶级社会生产方式中历史地出现的社会关系之反映的阶级范畴永恒化。实际上这也是全部资产

① 《马克思恩格斯全集》（中文第一版）第 4 卷，北京：人民出版社 1958 年版，第 76 页。
② 《马克思恩格斯选集》第一卷，北京：人民出版社 2012 年版，第 218 页。

阶级政治经济学非历史的意识形态的本质。这使得蒲鲁东口口声声说要抛弃的东西，实质上却正被他更紧地拥在怀中。"① 由此可见，蒲鲁东的《贫困的哲学》的关键问题并不纯粹在于他试图用神话话语的方式来超越资本主义，更重要的是，他所用来批判资本主义的工具恰恰是资本主义在自己的神话体系中锻造出来的，无论是所有权、民主、价值，蒲鲁东无法看到这些抽象概念背后掩盖的历史性事实，就在他用大卫·李嘉图的理论快要揭露资本主义的奥秘的时候，他选择了神话式的方案，最终让自己远离了真正的历史过程。

从这个角度来看，我们可以理解为什么马克思的《致安年科夫的信》包含了真正的历史科学的奥秘，因为马克思从一开始就不是从神话构成的角度，而是从历史科学的角度来思考资本主义的存在与变革。正如马克思在信的开头就直接写道："蒲鲁东先生之所以给我们提供了对政治经济学的谬误批判，并不是因为他有一种可笑的哲学；而他之所以给我们提供了一种可笑的哲学，却是因为他不了解处于现代社会制度联结（engrènement）——如果用蒲鲁东先生像借用其他许多东西那样从傅立叶那里借用的这个名词来表示的话——关系中的现代社会制度。"② 简言之，在马克思看来，蒲鲁东只能理解他的上帝的福音书和黑格尔哲学之中的抽象概念，而他根本无法理解这个在历史中直接出现的"现代

---

① 张一兵：《回到马克思：经济学语境中的哲学话语》，南京：江苏人民出版社 2009 年版，第 461 页。

② 《马克思恩格斯选集》第四卷，北京：人民出版社 2012 年版，第 407—408 页。

社会制度联结"。那么，现代社会制度联结意味着什么？马克思进一步解释道：

> 社会——不管其形式如何——是什么呢？是人们交互活动的产物。人们能否自由选择某一社会形式呢？决不能。在人们的生产力发展的一定状况下，就会有一定的交换和消费形式。在生产、交换和消费发展的一定阶段上，就会有相应的社会制度形式、相应的家庭、等级或阶级组织，一句话，就会有相应的市民社会。有一定的市民社会，就会有不过是市民社会的正式表现的相应的政治国家。这就是蒲鲁东先生永远不会了解的东西，因为，当他从诉诸国家转而诉诸市民社会，即从诉诸社会的正式表现转而诉诸正式社会的时候，他竟认为他是在完成一桩伟业。①

《致安年科夫的信》中的这段话，非常近似于《德意志意识形态》中的："我们的出发点是从事实际活动的人，而且从他们的现实生活过程中还可以描绘出这一生活过程在意识形态上的反射和反响的发展。"②二者所体现出来的新历史观是一致的，我们的观念和理性从来不是什么先验的和神圣的给予物，它们不过是在具体的市民社会的生活方式、生产方式和交往形式中逐渐形成

---

① 《马克思恩格斯选集》第四卷，北京：人民出版社2012年版，第408页。
② 《马克思恩格斯选集》第一卷，北京：人民出版社2012年版，第152页。

的。换言之，这些概念和理性，从来没有超越过现实中市民社会历史的过程，我们不是在思辨的玄学基础上，用词源学和概念分析的方式来获得通向彼岸的真理，而是在现实的历史基础上，思考这些在现实社会中发挥作用的经济范畴如何在历史中构成的，正如马克思在信中强调说："经济范畴只是这些现实关系的抽象，它们仅仅在这些关系存在的时候才是真实的。"[①] 当政治经济学家谈论所有权、地租、利润和财富等经济学概念的时候，他们的确是在一个工商业高度发达的市民社会阶段，看到了这些抽象经济范畴的存在，但如果哪个经济学将这些经济范畴视为一种永恒不变的客观理性的体现，并致力于从中牟取财富时，他便成为了一个庸俗的政治经济学家，而蒲鲁东离这样的庸俗化的政治经济学并不遥远。但关键在于，马克思为我们树立了一种全新的理解各种理性观念和范畴的路径，即这些范畴全部都不是什么神秘的天启的产物，也不是什么先验的普遍的给定物，而是一种在具体的社会制度联结的历史过程中形成的范畴。这样，在这些所谓的抽象范畴背后的社会制度，和这些概念一样，都不是什么永恒和普遍的，而是一定历史阶段上的产物，它受着历史规律的支配，在这个意义上，资本主义社会本身就是一个历史概念，而在资本主义社会之下诞生的各种政治经济学的范畴，如所有权、使用价值、地租等等，也是在历史中构成的，它们会随着资本主义社会在历史上的消亡而逐步湮灭。在这个意义上，我们称之为资本主义社会的历史构成，以区别于庸俗政治经济学和蒲鲁东式的神话

---

① 《马克思恩格斯选集》第四卷，北京：人民出版社 2012 年版，第 413 页。

构成，一旦我们摆脱了人为制造出来的神秘和启示，我们就只能看到现实社会制度联结在历史中的构成，这也是我们理解历史唯物主义的唯一途径。

倘若资本主义社会是一个历史概念，其主要范畴是在这个历史关系中被构成的，那么对于今天的数字资本主义社会来说，我们也仍然没有摆脱这种历史的趋势。同样，我们对数字资本主义社会的理解也必然需要破除库兹韦尔式的神话构成，从现实的社会关系中来理解和把握数字市民社会的历史构成。举个简单的例子，诸如支付宝、PayPal 之类的电子支付的概念，并不是凭空产生的。在电子商务诞生初期，处在不同空间中的卖家和买家并不具有同时在场的直接关系，他们之间如果发生纠纷就难以解决，这就需要一种第三方介入，来帮助双方可以在线上实现交易，也就是说，当买方将货币先寄放在第三方那里，等卖家发货之后，卖方再从第三方那里得到交易的货币。在这个过程中，第三方纯粹是买卖双方的中介。但是，一旦这种在线交易从偶然发生的行为向普遍交易的模式过渡，这个第三方自然获得了特殊的权力，因为寄放在第三方的货款是一个巨额的数字，而买卖双方对第三方的信任成为了在线交易时代中必要的基础。换言之，第三方依赖于一种广泛的信任基础，而成为了一种绝对普遍的中介，建立了买卖双方的联系，但一旦它获得了这种权力，势必会凌驾在所有的买卖关系之上，成为一种抽离了买卖信任关系的存在物。这就是电子支付及其信用体系的历史根源，但这个根源在电子商务的历史发展过程中被神秘化了，以至于在今天的电子商务交易中，我们理所当然地将第三方支付提供的担保等同于货币，认为其具有了与国家央行的货币类似的权力，尽管第三方支付从来没有发行任何货币。换言之，当大卫·李嘉图将人变成帽子的时候，今天的第三方支付系统已经再次将帽子变成了线上交易的信用和数据，信用和数据成为数字资本主义的核心范畴，但我们不难发现，这一切不过是真实的历史过程被神话形式所掩盖之后的结果。我们今天能看到亚马逊、比特币、区块链技术的巨大成功，甚至有人扬言比特币正在取代国家银行体系，成为真正去中心化货币的代表。然而，2022 年 4—6 月间的美联储加息一下子就将各种数字货币（包括比特币在内）打回原形，这些带着未来色彩的货币只是被神话构成神秘化的形式，让比特币之类的数字货币获得价值的恰恰是真实的历史构成，一旦支撑其神话的历史构成发生了变化，如美元系统的加息潮汐，那么这种神话的泡沫也必将破灭。比特币和其他数字货币的遭遇，似乎在警告我们，你可以相信作为历史概念的数字资本主义下的神话构成，可以随着它的泡沫在云端飞溅，但是你也必须明白，**任何神话都有一个历史的基础，数字货币之类的数字资本主义范畴，也无法摆脱历史的进程。**

三、数字生产方式的历史生成

一旦我们将数字资本主义视为一个历史概念，并从具体的历史发生中来思考和概括其基本范畴，我们就可以从零星的数字神话的鬼火弥漫的森林中走出来，看到在一定历史阶段上的数字资本主义的形态。实际上，在马克思和恩格斯的《德意志意识形态》中，通过对资本主义的历史现实的分析，他们看到了真正决定着历史运动的方向，马克思指出："一定的生产方式或一定的工业阶段始终是与一定的共同活动方式或一定的社会阶段联系着的，而这种共同活动方式本身就是'生产力'；由此可见，人们所达到的生产力的总和决定着社会状况，因而，始终必须把'人类的历史'同工业和交换的历史联系起来研究和探讨。"[①] 在这个基础上，马克思彻底摒弃了之前经常使用的自我意识和感性直观的概念，也不再用异化和类本质作为思考资本主义的基础，而是转向了另一个概念——生产方式，以及与之相关的概念——生产力和生产关系。

生产方式是 1845 年前后，马克思用来理解资本主义及其历史实在性的术语。在《德意志意识形态》中，马克思就强调说："这种生产方式不应当只从它是个人肉体存在的再生产这方面加以考察。更确切地说，它是这些个人的一定的活动方式，是他们表现自己生命的一定方式、他们的一定的生活方式。个人怎样表现自己的生命，他们自己就是怎样。因此，他们是什么样的，这同他们的生产是一致的——既和他们生产什么一致，又和他们怎样生产一致。因而，个人是什么样的，这取决于他们进行生产的物质条件。"[②] 由此可见，马克思意义上的生产方式，关系到具体的人在一定的历史时代中如何生活，如何生产，如何让他们的生

---

① 《马克思恩格斯选集》第一卷，北京：人民出版社 2012 年版，第 160 页。
② 同上书，第 147 页。

命延续下去，而这种生活，在马克思看来，与他们的生产是一致的。在农耕社会，人们群聚而居，形成村落，结成乡里宗族，这些都与一定的农耕的生产方式有关，相对比的是游牧民族逐水草而居，所以不能用定居的方式来生活，需要在广袤的草原上不断迁徙。进入到现代工业文明，大机器工业劳动的兴起迫使那些丧失土地的游民出卖自己的劳动力，变成现代工人，而由此形成的资产阶级和无产阶级的对立，恰恰也是工业资本主义崛起之后的后果，正如马克思在《共产党宣言》里指出："但是，我们的时代，资产阶级时代，却有一个特点：它使阶级对立简单化了。整个社会日益分裂为两大敌对的阵营，分裂为两大相互直接对立的阶级：资产阶级和无产阶级。"① 于是，我们可以看到，尽管马克思主义和蒲鲁东主义都站在无产阶级的立场上说话，但二者的根本区别在于，马克思看到工业资本主义的生产方式让之前复杂的人际关系变成产业资本主义下十分简单的雇佣关系，即占有生产资料的资产阶级和一无所有的无产阶级的对立，阶级的对立是资本主义生产方式的结果，而不是原因；而蒲鲁东主义在这里倒果为因了，他们直接将资本主义下的资产者和无产者对立看成普遍的穷人和富人之间对立的现代体现，而这种矛盾无法在具体的工业生产方式的历史背景下消除。

在这个意义上，历史唯物主义的奥秘并不仅仅在于现实的生产方式对现代资本主义的生活方式和整体社会实在性的塑造，而在于它也同时塑造了那些资本主义条件下才形成的一些观念，这

---

① 《马克思恩格斯选集》第一卷，北京：人民出版社2012年版，第401页。

些观念被当代资本主义的理论家们赋予了永恒的、普遍的观念。所以，马克思坚持在《致安年科夫的信》中指出："蒲鲁东先生主要是由于缺乏历史知识而没有看到：人们在发展其生产力时，即在生活时，也发展着一定的相互关系；这些关系的形式必然随着这些生产力的改变和发展而改变。"[1] 这样，在资本主义的政治经济学中，那些所谓的经济规律，也不过是"实在的、暂时的、历史性的社会关系的抽象"，在这个抽象过程中，类似于黑格尔的市民社会和国家关系的颠倒一样，抽象的政治经济学概念和原理凌驾在具体的生产方式之上，从而将经济学神秘化了，用马克思的话来说："这些抽象本身竟是从世界开始存在时起就已安睡在天父心怀中的公式。"[2] 但历史总是会无情地敲醒政治经济学家们的迷梦，当他们沉浸在最复杂的公式表达出来的经济学原理的时候，经济危机、雷曼兄弟公司的破产、比特币市值的蒸发，都无疑告诉我们，当世界历史的大船已经远离了海面的时候，经济学家在船身上刻下的那道"理性"的划痕，可能无法帮助他们找到已经失去的宝剑。

今天的数字资本主义的政治经济学何尝不是如此呢？互联网经济、数字货币、元宇宙、区块链、直播带货、自媒体已经成为了今天数字资本主义的常态，有不少数字经济学家正在为这种披着数字技术和算法技术外衣的新经济形态而欢呼。例如英国数字经济学家维克托·迈尔-舍恩伯格在他的《大数据时代》就看到

---

[1] 《马克思恩格斯选集》第四卷，北京：人民出版社2012年版，第413页。

[2] 同上。

了数字技术的广泛应用为历史发展带来的变革，在这个意义上，迈尔-舍恩伯格为我们揭示了数字资本主义的历史变革："我们收集的所有数字信息现在都可以用新的方式加以利用，尝试新的事物并开启新的价值形式。但是，这需要一种新的思维方式，并将挑战我们的社会机构，甚至挑战我们的认同感。可以肯定的是，数据量将继续增长，处理这一切的能力也是如此。"[①] 他反对那些仅仅将大数据和智能算法技术的革新，看成一种技术革命的人，因为这些技术对我们的生活和交往会带来日益深刻的影响，也势必会带来马克思意义上的新的生产方式的出现，我们称之为**数字生产方式**。数字生产方式不仅仅代表着大数据、云计算、算法、区块链、人工智能、智能增强、元宇宙等一系列技术在当今社会的应用，更重要的是这些技术塑造了一种新的生产、生活、交往的方式，而这些新的生产、生活、交往的方式正在塑造每一个生活于其中的个体，以及他们习以为常的观念。在此过程中，和资本主义早期的政治经济学一样，从数字生产方式下所抽象出来的概念、原理和体系，被一些数字资本主义的理论家神秘化了，似乎这些概念体系就是亘古不变的真理，让人们臣服于其权威。数字市民社会和数字资本主义的空间王国（如 Facebook 的王国、Twitter 的王国、亚马逊的王国等等）关系再一次被神秘化的力量所颠倒，我们成功地看到盖茨、库克、贝佐斯、扎克伯格等人成为数字时代的神话，但另一方面则是更多人作为数据被强行纳

---

① ［英］维克多·迈尔-舍恩伯格、［英］肯尼思·库克耶：《大数据时代：生活、工作与思维的大变革》，盛杨燕、周涛译，杭州：浙江人民出版社 2013 年版，第 239 页。

入数字资本主义生产的体系中，变成数字生产方式的从属物。

我们可以借用马克思的话来对数字生产方式下一个描述性的定义：数字生产方式不应当只从它是个体的数据存在的再生产这方面加以考察，更确切地说，它是这些个人在数字空间的一定的活动方式，是他们在数字空间中表现自己生命的一定方式、他们的一定的生活方式。个人怎样在数字空间表现自己的生命，他们自己就是怎样。因此，他们是什么样的，同他们在数字空间中的生产是一致的——既和他们生产什么一致，又和他们怎样生产一致。因而，个人是什么样的，这取决于他们进行数字空间生产的具体条件。之所以这样来定义数字生产方式，是因为我们需要理解数字空间中的生产是如何发生的，只有阐明了这个问题，才能从历史唯物主义的维度来解析数字资本主义的奥秘。

数字生产可以是零散的，比如说发布微博、Twitter，甚至浏览朋友圈。当然，还有一类是专业的数字生产，如在 TikTok 和 YouTube 上创作视频，在文学网站上写小说。不过，所有这些数字生产离不开两个基本前提：

（1）首先，绝大多数数字生产依赖于平台系统，也就是说，无论发微博、Twitter，还是上传视频，实际上都是在一个具体的数字**平台**上进行的。平台如同一个被分割出来的空间，在这个空间之外，当然也可以从事数字生产，但是，那种数字生产没有人观看，也就没有数据—流量，产生不了数字资本主义社会独有的经济效益。所以，在互联网高度发达的今天，所有的数字生产，如果要产生相关效益，就必须依赖于一定的数据平台。这就是为什么今天的数字资本主义同时表现为"平台资本主义"（platform capitalism），正如尼克·斯尔尼塞克强调的："最终出现的新业务模式，是一种强大的企业新形势——平台。平台通常由处理数据的内部需求而产生，并成为一种有效的途径，能独占、提取、分析和使用记录下来的日益增加的数据量。现在，这种模式已经扩大到整个经济体系。"[①] 在这个意义上，平台是一种不同于产业资本主义阶段的工厂和企业的资本主义存在形式，工厂面对的是工人，企业面对的是员工，而数字平台仍然保留了工厂和企业，并将其纳入其内部，但是平台面对的更为根本的关系是用户（user），即那些在平台上注册的用户。所以，在数字资本主义或者平台资本主义之中，最基本的生产关系变成了平台—用户之间的关系，与工厂—工人、企业—员工不同的是，平台—用户之间没有稳定的雇佣关系，如亚马逊的雇佣都需要应聘的人去注册一个用户，这种关系变成了不稳定的劳动关系，也就是说，数字资本主义用不稳定的、临时的、分包的生产方式，取代了之前稳定的、长期的、雇佣的方式。用户没有得到平台的基本保障，他们变成了零工经济、外包经济下的流众（precariat）。

（2）其次，数字生产方式究竟在生产什么？无论何种平台，它们虽然有着不同的内容和目的，但在数字空间中，它们都需要面对一个重要的概念：**数据—流量**（data-flow）。无论是电子商务、租房、打车还是刷视频或自媒体，任何数字平台都需要生产大量的数据—流量来从中获得利润，这是数字资本主义生产的关键所在。不过值得注意的是，数据—流量的生产，并没有让传统

[①]　［加］尼克·斯尔尼塞克：《平台资本主义》，程水英译，广州：广东人民出版社 2018 年版，第 49 页。

工业和农业消失，而是得到了更加茁壮的成长。不过，区别在于，这些传统产业和农业成功与数字平台对接，并获得了更大的销售渠道和知名度。例如，利用网络大 V 带货的方式，其实这些网络大 V 之前就是在自己的网页上发一发自己的想法，写点自己的感想，随着拥有了众多的粉丝数量，他们便拥有了平台赋予的带货能力，通过粉丝的关注度，将某种货物成功地销售出去。这种销售方式，代表着传统农业和工商业，只有与平台的数据—流量对接，才能在数字时代下找到生存空间。试想一下，那些在数字空间中具有数据—流量的商品，肯定比现实中依赖于城市景观创造购物欲望的商品，具有更大的流动性，也带动了厂家的扩大再生产。因此，在数字资本主义的历史生成中，数据—流量突然成为了一个十分重要的概念，一个商品、一个餐馆、一个景点，乃至一部作品，是否能够具有良好的销量，是否能够继续再生产，取决于它是否拥有足够的数据—流量。

平台和数据—流量成为我们理解数字生产方式历史生成的重要切入点，也是理解数字劳动、数字生产关系，以及数字资本主义的内在结构的基础。关键在于，我们不会将平台和数据—流量看成抽象的数字经济学原则，而是在具体的生产和交往实践中形成的既定形式，我们从现实的历史过程中抽象得出了这些概念，我们只有将这些概念放在数字资本主义和数字生产方式的历史环境下，才能真正把握它们的意义。这就是马克思在《德意志意识形态》《致安年科夫的信》中为我们提供的历史唯物主义方法，这种方法在今天，对我们思考数字资本主义、数字生产方式的历史生成中仍然具有不可磨灭的价值。在《德意志意识形态》

中，马克思曾写道："这些个人把自己和动物区别开来的第一个历史行动不在于他们有思想，而在于他们开始生产自己的生活资料。"[①] 那么，是否也意味着，今天当这些个人将自己区别于之前的工业时代的第一个历史行动也不在于他们有思想，而是在于他们开始生产自己的数据—流量。

[①] 《马克思恩格斯选集》第一卷，北京：人民出版社 2012 年版，第146 页。

结语 数字资本主义批判的三重逻辑

在数字时代，数字资本主义的核心是形成了数字生产方式，并在数字生产方式下不断地进行数据的收集、分析、加工和传播。在此基础上，数字平台不断地将数据加工成具有经济收益性的数据—流量，而在数字生产方式之下，能够生产出数据—流量的劳动便成为了数字劳动。数字—流量成为了新的生产要素，而数字劳动也导致了生产关系的变革，即从产业生产关系下的资本家—工人的雇佣劳动关系变成平台—用户的不稳定的赢者通吃型的生产关系，平台—用户的生产关系造成了无产阶级的流众化，而这个趋势进一步导致平台资本主义的不平等和贫富分化的加剧。数字资本主义的发展，进一步掏空了之前已日趋空洞化的新自由主义的资本主义的内涵，让资本主义沿着大数据技术、通信技术、智能算法技术的途径，逐渐走向了更加垄断的阶段，这是一个比希法亭谈到的垄断资本更为集中化的资本主义的发展趋势，它不仅造成了资本的高度集中和自由竞争的消失，而且也在各个方面改变着资本主义的基本结构。我们可以从马克思主义的政治经济学的角度出发，重新审视疫情之后的西方国家的数字资本主义的生产方式、生产要素和生产关系，以及与之对应的无产阶级的地位和状况。我们可以从数字生产方式、数字生产资料和数字生产关系三个方面来概括出当代数字资本主义政治经济学下的三重逻辑。

一、走向数字生产方式

在《德意志意识形态》中，马克思曾经谈到了工业生产方式变革对人们日常生活及其交往方式的巨大冲击，他用英国的机器的发明对中国和印度形成的影响作为例子，说明了产业生产方式的出现是造成当下世界历史状态的根本原因所在，马克思说："如果在英国发明了一种机器，它夺走了印度和中国的无数劳动者的饭碗，并引起这些国家的整个生存形式的改变，那么，这个发明便成为一个世界历史性的事实。"[①] 马克思指出，世界历史的变革的根本动力并不是什么抽象观念的发明或者词语的解放，而是现实生产中的生产方式的变革，因此，英国工业机器的发明的直接结果，就是打破了包括印度和中国在内的19世纪的世界市场，摧毁了世界各个民族的壁垒，从而将整个世界带入到一个工业生产方式发展的轨道。所以，以欧洲为主体的全球化的胜利，从来不是什么神话，而是在于工业生产方式的巨大变革，哪个国家、哪个文明在工业生产方式的变革中占据了先机，便能够在此过程中获得了权力。

[①] 《马克思恩格斯选集》第一卷，北京：人民出版社2012年版，第168页。

然而，我们今天的数字技术、通信技术以及智能算法技术的发展，再次为全球资本主义发展带来了新的生产方式问题。随着智能手机和智能设备的普及，包括最贫穷国家的工厂的工人都拥有了智能手机，世界生产的生产方式正在实现从传统产业生产方式向数字生产方式的升级，正如尼克·迪尔-维斯福特指出："手机对于无产阶级生活的影响不能仅从其生产条件来解释，手机作为一种日常通讯设备，触及了大部分人的生活。"[①] 这意味着，数字生产已经彻底改变了无产阶级的状态。而更为根本的是，传统产业生产方式正在逐步离散化和动态化，而这些新变化，让全球资本主义社会处在从产业生产方式向数字生产方式过渡的阶段，我们可以从分析出几个基本特征：

（1）生产场所的离散化

产业生产方式的主要生产场所是工厂、公司或者其他固定的场所，所有成员必须集中在一个场所，才能让生产有效进行下去，而产品的各部分是由各个部门完成，并在工厂等场所中完成最后的组装。然而数字生产方式的出现，让从事生产劳动的人，不一定需要在同一个场所，比如白领可以在自己的家里用电脑来完成生产。即使是从事某些物质生产的部门，只要身边有相应的设备，可能也可以生产完相关组件，并通过数字化的物流方式，在另一个地点进行组装。这些新的变化都不要求所有从事生产的人员在同一个场所中集中生产，而是让生产场所变得离散化。

---

①   Nick Dyer-Witheford, *Cyber-Proletariat: Global Labour in the Digital Vortex*, London: The Pluto Press, 2015, p.112.

（2）生产过程的分包化

数字技术和通信技术带来了极为便利的数字物流体系，甚至形成了巨大的物流网络，全球资本主义的物流体系在这个基础上建立起来，这种高速运行的物流体系为生产方式带来的第二特征是让产业分包变得更为便利。一个产品的生产的不同流程，可以分配在不同的地域进行，比如西方主要的互联网企业将售后服务全部外包给了印度，让印度成为"世界办公室"，对于硅谷的企业来说，他们既节约了人员成本，也提高了效率。同样，具体产品的生产可以分包化，一个手机的成品，可能是越南生产了屏幕，中国台湾地区生产了芯片，印度生产了外壳，然后在马来西亚进行组装，然后在美国进行销售，售后再交给印度进行。一个生产流程被分割成各个部分，然后通过产业链和物流体系完成整合。

（3）生产管理的数控化

在生产方式发生了生产场所的离散化和生产过程的分包化之后，不难发现，传统产业生产的模式仍然存在（甚至产业生产仍然是全球政治经济学的基础），但它们已经不再是生产方式中的主要方面，因为产业随时可以从 A 地转移到 B 地，从甲公司分拆成在不同地方生产的若干个小公司。那么在这个过程中，真正占据主导地位的是什么？是数据。从事生产和销售的大型跨国集团，并不需要像以往那样建立囊括了产业门类齐全的大产业集团。这种笨重的集团在日益灵活化的市场面前，无法很快转型，一旦发生金融危机，就会损失惨重，所以，在 2008 年金融危机之后，很多大公司开始了这种精益化策略，它们所谓的灵活化和精益化，就是不需要培养那么门类齐全的部门，而是通过全球精准的数据控制，及时找到最便捷、最容易获利的地方的小部门进行生产。大产业集团逐渐从日常的行政科层制的生产管理转向更加精细和灵活的数据控制管理。而建立这种数控化的生产管理的前提是，全球所有的生产部门和销售市场的数据化，而在数字经济时代，对于大公司而言，谁能够掌握更多的数据，更有效地分析生产、市场、物流、金融等方面的数据，谁就会立于不败之地。所以，对于数字时代的企业而言，与其说它们在不断地建立产业生产，不如说它们正在变成一个巨大的数字平台，让自身在数字界面上平台化，从而更多地垄断数据。

　　从这三个特征出发，可以清晰看出，数字生产方式并不是对传统产业生产方式的取代，而是在产业生产方式上叠加了一个更基层的数字结构，一切生产、一切市场销售、一切金融流通、一切物流只有在高度数字化的界面上才能变得有意义。这就是为什么今天是 Facebook、Amazon、Google、苹果这些公司成为了数字时代里翻云覆雨的大公司的原因所在，它们生产的从来不是产品，比如苹果并不仅仅是智能手机和笔记本电脑的生产商，而更是一种数据平台，收集、分析和管理数以十亿计苹果用户的数据，从一般的生活日常到宏观的政治经济数据，这些大大小小的数据都需要在苹果创立的数字平台的界面上运行，而苹果、Google、Facebook、微软等公司垄断的是这个平台界面。对于小的生产和销售部门，它们知道，唯有依赖于这些大型的数据平台，才能找到生存的空间，它们的命运之绳已经高度地被平台掌控。在这个意义上，一种支配着世界政治经济格局的平台资本主义正在日渐壮大，而平台资本主义所依赖的基础并不是产业生产方式，而是以数据生产和控制为基础的数字生产方式。

二、作为生产要素的数据—流量

数字时代的政治经济学的变革不仅仅体现在生产方式上，也体现在生产资料上。在古典政治经济学那里，资本主义生产是通过三个要素来进行的：劳动、土地和资本。在庸俗政治经济学家萨伊和杜尔哥那里，他们发现了土地和资本是构成生产最基本的要素。这一点主要是受惠于以魁奈为代表的重农主义学派的贡献。与重商主义不同，重农主义并不看重在商品贸易中的直接增殖，而是将商业获利的根源直接归因于农业生产，即作为土地母亲的恩赐。此外，萨伊等人看到了古典政治经济学，尤其亚当·斯密和大卫·李嘉图将劳动作为资本主义生产的基本要素，并在此基础上提出了政治经济学的三位一体学说，萨伊指出："事实已经证明，所生产出来的价值，都是归因于劳动、资本和自然力这三者的作用和协力，其中以能耕种土地为最重要因素但不是唯一因素。除这些外，没有其他因素能生产价值或能扩大人类的财富。"[①] 在萨伊看来，任何经济生产都离不开这三个要素，这三个要素是人类在当时的历史条件下能够获利的直接途径，因为劳动力可以获得工资或佣金，土地可以收取地租，而资本可以

① ［法］萨伊：《政治经济学概论》，陈福生、陈振骅译，北京：商务印书馆 2017 年版，第 78 页。

赢得利息。这样，古典政治经济学的生产结构实际上是围绕着劳动—工资、土地—地租、资本—利息的三位一体来进行的。对于萨伊的庸俗政治经济学的结论，马克思从现实的资本主义生产的角度给予了批判，马克思指出："庸俗经济学所做的事情，实际上不过是对于局限在资产阶级生产关系中的生产当事人的观念，当作教义来加以解释、系统化和辩护。"① 也就是说，在马克思的政治经济学批判中，萨伊的三要素理论尽管有一定的合理性，即这种作为生产要素的三个部分——土地、劳动、资本——实际上都与当时资本主义发展的历史阶段有关，生产三要素理论并不是政治经济学的铁律，随着西方资本主义的发展，新的要素也势必也补充到生产过程中来。

从今天的角度来看，这个能补充萨伊的资本主义生产要素的第四个要素已经出现，这个要素就是数据。英国数字经济学家维克托·迈尔-舍恩伯格早在《大数据时代：生活、工作与思维的大变革》一书中就指出了数据可以作为数字时代经济生产的基本要素。舍恩伯格指出，在数字时代，为了让经济能够产生效果，就必须大量地使用数据："我们现在经常会放弃样本分析这条捷径，选择收集全面而完整的数据。我们需要足够的数据处理和存储能力，也需要最先进的分析技术。同时，廉价的数据收集方法也很重要。过去，这些问题中的任何一个都很棘手。在一个资源有限的时代，要解决这些问题需要付出很高的代价。但是现

---

① 《马克思恩格斯文集》第 7 卷，北京：人民出版社 2009 年版，第 925 页。

在，解决这些难题已经变得简单容易得多。"[①] 不难理解，在这段
文字中，舍恩伯格强调的并不是具体的微观层面上的经济活动的
组织，而是通过数据的收集和分析形成更广阔的关联，从而将所
有的经济部门都纳入一个统一的数据体系之中，在这个意义上，
数据并不单纯是一个简单的数字，而是关于各种物质、信息、金
融、人才、生产、物流等各个方面的连接关系。所以舍恩伯格强
调，数据成为今天生产和管理活动之中的重要资源，并不在于它
们是孤立的数字，而是彼此建立关联的数字生态体系："建立在
相关关系的分析法基础上的预测是大数据的核心。"[②] 也就是说，
数字时代数据收集和分析，并不在于给出一个具体的数值，将数
据的价值还原为记录的数值和数字是对数字资本主义的误解，因
为在数字资本主义之下，单一和孤立的数据并不会直接产生任何
价值。以亚马逊为例，单一一个顾客在某个时间点上购买了什么
产品，这个数据是没有太大的价值，无论对于厂家还是市场而
言，具体顾客的需求变化的相关数据并不能带来任何收益。但
是，上亿消费者在亚马逊平台上的购买记录就不再是孤立的数
据，在上千万乃至上亿的消费者那里，可以看出在当季的消费倾
向，比如大部分年轻的女性消费者会喜欢什么颜色、什么款式的
服装，这些信息能及时反馈到生产厂家和市场那里，从而带来市
场的有效反馈，从而精准地预测了市场的趋势，也让生产厂家根

[①]　［英］维克托·迈尔-舍恩伯格、［英］肯尼斯·库克耶：《大数据
　　时代：生活、工作与思维的大变革》，盛杨燕、周涛译，杭州：浙
　　江人民出版社 2013 年版，第 38 页。
[②]　同上书，第 75 页。

据数据的需要来进行精准的生产。这种精准生产有效地避免了以往生产活动之中的盲目性，从而加快了资本周转周期，更快捷地实现了生产厂家的利润。当然，在这个过程中，掌握着消费者数据的大平台是这个生产消费过程中的最大赢家，平台通过数据的垄断，实现了对消费者和生产厂家的双向的控制。

不过，需要指出的是，并不是所有的数据都能够产生这样的效应。实际上，在互联网络之中，我们每一个行为都生产着数据，但不是所有的数据都变成了可以被平台用来盈利的数据关联。这就意味着，仅仅依赖于数据是不够的，数据也有着自己的盈利模式。相对于萨伊提出劳动—工资、土地—地租、资本—利息的三位一体，数据也应该拥有自己特定的盈利方式，这个方式就是流量。比方说，我们可以将数据理解为图书馆的书籍，存储在图书馆的书籍并不直接对生产产生作用，只有当人阅读了书籍，书籍之中记载的内容才能被阅读的人所把握，才能变成可以传播知识。数据亦是如此，当数据只是被记录下来，以ASCII 码的形式存储在一个服务器上，没有人翻阅这个数据，而且隔一段时候，会被服务器的数据库所清理，这样的数据是不会产生任何价值的。正如如大卫·希尔就曾批判性地指出："我们一开始倾向于从储存的角度来思考数据。数据是动态的、流动的，即便它们的影响是持续的。我们需要理解数据的轨迹，也就是说，不仅要理解储存着的数据，也要理解它们的运动方式，最重要的是数据如何被建构为流动的形式。"[1] 只有那些经常被人们

---

[1] David W. Hill, "Trajectories in Platform Capitalism", *Mobilities,* 2021, Vol.16, No.4, p.572.

翻看的数据才能产生经济上的效应，所以，数据的价值并不在于采集和存储，甚至不主要来自分析，而是来自流动，即当数据在互联空间中流动起来，被不断传播，获得可观的关注度，才能成为能够获益的数据，对于这样的数据，我们可以称之为"流量"。这样，萨伊的劳动—工资、土地—地租、资本—利息的三位一体，在我们这里变成了劳动—工资、土地—地租、资本—利息、数据—流量的四位一体①。数据—流量在今天也成为西方资本主义攫取利润价值的手段，在这个意义上，数字生产方式面对的原材料不再仅仅是具体的生产材料，也包括了看不见的，在网络空间中存在的数据—流量，而对数据—流量的生产、收集、分析、处理和加工，成为了数字时代平台资本主义最重要的工作之一。而作为生产要素的数字—流量，也成为了我们甄别数字生产方式和产业生产方式、数字劳动和产业劳动的一个重要尺度。

三、数字劳动和平台—用户：
数字资本主义下的生产关系

在厘清了数字生产方式，以及在数字生产方式下的作为生产要素的数据—流量的基本概念之后，我们可以尝试着对数字经济下最重要的一个观念，给出一个相对明确的定义，这个概念就是

---

① 对于数据—流量在平台资本主义的生产要素地位的更详细的分析，可以参看本书第八章。

数字劳动。在国内外许多研究中，尽管许多研究者都意识到在数字经济和平台资本主义之中，其中最核心的就是数字劳动概念。不过，对于什么是数字劳动概念，许多研究者都有不同的看法。比如克里斯蒂安·福克斯的《数字劳动与卡尔·马克思》实际上将所有与信息传播技术产业（ICT）相关的劳动都不加甄别地归为数字劳动，从刚果采集钼矿和钴矿（这两种矿产是生产智能手机和笔记本电脑的必要矿产）的矿工，到富士康工厂的工人，再到印度的外包软件开发的办公室，以及生活在硅谷的 IT 界精英[①]。但是，这样的归类，实际上将数字生产方式下的数字劳动与传统产业生产方式下的产业劳动混为一谈，比如说刚果的矿工实际上是在地方军阀的类似奴隶制的条件下进行的生产，这很难与数字化的数字劳动联系起来。在分辨是否是数字劳动的问题上，并不取决于该劳动是否与 ICT 产业有关，实际上，在今天的产业生产中间，绝大多数产业都不可避免地与 ICT 产业相关，但这些劳动并不全是数字劳动。对于数字劳动，我们不能从具体的劳动类型上以及是否与新技术相关联来定义，而是需要抽象出一个专属于数字生产的理论线索，在这个线索基础上来区分具体的劳动是否是数字劳动。在明确给出了数字生产方式和数据—流量的描述之后，我们可以这样来定义数字劳动，即所谓的数字

---

① 在《数字劳动和卡尔·马克思》一书的导论部分，福克斯详细分析了 ICT 产业的从采矿到加工，从软件外包到软件工程等一系列 ICT 产业链，并指出"各章节没有定义只有一种形式的数字劳动的特殊概念"，但显而易见，他将这些劳动全部归为了数字劳动。参见［英］克里斯蒂安·福克斯：《数字劳动与卡尔·马克思》，周延云译，北京：人民出版社 2021 年版，第 11 页。

劳动，就是在数字生产方式下，以生产数据—流量为主的劳动形式。比如福克斯谈到的刚果的矿工和东南亚的富士康工厂的工人的生产，尽管与 ICT 产业有关，但它们仍然是传统产业劳动，不属于数字劳动：一方面，它们并不属于数字生产方式；另一方面，这些劳动所生产的仍然是具体的物质产品（钼矿、钴矿以及智能手机），而不是数据—流量。

那么，哪些劳动才是数字劳动？以网约车为例。开网约车的司机的驾驶劳动仍然是传统的劳动类型，在数字时代之前，开出租车司机的活动与数字劳动没有任何关系。但是，在网络时代，在网上叫车，每一台车接到乘客并运送乘客的过程，以及乘客在此过程中对司机的评价（这个评价十分重要，涉及司机是否能拿到积分，以提升自己的等级），都产生了数据—流量。网约车司机能否接到"好单"（一般来说，是路程较长、利润空间较大的单子），取决于司机在网约车平台上的积分等级，这个积分等级的价值超越了每一单所赢取的利润，因为相对于网约车司机而言，他们能否生存的关键在于，能否从数字平台上接到足够多"好单"（即数据—流量的直接后果）。在这个意义上，网约车司机的劳动是双重的，就他们具体的驾驶劳动来看，这是一种传统劳动，但是就其产生的数据—流量来看，他们的活动构成了数字劳动。当然，在 TikTok 和 YouTube 上上传短视频的劳动更属于数字劳动，因为这些用户上传短视频就是为了赢得数据—流量的，只有流量足够大的时候，相对应的视频上传者才能从中获益。

由于数字劳动是在数字生产方式下生产数据—流量的活

动，这进一步导致了产业生产关系的解体，从而转向了更具有流动性和不稳定性的数字生产关系。在传统产业生产关系之中，工人面对的是具体的劳动产品，因此，在资本家和工人之间，存在着直接的依附关系，这种依附关系称为资本家—工人的雇佣关系。维持这种雇佣关系的是工人的工资，而工人为了获得稳定的工资，必须长期出卖自己的劳动力，让资本家从自己身上赢取更多的剩余价值。这是马克思在《资本论》中所揭示出来的资本主义的剥削的奥秘。但是，这种生产关系必须承担一定的风险。尽管在资本主义条件下，资本家拥有解雇工人的权利，但是在进入到工厂工作之前，工人获得工资的权益是在一定的契约下履行的，与此同时，随着在 19 世纪以来的工人运动的发展，西方主要资本主义国家都健全了自己的劳动法体系，工人在雇佣关系之下，在薪酬方面是有一定的保障的。这就意味着，即便资本家没有相应的订单，或者商品销售不畅，造成商品积压，在收益上亏损，他也必须给工人发工资，这是劳动法和劳动契约保障的工人基本权益。在雇佣形式的产业生产关系中（无论是工厂—工人的形式，还是公司—职员的形式），固定的薪酬和工资成为保障劳动无产阶级基本生存权益的保障。

但是，在数字生产方式下，这种产业生产关系发生了质变。数字平台公司并不是组织化资本主义时代的臃肿而庞大的资本集团，而是灵活多变的平台企业。这种平台的特点是，它在最低程度上保持一个相对较小的雇佣生产关系，即必要的生产、技术、行政等员工，而绝大多数的数字生产劳动是由不固定的用户来生产完成的。在数字时代，用户表面上是消费者，实际上也是数字网络中的生产者，美国未来学家托夫勒曾经使用了产消者（prosumer）的概念来形容未来社会中的生产者和消费者合一的状态。① 而这种产消者状态势必也说明，数字时代的平台资本主义不再用大量的雇佣关系来进行生产，而是利用了非雇佣性的用户来实现数字生产和劳动。

仍然以网约车为例，在网约车平台上，真正从事劳动的不是那些平台公司所雇佣的员工，他们只是从事必要的平台的维护和发展工作；那些从事具体劳动的，是与平台公司没有雇佣关系的司机用户，他们只是以注册的方式加入到平台之中，并接受平台的信用评分，他们不存在被平台解雇的问题，因为他们的劳动只是与平台达成一种临时性协议关系。甚至网约车司机可以同时注册多个不同的平台，多方面地接单来使自己的利益最大化。同样，在网络直播空间中，网络主播并不隶从于任何一个直播平台，他们与平台的关系都是临时性的，不受任何的劳动法保障，他们的工作可以随时随地被平台终止，因为他们之间并不是雇佣关系，而是平台—用户关系。

在从雇佣的产业生产关系向平台—用户的数字生产关系过渡之中，还产生了一个值得关注的结果，即网红的赢者通吃模式的

① 托夫勒的原话是："产销合一的制度意味着至少有一些活动必须采取多样化的方式来销售，也因而大幅改变了市场在经济社会中的角色。"参看［美］托夫勒：《第三次浪潮》，黄明坚译，北京：中信出版集团2018年版，第285页。严格来说，托夫勒的这句话并不是针对数字时代的平台资本主义而说的，但是，这个产销合一的产消者的概念特别适用于今天的数字劳动的状况。

出现。在雇佣关系时代，由于资本家—工人的雇佣关系是相对稳定的，因此，一家企业赚的利润，需要按照一定的比例关系分配给工人，比如一家企业的一个月的营收是 300 万，而雇员大概是 500 人，那么这些员工的平均月收入在 6000 元左右，然后资本家可以根据不同职位级别和绩效，进行差额分配，但拿到最少收入的员工，也有一定的生存保障。但是，在平台—用户的关系中，却不是这样的状态，同样假设一个平台的月收入 300 万，但是他们平台有 600 万的用户，如果平均分配给这些用户，每一个用户只能拿到 0.5 元。对于平台来说，他们没有必要给所有的用户发钱，但是他们仍然需要维持一定的用户量，那么怎样保障这种模式继续运行呢？平台采用的策略是，在 600 万的用户中培养几个网红，如培养 5 个流量最大的网红，然后拿出 250 万分配给这 5 个大流量的网红，平台留下 50 万做自己的运营发展。而其他用户看到了网红拿到了巨额收入，于是也盼望着通过自己的努力成为网红，所以为了这个网红梦想，他们会更加辛勤地从事数字劳动。在这种模式下，网红成为赢者通吃的代表，他们拿走了平台运营收入的大部分，并营造了一个虚构的神话，让每一个用户都拥有了自己有朝一日会成为网红，拿到与他们一样收入的错误的梦想。这就是数字时代平台—用户的生产关系的变革，网红的经济模式打破了雇佣生产关系的稳定性，进一步强化了平台—用户的生产关系的临时性和不稳定性，这意味着产业资本主义的稳定就业率的神话走向破灭，取而代之的是平台资本主义条件下的平台—用户之间的不稳定的、转瞬即逝的关系。零工经济、兼职经济、直播经济，实际上就是平台—用户生产关系的直接体现。

必须指出，平台—用户的生产关系由于丧失了稳定的劳动契约和劳动法的保障，让平台资本主义下的不平等和贫富分化变得越加严重，资本主义社会在进入到平台资本主义之后，即转变为数字生产方式和生产数据—流量的数字劳动之后，无产阶级也丧失了稳定性，从而变成了流众的无产阶级。流众是英国左翼思想家盖伊·斯坦丁发明的一个词汇，他将"不稳定"（precarious）和"无产阶级"（proletariat）合并成"流众"（precariat）一词，斯坦丁指出："流众不觉得自己是劳工共同体的一部分。这加剧了他们的疏离感和工具性。这让流众在行动和态度上趋向机会主义。'没有未来的阴影'笼罩在他们的行为之上，让他们感觉到他们今天所说的、所做的或感受到的将不会对他们的长期关系产生强烈或具有约束力的影响。流众没有未来，因为他们所做的事情没有未来。"① 一个没有未来的流众的形象，正是在平台资本主义下从事数字劳动生产，且没有任何报酬，也没有希望的新无产阶级的形象。

数字生产方式、数字劳动以及数字生产关系的变革，共同构成了数字时代平台资本主义的政治经济学分析的基础，也是在今天从理论形式上分析平台资本主义的基本框架。只有从数字生产方式、数字劳动和数字生产关系的政治经济学出发，才能真正将马克思对资本主义的政治经济学批判合理应用到今天的数字时代，才能理解和揭示在平台资本主义下掩盖的巨大的不平等。在

① Guy Standing, *Precariat: The New Dangerous Class*, London: Bloombury Academic, 2011, p.12.

平台资本主义日益将数字平台打造成巨大的统治装置时，也将绝大多数用户变成流众无产阶级，或许，我们可以像马克思在《共产党宣言》末尾一样，呼唤着：全世界流众无产阶级，联合起来！

参考文献

中文资料

《马克思恩格斯选集》第一卷，北京：人民出版社 2012
年版。

《马克思恩格斯选集》第二卷，北京：人民出版社 2012
年版。

《马克思恩格斯选集》第四卷，北京：人民出版社 2012
年版。

《马克思恩格斯全集》（中文第一版）第 2 卷，北京：人民出
版社 1957 年版。

《马克思恩格斯全集》（中文第一版）第 4 卷，北京：人民出
版社 1958 年版。

《马克思恩格斯全集》（中文第二版）第 1 卷，北京：人民出
版社 2001 年版。

《马克思恩格斯全集》（中文第二版）第 3 卷，北京：人民出
版社 2002 年版。

《马克思恩格斯全集》（中文第二版）第 31 卷，北京：人民

出版社 1998 年版。

《马克思恩格斯全集》（中文第二版）第 44 卷，北京：人民出版社 2001 年版。

《马克思恩格斯全集》（中文第二版）第 46 卷，北京：人民出版社 2003 年版。

《马克思恩格斯文集》第八卷，北京：人民出版社 2009 年版。

［意］阿甘本：《敞开：人与动物》，蓝江译，南京：南京大学出版社 2019 年版。

——：《什么是哲学？》，蓝江译，上海：上海社会科学院出版社 2019 年版。

［意］阿奎那：《神学大全第一集〈论上帝〉，第 7 卷：论上帝的管理》，段德智译，北京：商务印书馆 2013 年版。

［法］鲍德里亚：《论诱惑》，张新木译，南京：南京大学出版社 2011 年版。

——：《物体系》，林志明译，上海：上海人民出版社 2019 年版。

［法］波德里亚：《象征交换与死亡》，车槿山译，南京：译林出版社 2006 年版。

［德］本雅明：《本雅明文选》，陈永国、马海良编译，北京：中国社会科学出版社 1999 年版。

［英］卡尔·波兰尼：《巨变：当代政治与经济的起源》，黄树民译，北京：社会科学文献出版社 2017 年版。

［美］马克·波斯特：《信息方式》，范静哗译，北京：商务

印书馆 2000 年版。

〔法〕布尔迪厄:《帕斯卡尔式的沉思》,刘晖译,北京:生活·读书·新知三联书店 2009 年版。

〔意〕但丁:《神曲·地狱篇》,田德望译,北京:人民文学出版社 2002 年版。

〔法〕德勒兹:《哲学与权力的谈判:德勒兹访谈录》,刘汉全译,北京:商务印书馆 2000 年版。

〔法〕德勒兹、加塔利:《资本主义与精神分裂(第 2 卷):千高原》,姜宇辉译,上海:上海书店出版社 2010 年版。

〔加〕尼克·迪尔-维斯福特:《赛博无产阶级:数字旋风中的全球劳动》,燕连福等译,南京:江苏人民出版社 2020 年版。

〔法〕笛卡尔:《笛卡尔主要哲学著作选》,李俐译,上海:华东师范大学出版社 2021 年版。

〔美〕多迈尔:《主体性的黄昏》,万俊人译,桂林:广西师范大学出版社 2013 年版。

〔法〕福柯:《主体解释学》,佘碧平译,上海:上海人民出版社 2018 年版。

——:《知识考古学》,董树宝译,北京:生活·读书·新知三联书店 2021 年版。

〔英〕克里斯蒂安·福克斯:《社交媒体批判导言》,赵文丹译,北京:中国传媒大学出版社 2018 年版。

——:《数字劳动与卡尔·马克思》,周延云译,北京:人民出版社 2021 年版。

〔意〕弗洛里迪:《第四次革命》,王文革译,杭州:浙江人民出版社 2016 年版。

——：《信息伦理学》，薛平译，上海：上海译文出版社 2018 年版。

［奥］弗洛伊德：《自我与本我》，张唤民等译，上海：上海译文出版社 2011 年版。

［荷］格劳秀斯：《论海洋自由》，马忠法译，上海：上海人民出版社 2020 年版。

［德］哈贝马斯：《交往与社会进化》，张博树译，重庆：重庆出版社 1989 年版。

［美］格拉厄姆·哈曼：《迈向思辨实在论》，花超荣译，武汉：长江文艺出版社 2020 年版。

——：《新万物理论》，王师译，上海：上海文艺出版社 2022 年版。

［美］哈特、［意］奈格里：《帝国》，杨建国、范一亭译，南京：江苏人民出版社 2005 年版。

［德］海德格尔：《存在与时间》（中文修订第二版），陈嘉映译，北京：商务印书馆 2016 年版。

——：《林中路》，孙周兴译，上海：上海译文出版社 2008 年版。

——：《物的追问：康德关于先验原理的学说》，赵卫国译，上海：上海译文出版社 2010 年版。

——：《演讲与论文集》，孙周兴译，北京：生活·读书·新知三联书店 2005 年版。

［德］韩炳哲：《美的救赎》，关玉红译，北京：中信出版集

团 2019 年版。

——：《透明社会》，吴琼译，北京：中信出版集团 2019
年版。

［以］赫拉利：《今日简史：人类命运大议题》，林俊宏译，
北京：中信出版集团 2017 年版。

［德］黑格尔：《法哲学原理》，邓安庆译，北京：人民出版
社 2016 年版。

——：《精神现象学》，先刚译，北京：人民出版社 2013
年版。

［德］霍耐特：《我们中的我：承认理论研究》，张曦、孙逸
凡译，南京：译林出版社 2021 年版。

［立陶宛］卡尔波卡斯：《算法治理：后人类时代的政治与法
律》，邱遥堃译，上海：上海人民出版社 2022 年版。

［德］康德：《纯粹理性批判》，李秋零译，北京：中国人民
大学出版社 2004 年版。

——：《康德道德哲学文集（注释版）》（上卷），李秋零等
译，北京：中国人民大学出版社 2016 年版。

——：《实践理性批判》，韩水法译，北京：商务印书馆
2000 年版。

［美］乔纳森·克拉里：《24/7：晚期资本主义与睡眠的终
结》，许多、沈清译，北京：中信出版集团 2015 年版。

——：《观察者的技术》，蔡佩君译，上海：华东师范大学
出版社 2017 年版。

——：《焦土故事：全球资本主义最后的旅程》，马小龙译，

北京：中国民主法制出版社 2023 年版。

［法］科耶夫：《黑格尔导读》，姜志辉译，南京：译林出版社 2021 年版。

［美］雷·库兹韦尔：《奇点临近》，董振华、李庆成译，北京：机械工业出版社 2011 年版。

［法］雅克·拉康：《拉康选集》，褚孝泉译，上海：华东师范大学出版社 2019 年版。

［法］拉图尔：《激情的经济学》，陈荣泰、伍启鸿译，新北：群学出版有限公司 2017 年版。

蓝江：《数字资本、一般数据与数字异化——数字资本的政治经济学批判导引》，《华中科技大学学报（社会科学版）》2018 年第 4 期。

——：《一般数据、虚体与数字资本：历史唯物主义视域下的数字资本主义批判》，南京：江苏人民出版社 2022 年版。

［英］约翰·罗布，奥利弗·J. T. 哈里斯：《历史上的身体：从旧石器时代到未来的欧洲》，吴莉苇译，上海：格致出版社 2020 年版。

［法］弗朗索瓦·利奥塔：《非人》，夏小燕译，重庆：西南师范大学出版社 2015 年版。

［英］大卫·李嘉图：《大卫·李嘉图全集第 1 卷：政治经济学及其赋税原理》，郭大力、王亚楠译，北京：商务印书馆 2013 年版。

［法］列斐伏尔：《空间的生产》，刘怀玉等译，北京：商务印书馆 2021 年版。

［古罗马］卢克莱修：《物性论》，方书春译，北京：商务印书馆 1981 年版。

［英］约翰·洛克：《人类理解论》(上)，关文运译，北京：商务印书馆 1959 年版。

［德］罗萨：《不受掌控》，郑作彧、马欣译，上海：上海人民出版社 2022 年版。

［英］迈尔-舍恩伯格、［英］库克耶：《大数据时代：生活、工作与思维的大变革》，盛杨燕、周涛译，杭州：浙江人民出版社 2013 年版。

［加］麦克卢汉：《理解媒介：论人的延伸》(修订译本)，何道宽译，南京：译林出版社 2019 年版。

［法］梅洛-庞蒂：《知觉现象学》，杨大春译，北京：商务印书馆 2021 年版。

［英］培根：《新工具》，许宝骙译，北京：商务印书馆 2017 年版。

［葡萄牙］费尔南多·佩索阿：《费尔南多·佩索阿诗选》，杨子译，石家庄：河北教育出版社 2004 年版。

［美］罗伯特·皮平：《黑格尔论自我意识》，马晨译，北京：华夏出版社 2022 年版。

［法］蒲鲁东：《贫困的哲学》(上册)，商务印书馆 2017 年版。

［加］普殊同：《时间、劳动与社会统治：马克思的批判理论再阐释》，康凌译，北京：北京大学出版社 2019 年版。

［斯洛文尼亚］齐泽克：《意识形态的崇高客体》，季广茂译，

北京：中央编译出版社 2014 年版。

［美］约翰·切尼-利波尔德：《数据失控：算法时代的个体问题》，张昌宏译，北京：电子工业出版社 2019 年版。

［法］萨伊：《政治经济学概论》，陈福生、陈振骅译，北京：商务印书馆 2017 年版。

［德］卡尔·施米特：《陆地与海洋》，林国基、周敏译，上海：华东师范大学出版社 2006 年版。

［法］斯蒂格勒：《技术与时间（第一卷）：爱比米修斯的过失》，裴程译，南京：译林出版社 2000 年版。

——：《人类纪里的艺术：斯蒂格勒中国美院讲座》，陆兴华、许煜译，重庆：重庆大学出版社 2016 年版。

［加］尼克·斯尔尼塞克：《平台资本主义》，广州：广州人民出版社 2018 年版。

［法］塔尔德：《模仿律》，何道宽译，北京：中信出版集团 2020 年版。

［美］托夫勒：《第三次浪潮》，黄明坚译，北京：中信出版集团 2018 年版。

汪民安、郭晓彦主编《生产（第 10 辑）：迈向思辨实在论》，南京：江苏人民出版社 2015 年版。

［美］诺伯特·维纳：《控制论：关于动物和机器的控制与传播科学》，陈娟译，北京：中国传媒大学出版社 2018 年版。

［法］薇依：《扎根：人类责任宣言绪论》，徐卫翔译，北京：生活·读书·新知三联书店 2003 年版。

文聘元：《培根指南》，桂林：广西师范大学出版社 2021

年版。

吴冠军：《陷入奇点：人类世政治哲学研究》，北京：商务印书馆 2022 年版。

许煜：《论数码物的存在》，李婉楠译，上海：上海人民出版社 2019 年版。

［古希腊］亚里士多德：《范畴篇 解释篇》，聂敏里译注，北京：商务印书馆 2017 年版。

姚建华：《数字劳动：理论前沿与在地经验》，南京：江苏人民出版社 2021 年版。

张一兵：《回到马克思：经济学语境中的哲学话语》，南京：江苏人民出版社 2009 年版。

郑作彧：《化用的生活形式，还是共鸣的世界关系？——批判理论第四代的共识与分歧》，《社会科学》2021 年第 3 期。

外文资料

Giorgio Agamben, *Creation and Anarchy*, trans. Adam Kotsko, Stanford: Stanford University Press, 2019.

——, *Stasis: Civil War as a Political Paradigm*, trans. Nicolas Heron, Edinburgh: Edinburgh University Press, 2015.

——, *The Fire and the Tale*, trans. Lorenzo Chiesa, Stanford: Stanford University Press, 2017.

——, *The Use of Bodies*, trans. Adam Kotsko, Stanford: Stanford

University Press, 2015.

Josef Barla, *The Techno-Apparatus of Bodily Production: A New Materialist Theory of Technology and the Body*, Bielefeld: transcript Verlag, 2019.

Jean Baudrillard, *Simulacres et simulation*, Paris: Galilée, 1981.

——, *The Ecstasy of Communication*, trans. Bernard & Caroline Schutze, New York: Semiotext(e), 1988.

Walter Benjamin, "Capitalism as Religion", trans. Rodney Livingstone, in *Selected Writings, Volume 1: 1913—1926*, ed. Marcus Bullock and Michael W. Jennings, Cambridge, MA: The Belknap Press of Harvard University Press, 1996.

Jane Bennett, *Vibrant Matter: A Political Ecology of Things*, Dukham: The Duke University Press, 2010.

Paško Bilić, Toni Prug and Mislav Žitko, *The Political Economy of Digital Monopolies: Contradictions and Alternatives to Data Commodification*, Bristol, UK: Bristol University Press, 2021.

Benjamin H. Bratton, *The Stack: On Software and Sovereignty*, Cambridge, MA: MIT Press, 2015.

Jonathan Crary, *Scorched Earth: Beyond the Digital Age to a Post-Capitalist World*, London: Verso, 2022.

Jodi Dean, *Crowd and Party*, London: Verso, 2016.

Guy Debord, *La Société du spectacle*, Paris: Gallimard, 1967.

Gilles Deleuze, Félix Guattarri, *L'Anti-Œdipe: Capitalisme et schizophrénie*, Paris: Les Éditions de Minuit, 1972.

——, Félix Guattari, *Qu'est-ce que la philosophie?*, Paris: Minuit, 1991.

Jacques Ellul, *The Technological System*, trans. Joachim Neugroschel, New York: Continuum, 1980.

Nick Dyer-Witheford, *Cyber-Proletariat: Global Labour in the Digital Vortex*, London: The Pluto Press, 2015.

Matthew Flisfeder, *Algorithmic Desire: Toward a New Structuralist Theory of Social Media*, Evanston: Northwestern University Press, 2021.

Luciano Floridi, ed. *The Onlife Manifesto, Being Human in a Hyperconnected Era*, Heidelberg: Springer Press, 2015.

Nancy Fraser, *Cannibal Capitalism,* London: Verso, 2022.

José Ortega y Gasset, "An Essay in Esthetics by Way of a Preface", in *Phenomenology and Art*, trans. P. Silver, New York: Norton, 1975.

Jürgen Habermas, *Moral Consciousness and Communicative Action*, trans. Christian Lenhardt & Shierry Weber Nicholsen, Cambridge, UK: Polity, 1990.

Michael Hardt amd Antonio Negri, *Labor of Dionysus: A Critique of the State-Form*, Minneapolis: University of Minnesota Press, 1994.

Graham Harman, *Object-Oriented Ontology: A New Theory of Everything*, London: Penguin Books, 2017.

N. Katherine Hayles, *Unthought: The Power of the Cognitive Nonconscious*, Chicago: University of Chicago Press, 2017

Martin Heidegger, *The Fundamental Concepts of Metaphysics*, trans. William McNeill and Nicholas Walker, Bloomington: Indiana University Press, 1995.

G. W. F. Hegel, *The Berlin Phenomenology*, trans. M. Petry, Dordrecht: Riedel, 1981.

David W. Hill, "The Injuries of Platform Logistics", *Media, Culture & Society*, 2020, Vol.42, No.4.

——, "Trajectories in Platform Capitalism", *Mobilities*, 2021, Vol.16, No.4.

C. S. Holling, *Panarchy: Understanding Transformations in Systems of Humans and Nature*, Washington, DC: Island Press, 2002.

Sun-ha Hong, *Technologies of Speculation: The Limits of Knowledge in a Data-Driven Society*, New York: New York University Press, 2020.

Fredric Jameson, *The Hegel Variations*, London: Verso, 2010.

Rahel Jaeggi, *Entfremdung: Zur Aktualität eines sozialphilosophischen Problems*, Berlin: Suhrkamp, 2016.

——, *Kritik von Lebensformen*, Berlin: Suhrkamp, 2014.

Jacques Lacan, *Écrits*, Paris: Seuil, 1966.

Bruno Latour, *The Pasteurization of France*, trans. Alan Sheridan, John Law, Cambridge, MA: Harvard University Press, 1988.

Maurizio Lazzarato, "Immaterial Labour", in Paolo Virno, Michael Hardt eds. *Radical Thought in Italy: A Potential Politics*, Minneapolis: University of Minnesota Press, 1996.

Thomas Lemke, *The Government of Things: Foucault and the New Materialisms*, New York: New York University Press, 2021.

Marc Levinson, *The Box: How the Shipping Container Made the World Smaller and the World Economy Bigger*, Woodstock: Princeton University Press, 2016.

David Lyon, "Surveillance, Power and Everyday Life, " in *Oxford Handbook of Information and Communication Technologies*, ed. Chrisanthi Avgerou, Robin Mansell, Danny Quah, and Roger Silverstone, Oxford: Oxford University Press, 2007.

Jean-François Lyotard, *Libidinal Economy*, trans. Iain Hamilton Grant, Indianapolis: Indiana Uniersity Press, 1993.

Timothy Morton, *Philosophy and Ecology after the End of the World*, Minneapolis: The University of Minnesota Press, 2013.

Luca M. Possati, *The Algorithmic Unconscious: How Psychoanalysis Helps in Understanding AI*, New York: Routledge, 2021.

Gerald Raunig, *Dividuum: Machinic Capitalism and Molecular Revolution*, South Pasadena: Semiotext(e), 2016.

Claude Shannon, *The Mathematical Theory of Communication*, Urbana: University of Illinois Press, 1964.

Gilbert Simondon, *L'individuation à la lumière des notions de forme et d'information*, Grenoble: Éditions Jérôme Millon, 2013.

Bernard Stiegler, *La Société automatique 1: L'Avenir du travail*, Paris: Fayard, 2015.

——, *Technics and Time I: The Fault of Epimetheus*, trans.

George Collins, Stanford: Stanford University Press, 1998.

———, *What Makes Life Worth Living: On Pharmacology*, Cambridge, UK: Polity, 2013.

Tiqqun, *The Cybernetic Hypothesis*, trans. Robert Hurley, South Pasadena: Semiotext(e), 2020.

Jakob von Uexküll, *Streifzüge durch die Umwelten von Tieren und Menschen. Ein Bilderbuch unsichtbarter Welten,* Hamburg: Rowohlt, 1956.

Paul Virilio, *Negative Horizon: An Essay in Dromoscopy*, London: Continuum, 2008.

———, *When The Word Becomes Flesh: Language and Human Nature*, trans. Giuseppina Mecchia, South Pasadena: Semiotext(e), 2015.

Slavoj Žižek, *Absolute Recoil: Towards a New Foundation of Dialectial Materialism*, London: Verso, 2014.

———, *Hegel in a Wired Brain*, London: Bloomsbury Academic, 2020.

———, *Surplus-Enjoyment*, London: Bloomsbury Academic, 2022.

———, *The Most Sublime Hysteric*, Cambridge: Polity, 2014.

———, "What Can Psychoanalysis Tell Us About Cyberspace?", in Aner Govrin & Tair Caspi eds. *The Routledge International Handbook of Psychoanalysis and Philosophy*, London: Routledge, 2023.

图书在版编目(CIP)数据

如何思考全球数字资本主义？:当代社会批判理论
下的哲学反思/蓝江著. —上海:上海人民出版社,
2024
ISBN 978-7-208-18619-4

Ⅰ.①如… Ⅱ.①蓝… Ⅲ.①资本主义经济-研究
Ⅳ.①F03

中国国家版本馆 CIP 数据核字(2023)第 203084 号

责任编辑 陈依婷 于力平
封扉设计 人马艺术设计·储平

如何思考全球数字资本主义？
—— 当代社会批判理论下的哲学反思
蓝 江 著

出 版 上海人 ▲ ▲ 版 社
　　　　(201101 上海市闵行区号景路 159 弄 C 座)
发 行 上海人民出版社发行中心
印 刷 上海商务联西印刷有限公司
开 本 890×1240 1/32
印 张 12.75
插 页 2
字 数 268,000
版 次 2024 年 4 月第 1 版
印 次 2025 年 1 月第 4 次印刷
ISBN 978-7-208-18619-4/B·1717
定 价 78.00 元

MINERVA

· 密涅瓦 ·

大师经典

《社会学的基本概念》　　　　[德] 马克斯·韦伯 著　　　　胡景北 译

《历史的用途与滥用》　　　　[德] 弗里德里希·尼采 著

　　陈　涛　周辉荣 译　　　　　　　　刘北成 校

《奢侈与资本主义》　　　　[德] 维尔纳·桑巴特 著

　　王燕平　侯小河 译　　　　　　　　刘北成 校

《社会改造原理》　　　　[英] 伯特兰·罗素 著　　　　张师竹 译

《伦理体系：费希特自然法批判》

　　　　　　　　[德] 黑格尔 著　　　　翁少龙 译

《理性与生存——五个讲座》

　　　　　　　　[德] 卡尔·雅斯贝尔斯 著　　　　杨　栋 译

《战争与资本主义》　　　　[德] 维尔纳·桑巴特 著　　　　晏小宝 译

《道德形而上学原理》　　　　[德] 康　德 著　　　　苗力田 译

《论科学与艺术》　　　　[法] 让-雅克·卢梭 著　　　　何兆武 译

《对话录》　　　　[英] 大卫·休谟 著　　　　张连富 译

人生哲思

《论人的奴役与自由》　　　　[俄] 别尔嘉耶夫 著　　　　张百春 译

《论精神》　　　　[法] 爱尔维修 著　　　　杨伯恺 译

《论文化与价值》　　　　[英] 维特根斯坦 著　　　　楼　巍 译

《论自由意志——奥古斯丁对话录二篇》（修订译本）

　　　　　　　　[古罗马] 奥古斯丁 著　　　　成官泯 译

《论婚姻与道德》　　　　[英] 伯特兰·罗素 著　　　　汪文娟 译

《赢得幸福》　　　　[英] 伯特兰·罗素 著　　　　张　琳 译

《做自己的哲学家：斯多葛人生智慧的 12 堂课》

　　　　　　　　　　　　[美] 沃德·法恩斯沃思 著　　　朱嘉玉 译

社会观察

《新异化的诞生：社会加速批判理论大纲》

　　　　　　　　　[德] 哈特穆特·罗萨 著　　　郑作彧 译

《不受掌控》　　　　　[德] 哈特穆特·罗萨 著

　　　　　　　　　　　郑作彧　马　欣 译

《部落时代：个体主义在后现代社会的衰落》

　　　　　　　　　[法] 米歇尔·马费索利 著　　　许轶冰 译

《鲍德里亚访谈录：1968—2008》

　　　　　　　　　[法] 让·鲍德里亚 著　　　成家桢 译

《替罪羊》　　　　　　[法] 勒内·基拉尔 著　　　冯寿农 译

《吃的哲学》　　　　　[荷兰] 安玛丽·摩尔 著　　　冯小旦 译

《经济人类学——法兰西学院课程（1992—1993）》

　　　　　　　　　[法] 皮埃尔·布迪厄 著　　　张　璐 译

《局外人——越轨的社会学研究》

　　　　　　　　　[美] 霍华德·贝克尔 著　　　张默雪 译

《如何思考全球数字资本主义？——当代社会批判理论下的哲学反思》

　　　　　　　　　　　　　　　　　　　蓝　江 著

《晚期现代社会的危机——社会理论能做什么？》

　　　　　　　　　[德] 安德雷亚斯·莱克维茨

　　　　　　　　　[德] 哈特穆特·罗萨 著　　　郑作彧 译

《解剖孤独》　　　　　[日] 慈子·小泽-德席尔瓦 著

　　　　　　　　　　　季若冰　程　瑜 译

《美国》(修订译本)　　[法] 让·鲍德里亚 著　　　张　生 译

《面对盖娅——新气候制度八讲》

　　　　　　　　　[法] 布鲁诺·拉图尔 著　　　李婉楠 译

《扎根——人类责任宣言绪论》(修订译本)

　　　　　　　　　[法] 西蒙娜·薇依 著　　　徐卫翔 译

《电子游戏与哲学》　　[美] 乔恩·科格本

　　　　　　　　　[美] 马克·西尔考克斯 著　　　施　璇 译

《狄奥尼索斯的阴影——狂欢社会学的贡献》

　　　　　　　　　[法] 米歇尔·马费索利 著　　　许轶冰 译